金融资产保全处置实务精要

张　元／著

PRACTICAL ESSENTIALS OF
FINANCIAL ASSET PRESERVATION AND DISPOSAL

法律出版社
LAW PRESS·CHINA
——北京——

图书在版编目(CIP)数据

金融资产保全处置实务精要 / 张元著. -- 北京 :
法律出版社, 2024
ISBN 978 -7 -5197 -8984 -8

Ⅰ. ①金… Ⅱ. ①张… Ⅲ. ①金融机构-信贷管理
Ⅳ. ①F830.51

中国国家版本馆 CIP 数据核字(2024)第 065765 号

金融资产保全处置实务精要
JINRONG ZICHAN BAOQUAN CHUZHI SHIWU JINGYAO

张 元 著

策划编辑 冯雨春
责任编辑 张 颖
装帧设计 汪奇峰 臧晓飞

出版发行 法律出版社
编辑统筹 法律应用出版分社
责任校对 晁明慧
责任印制 刘晓伟
经 销 新华书店

开本 710 毫米×1000 毫米 1/16
印张 24 **字数** 403 千
版本 2024 年 5 月第 1 版
印次 2024 年 5 月第 1 次印刷
印刷 永清县金鑫印刷有限公司

地址:北京市丰台区莲花池西里 7 号(100073)
网址:www.lawpress.com.cn
投稿邮箱:info@lawpress.com.cn
举报盗版邮箱:jbwq@lawpress.com.cn

销售电话:010-83938349
客服电话:010-83938350
咨询电话:010-63939796

书号:ISBN 978-7-5197-8984-8
定价:98.00 元
凡购买本社图书,如有印装错误,我社负责退换。电话:010-83938349

自　　序

近年来,我高频次地论证了大量涉金融的法律问题。关于论证的形式,我总习惯于书面接收问题,撰文回复结论。久而久之,随着问题的积累,文章数量已经比较可观。于是,我考虑将相关内容结集出版,既可总结智力脑力付出,又可与法律同行共享成果,更可为金融市场主体解决问题提供工具索引。

距离上一本《民事执行实务精要》出版已逾两年,再出版一本《金融资产保全处置实务精要》,二者算是一个系列,今后要不要出版第三部,就得看看精力和心态。

法律出版社的编辑同志建议写一份自序,而关于这本书,也确实有一些需要说的,就当作序了。

第一,何为金融资产保全处置?这个用语属于金融行业术语,但并不便于法律同行理解,需要做一个解释。所谓金融资产,也就是金融债权,或者说应收账款,这在会计学上属于资产一类;所谓保全,一般而言,商业银行内设机构的应诉事项归由法律部门负责;而债权清收追偿类事项归由保全部门负责。所谓处置,一般指通过法律途径追偿,但也包括通过债权转让等方式受偿。

第二,本书涉及的主要问题?正如对"金融资产保全处置"这一词句的解读,本书绝大部分篇章,主要是对资产处置、债权追偿涉及的重点、典型问题进行解读、分析及指引。但是,也有部分篇章,涉及金融机构可能承担民事责任时的处理应对。基于索引便利,设置了财产保全、担保及其他增信措施、"名股实债"、金融资管、通道类业务、金融诉讼、执行程序、破产程序、刑民交叉等九个专题。

第三,本书各篇章的体例设计?我比较喜爱问答式的标题和主文。一直认为,以需求为主导的普通法律市场,并不太需要长篇累牍的论文,反而需要碎片化、快餐化的知识点。因而,本书的几十篇问题解答,篇幅均在3000字左右，最多不超过5000字。本书按照“标题”“简答”“问题的提出”“法律分析意见”的体例进行写作。本书的使用者，按照标题索引查询到所需问题后，稍有法律实践根基的，想确定通说结论，只阅读简答部分即可；如需撰写法律文书、起草汇报文件，则可进一步阅读法律分析意见。

第四，本书各篇章问题的结论，是通论还是个人观点？金融机构本身是商业模式的优势方，内部审计合规极为严格，在设立某一交易模式、作出某一交易决策前，需要经过反复的论证，确保该决策的万无一失，不能因某一项目存在法律风险而贸然投资融资。在论证、处理涉金融法律问题时，我明显感受到，相当一部分金融纠纷的形成、相当一部分金融债权的不能实现，往往归结于法律观点的不确定和变化。对于法律市场的需求方，包括目前的我，在面临某一问题时，最担心听到“这个问题的观点有如下几类”，或者“我认为、我觉得”云云。在面临法律问题时，金融机构需要万无一失的规则，起码是具有充分依据的通论。因此，本书各篇章的结论，无任何一处为我个人的观点。各处问题解答，或有明确法律法规依据，或为通论、通说。

最后，本书所涉数十篇文章，大多数系为金融机构论证具体事项时，抽象、归纳而来的问题及结论，但均作了脱敏、保密处理，无须对号入座；另有一部分文章，系针对实务中需求较多的问题，专门做的研究分析。本书各篇章的写作，基本均由我统筹思路、确定结论及文字定稿，我的助手进行了资料收集及文案初稿工作，特表感谢。

衷心希望本书能对阅卷者有所裨益！

张　元

2024年3月31日于北京市朝阳区

缩 略 语

全 称	简 称
《最高人民法院关于适用〈中华人民共和国民事诉讼法〉的解释》	《民诉法解释》
《最高人民法院关于人民法院办理财产保全案件若干问题的规定》	《财产保全规定》
《最高人民法院关于人民法院民事执行中查封、扣押、冻结财产的规定》	《查封规定》
《最高人民法院关于人民法院办理执行异议和复议案件若干问题的规定》	《执行异议复议规定》
《全国法院民商事审判工作会议纪要》	《九民会议纪要》
《最高人民法院关于公证债权文书执行若干问题的规定》	《公证执行规定》
《最高人民法院关于适用〈中华人民共和国民法典〉有关担保制度的解释》	《民法典担保制度解释》
《最高人民法院关于人民法院民事执行中拍卖、变卖财产的规定》	《拍卖变卖规定》
《最高人民法院关于适用〈中华人民共和国担保法〉若干问题的解释》	原《担保法解释》
《最高人民法院关于在执行工作中进一步强化善意文明执行理念的意见 》	《善意文明执行意见》
《最高人民法院关于适用〈中华人民共和国公司法〉若干问题的规定》	《公司法解释(三）》
《证券期货经营机构私募资产管理业务运作管理暂行规定》	《私募运作暂行规定》
《中国人民银行办公厅关于进一步明确规范金融机构资产管理业务指导意见有关事项的通知》	《资管新规》
《最高人民法院关于进一步加强金融审判工作的若干意见》	《金融审判意见》

续表

全　　称	简　　称
《最高人民法院关于民事诉讼证据的若干规定》	《民事证据规定》
《最高人民法院关于民事执行中变更、追加当事人若干问题的规定》	《变更追加司法解释》
《最高人民法院关于适用〈中华人民共和国公司法〉若干问题的规定(二)》	《公司法解释(二)》
《北京市高级人民法院关于进一步提升财产查控处置质效的意见》	《财产查控处置意见》

目录

CONTENTS

财产保全专题

担保及其他增信措施专题

“名股实债”专题

金融资管专题

通道类业务专题

金融诉讼专题

执行程序专题

破产程序专题

刑民交叉专题

财产保全专题

01

实现担保物权程序中能否申请财产保全？已进入执行程序的尚未查封的担保财产，能否适用实现担保物权程序？

【简答】

1. 在实现担保物权程序中，债权人可以向人民法院申请财产保全。保全措施一旦进入执行程序，期限未届满的，自动转为执行中的查封、扣押、冻结措施，在无在先查封的情形下，有利于优先债权人缩短诉讼周期，抢占首封地位。

2. 担保财产已被其他法院先行查封的，作出裁定拍卖、变卖该担保财产的，法院有权申请首封法院移交担保财产处置权。首封法院不同意移送的，优先债权人可向首封法院申请分配。

3. 进入执行程序的案件优先债权人已取得具有强制执行效力的执行依据。对于被执行人未被人民法院查封的担保财产，优先债权人不能通过适用实现担保物权程序再次取得执行依据，径直处置此类财产。

【问题的提出】

2012 年《民事诉讼法》将实现担保物权程序纳入特别程序。2023 年《民事诉讼法》第 207 条、第 208 条规定，申请实现担保物权，由担保物权人以及其他有权请求实现担保物权的人依照民法典等法律，向担保财产所在地或者担保物权登记地基层人民法院提出。人民法院受理申请后，经审查，符合法律规定的，裁定拍卖、变卖担保财产，当事人依据该裁定可以向人民法院申请执行；不符合法律规定的，裁定驳回申请，当事人可以向人民法院提起诉讼。

相比于普通诉讼程序，实现担保物权程序具有成本低、快速高效、程序灵活简便等优点。因此，在金融债权案件中，债权人可考虑通过该非诉程序，实现担保物权。人民法院在实现担保物权程序中作出的准许拍卖、变卖担保财产的裁定，属于国家权力机关作出的许可性裁定，具有强制执行力。实现担保物权程序实行一审终审。

人民法院在实现担保物权程序中作出准许拍卖、变卖担保财产的裁定后，当事人又就同一担保法律关系向人民法院提起担保物权纠纷之诉的，人民法院不应受理。

通过实现担保物权程序拍卖、变卖担保物后仍不足以清偿全部主债权的，债权人可就未实现的债权另行诉讼主张权利。

实现担保物权程序实质上解决的是快速取得执行依据问题，但执行程序中拥有财产处置权的法院为首封法院，因此，金融债权从起诉到取得执行依据，再到执行实现债权这一过程有时间差，可能存在其他债权人在先查封问题，因此，还需研究以下几个问题：

1. 实现担保物权程序中，债权人能否申请财产保全，从而在无在先查封的情形下取得担保财产的首封地位？

2. 担保财产已被其他法院先行查封的，作出裁定拍卖、变卖该担保财产的法院，能否取得该担保财产的处置权？

3. 执行程序中，就未予查封的担保财产能否适用实现担保物权程序？

【法律分析意见】

一、实现担保物权程序中，债权人可以向人民法院申请财产保全

实践中，存在债务人有多个债权人的情形，债权人想要尽快保全债务人财产从而取得在先顺位，往往会在诉前或诉中即向法院申请财产保全。由于实现担保物权程序为非诉程序，审理期限为立案之日起 30 日内或者公告期满后 30 日内，审理期限短，实操中可能存在人民法院不同意在此非诉程序中予以保全或者还未来得及采取保全措施，该程序已然审理完毕的情形。2012 年《民事诉

讼法》将实现担保物权程序纳入特别程序之后，并未就该问题予以明确，各地法院并无统一做法。《民诉法解释》就该问题进行了明确，优先债权人在实现担保物权程序中，对担保财产提出保全申请的，可以按照民事诉讼法关于诉讼保全的规定办理。

因此，根据相关司法解释的规定，在实现担保物权程序中，债权人可以向人民法院申请财产保全。但需要注意的是，保全措施一旦进入执行程序，期限届满的，则自动转为执行中的查封、扣押、冻结措施。因此，债权人应注意担保财产的保全期限，以便在该保全期限内，在无其他在先查封的情形下，缩短诉讼周期，抢占首封地位，进而取得担保财产的处置权。

二、担保财产已被其他法院先行查封的，作出裁定拍卖、变卖该担保财产的法院，有权申请首封法院移交担保财产处置权

《最高人民法院关于人民法院执行工作若干问题的规定(试行)》第56条规定："对参与被执行人财产的具体分配，应当由首先查封、扣押或冻结的法院主持进行。首先查封、扣押、冻结的法院所采取的执行措施如系执行财产保全裁定，具体分配应当在该院案件审理终结后进行。"该条规定实际上确立了首封法院对被查封财产享有处置权。轮候法院若要对财产进行处置，必须取得首封地位。

作出裁定拍卖、变卖该担保财产的法院如希望基于债权人对担保财产享有的优先受偿权取得担保财产处置权，根据《最高人民法院关于首先查封法院与优先债权执行法院处分查封财产有关问题的批复》的规定，可自首先查封之日起已超过60日，且在首封法院就该查封财产尚未发布拍卖公告或者进入变卖程序的情形下，向首封法院出具商请移送执行函，并附确认优先债权的生效法律文书及案件情况说明，从而要求其将该查封财产移送执行。首封法院应当在收到该商请移送执行函之日起15日内出具移送执行函，将查封财产移送优先债权执行法院执行，并告知当事人。如果首封法院与作出裁定拍卖、变卖该担保财产的法院就移送查封财产发生争议，可以逐级报请双方共同的上级法院指定该财产的执行法院。

然而，执行实践中存在首封法院不同意移送担保财产处置权的情形，导致担保财产的优先债权人只能就担保财产处置后的执行款向首封法院提交分配申请。首封法院在收到优先债权人提交的分配申请后，制作财产分配方案，同时赋予各债权人、优先债权人或者被执行人对该财产分配方案的异议权利。

三、进入执行程序的案件，优先债权人已取得具有强制执行效力的执行依据。对于被执行人未被人民法院查封的担保财产，优先债权人不能通过适用实现担保物权程序再次取得执行依据，径直处置此类财产

部分执行案件中，优先债权人对被执行人多个财产享有担保物权，当案件执行标的小于所有担保物权价值时，债权人如向人民法院申请查封、扣押、冻结被执行人名下所有财产，人民法院可能以超标的查封为由，拒绝查封超出执行标的以外的部分财产，从而导致优先债权人只能选择部分与执行标的相对应的财产予以查封。然而，财产查封后，若人民法院不处置且又不执行其他未予查封的财产的，优先债权人能否适用实现担保物权程序，快速处置该财产？

针对以上问题，相关法律、司法解释并无明确禁止性规定。本书认为，适用实现担保物权程序的目的在于快速取得执行依据，进而进入执行程序，然而，已经进入执行程序的案件业已取得具有强制执行效力的执行依据，即便本案债权还未实现，无论执行依据为何种形式，仍不能通过实现担保物权程序再次取得执行依据，径直处置此类财产。

02

金融机构债权人如何正确运用律师调查令制度?

【简答】

1. 律师调查令是法院司法权的一种补充和延伸,权力源于法院的授权,本质上属于司法实践创新,缺乏相应的立法规范。

2. 司法实践越来越倾向于认为律师调查令具有司法强制力。

3. 律师调查令在不同的地区有着不同的地方实践。

【问题的提出】

民事诉讼律师调查令是指"在民事程序中,当事人及其代理律师因客观原因不能自行收集证据时,经代理律师申请,由受理案件的人民法院批准,由指定代理律师向接受调查的单位、组织或个人调查收集相关证据的法律文件"。

律师可以持调查令要求相关部门出具涉案当事人或者机构的银行账号、档案材料、权利凭证等。

律师调查令制度在诉讼实践中并非新生事物,上海法院系统早在 2000 年的时候就开始在民事诉讼活动中推行律师调查令制度,并且出台了相应规则,其后还将调查令制度推广到了执行和立案阶段。

律师调查令制度的实施,有效提高了司法效率,保障了律师参与诉讼活动的调查取证权利,为律师维护当事人合法权益提供了很大的便捷。不过,无论是《律师法》，还是《民事诉讼法》及其司法解释，都没有就律师调查令作出明文规定。

实务中也存在被调查人不认可、不配合的问题，原因是依据律师调查令进行的调查仍然是律师调查而非法院调查。可见，律师调查令在我国仍处于实践探索阶段和理论探讨层面，如何看待法院在民事诉讼中签发的律师调查令，是问题的核心。

【法律分析意见】

一、律师调查令是法院司法权的一种补充和延伸，权力源于法院的授权，本质上属于司法实践创新，缺乏相应的立法规范

《民事诉讼法》第 64 条规定“代理诉讼的律师和其他诉讼代理人有权调查收集证据”。《律师法》第 35 条第 2 款规定：“律师自行调查取证的，凭律师执业证书和律师事务所证明，可以向有关单位或者个人调查与承办法律事务有关的情况。”

这些规定赋予了律师调查权，但是，律师在调查取证时，如被调查人或被调查单位拒绝配合，律师往往也没有实质有效的对策或办法。

《民事诉讼法》第 67 条第 2 款规定：“当事人及其诉讼代理人因客观原因不能自行收集的证据，或者人民法院认为审理案件需要的证据，人民法院应当调查收集。”同时，第 70 条第 1 款规定：“人民法院有权向有关单位和个人调查取证，有关单位和个人不得拒绝。”但是，随着法院案件大量增加，为提高审理效率，各级法院开始尝试给律师签发调查令。

律师调查令由律师向法院提出申请，经法院审查通过后签发，并由律师在调查令范围内进行调查；若法院审查认为律师调查令的申请依据不足，也有权拒绝开具调查令。因此，从本质上讲，律师调查令是法院司法权的一种补充和延伸，权力源于法院的授权。

值得注意的是，目前最高人民法院及部分地方法院虽出台了推进律师调查令的指导意见或试行规定，但律师调查令本质上属于司法实践创新，缺乏相应的立法规范，因此，包括行政机关在内的其他单位对律师调查令的态度不一。

二、司法实践越来越倾向于认为律师调查令具有司法强制力

根据《民事诉讼法》第 70 条第 1 款的规定，对于法院的调查取证，被调查人和被调查单位不得拒绝。但对于律师的调查取证,法律并未规定被调查人不得拒绝。根据《民事诉讼法》第 117 条的规定,对于法院的调查取证,被调查人如拒绝可能被法院处以罚款或拘留。但是,对于拒绝律师调查取证的行为处罚,则缺乏相应的法律依据。

在司法实践中,因被调查人拒绝律师调查令而被法院处罚的事例已发生多起。不少地方法院在推进律师调查令的指导意见或试行规定中明确规定对不配合律师持调查令调查取证的单位或个人进行处罚,如《天津市高级人民法院关于在民事诉讼中实行律师调查令的若干规定(试行)》第 16 条规定:"接受调查人应积极配合律师持令调查工作。人民法院发现接受调查人无正当理由拒不履行协助义务的,可向其上级机关或其所在单位出具司法建议,并可依据《中华人民共和国民事诉讼法》第一百一十四条[①]之规定予以处理。"《重庆市高级人民法院关于在民事诉讼中推行律师调查令的意见》第 18 条第 2 款规定:"有协助调查义务的单位和公职人员拒不接受调查的,人民法院可以向监察机关或者有关机关提出予以纪律处分的司法建议。必要时,可以向当地党委、政府及有关部门通报情况。"

此外,有的法院通过以案释法的方式明确赋予了律师调查令以司法强制力,也有地方法院明确指出律师持令调查等同于法官持证调查,如浙江省嘉兴市中级人民法院在(2017)浙 04 行终 147 号行政裁定书中明确提出:"嘉兴市住房保障局根据南湖区人民法院审理民事诉讼案件过程中调查令的要求出具的一份书面材料,其性质是人民法院依申请调取的书证。""嘉兴市建委下属嘉兴市住房保障局出具情况说明的对象是人民法院。"

可见,实践中司法机关越来越倾向于将律师持令调查等同于法官持证调查,认为律师持令调查取得的证据就是法院调查取得的证据,被调查人提供协助的对象不是律师而是法院,进而赋予了律师调查令以司法强制力。诚然,只有将律师持令调查取证视同法院的调查取证,律师调查令才可能在司法实务中发挥作用,如若不然,缺乏司法强制力的律师调查令反而可能严重损害司法权威。

---

① 现为第 117 条。

三、律师调查令在不同的地区有着不同的地方实践

2015年9月16日，最高人民法院、最高人民检察院、公安部、国家安全部、司法部联合出台了《关于依法保障律师执业权利的规定》，在全国范围拉开了制定保障律师执业权利实施办法、细则或规定及律师调查令制度的序幕。各地纷纷以此为依据，相继出台相应的规范性文件，并建立、完善律师调查令制度。

通过对22个省（河北、山西、辽宁、吉林、黑龙江、江苏、浙江、安徽、福建、江西、山东、河南、湖北、湖南、广东、海南、四川、贵州、云南、陕西、甘肃、青海）、5个自治区（内蒙古、新疆、宁夏、广西、西藏）、4个直辖市（北京、上海、天津、重庆）共31个省级行政区就律师调查令的相关规定进行网络检索，除了6个地区（吉林、西藏、内蒙古、湖北、海南、云南）未能检索到相关文件之外，其他地区都对律师调查令进行了规定（见表1）。

表1　25个省级行政区关于律师调查令的规定

序号	区域	文件名称	生效时间
1	辽宁	《辽宁省高级人民法院关于在民事诉讼中实行律师调查令的若干指导意见（试行）》	2018-11-12
2	河北	《河北省高级人民法院、河北省司法厅关于执行程序中适用律师调查令的若干规定（试行）》	2018-09-30
3	天津	《天津市高级人民法院关于在民事诉讼中实行律师调查令的若干规定（试行）》	2017-12-04
		《关于依法保障律师调查权的若干规定（试行）》	2017-11-01
4	山东	《山东省高级人民法院民事诉讼证据规则（试行）》	2001-07-12
5	江苏	《江苏省高级人民法院关于执行案件使用调查令的实施意见（试行）》	2017-10-31
6	浙江	《浙江省高级人民法院关于规范律师调查令制度的办法》	2020-12-04
7	福建	福建省高级人民法院《关于民事诉讼调查令的实施意见（试行）》	2017-01-18
8	广东	《广东省高级人民法院、广东省司法厅关于在民事诉讼中实行律师调查令的规定》	2020-04-16
9	北京	《北京市高级人民法院关于委托调查制度的若干意见（试行）》	2004-08-16

续表

序号	区域	文件名称	生效时间
10	湖南	《湖南省高级人民法院关于在民事审判和执行程序中实行律师调查令的工作规程(试行)》	2018-10-01
11	四川	《关于在民事审判与执行阶段适用调查令的办法(试行)》	2019-12-06
12	贵州	《贵州省高级人民法院关于在民事诉讼中试行律师调查令的若干意见》	2020-08-20
13	安徽	《安徽省高级人民法院关于民事诉讼调查令的实施办法(试行)》	2013-09-01
14	河南	《河南省高级人民法院、河南省司法厅、河南省律师协会关于在民事诉讼和民事执行中实行律师调查令的若干规定》	2019-04-19
15	江西	《江西省高级人民法院、江西省司法厅关于在民事诉讼中实行律师调查令的办法(试行)》	2021-10-18
16	宁夏	宁夏回族自治区高级人民法院《关于在民事诉讼程序中试行律师调查令的意见》	2017-12-01
17	重庆	《重庆市高级人民法院关于在民事诉讼中推行律师调查令的意见》	2020-12-22
		《关于进一步保障律师执业权利的若干规定》	2017-05-08
18	陕西	《关于在民事诉讼中实行律师调查令制度的暂行规定》	2020-03-30
19	山西	《山西省依法保障律师执业权利实施细则》	2017-07-20
20	广西	《广西壮族自治区关于依法保障律师执业权利的实施办法》	2018-02-28
21	甘肃	《甘肃省高级人民法院执行案件流程管理办法》	2012-05-01
22	新疆	《新疆维吾尔自治区高级人民法院关于民事诉讼证据调查令的若干规定(试行)》	2008-12-31
23	青海	青海省高级人民法院《关于在执行程序中使用调查令的若干规定(试行)》	2018-07-10
		《青海省高级人民法院关于在民事诉讼中推行律师调查令的意见(试行)》	2022-09-26

续表

序号	区域	文件名称	生效时间
24	上海	《上海市高级人民法院关于在执行程序中使用调查令的若干规定(试行)》	2004－03－26
		《上海市高级人民法院关于立案审查阶段适用调查令的操作规则(试行)》	2012－07
		《上海法院调查令实施规则》	2001－06－13
25	黑龙江	《黑龙江省高级人民法院关于在民事诉讼中实行律师调查令的办法(试行)》	2022－07

(一)规定律师调查令的文件

部分地区根据《关于依法保障律师执业权利的规定》出台保障律师执业权利实施办法、细则或规定,其中就有涉及律师调查令的相关规定,如《广西壮族自治区关于依法保障律师执业权利的实施办法》《山西省依法保障律师执业权利实施细则》等。

部分地区专门制定关于律师调查令的具体规定,如《广东省高级人民法院、广东省司法厅关于在民事诉讼中实行律师调查令的规定》《浙江省高级人民法院关于规范律师调查令制度的办法》等。

(二)制定律师调查令的部门

部分地区由多部门联合制定相关文件。如山西省高级人民法院、山西省人民检察院、山西省公安厅、山西省国家安全厅、山西省司法厅联合制定《山西省依法保障律师执业权利实施细则》等;重庆市 12 个部门①联合制定《关于进一步保障律师执业权利的若干规定》、天津市 13 个部门②联合制定《关于依法保障律师调查权的若干规定(试行)》。通过多部门联合制定文件,可以进一步扫清律师持律师调查令进行调查取证的障碍。

部分地区由高级人民法院作为单一主体制定。如《上海法院调查令实施规

① 重庆市高级人民法院、重庆市人民检察院、重庆市城乡建设委员会、重庆市公安局、重庆市民政局、重庆市司法局、重庆市人力资源和社会保障局、重庆市国土资源和房屋管理局、重庆市卫生和计划生育委员会、重庆市地方税务局、重庆市工商行政管理局、重庆市质量技术监督局。

② 天津市高级人民法院、天津市人民检察院、天津市公安局、天津市国家安全局、天津市民政局、天津市司法局、天津市地方税务局、天津市人力资源和社会保障局、天津市国土资源和房屋管理局、天津市卫生和计划生育委员会、天津市市场和质量监督管理委员会、天津市金融工作局、天津市国家税务局。

则》《天津市高级人民法院关于在民事诉讼中实行律师调查令的若干规定(试行)》等。

值得一提的是,安徽省关于律师调查令的规范性文件是由省一级人大常委会制定的,将律师调查令提到立法(地方性法规)的高度。该省人大常委会于2013年3月27日修订了《安徽省关于律师执业的若干规定》,自2013年9月1日起施行,这是第一个以立法形式确立了民事诉讼调查令的地区。

(三)申请律师调查令的阶段

律师调查令制度在我国设计的初衷,是解决"执行难"问题。一方面,这是考虑到申请执行人与被执行人发生过法律关系,更清楚被执行人财产的线索,由申请执行人的律师及时进行调查,可以提高查找被执行人财产的效率。另一方面,采用律师调查令可避免耗费属于公共资源的执行精力,有利于实现司法资源的优化配置。因此,部分地区的律师调查令仅在执行阶段适用,如《北京市高级人民法院关于委托调查制度的若干意见(试行)》第1条第1款规定:"执行程序中的委托调查制度,是指在案件执行阶段,经申请执行人申请,由人民法院签发调查令,指定申请执行人的代理律师持调查令向有关单位或个人调查收集特定证据。"

现在更多的地区在诉讼、执行等多个阶段适用了律师调查令,如《湖南省高级人民法院关于在民事审判和执行程序中实行律师调查令的工作规程(试行)》第5条第1款规定"律师调查令的申请可以由代理律师在起诉、审判、执行阶段提出",《安徽省高级人民法院关于民事诉讼调查令的实施办法(试行)》第4条第1款规定"当事人可以在起诉、审理、执行阶段申请调查令"。如此一来,代理律师能向法院申请到调查令,就不必被动地等待法院,自己亦能积极主动地找到相关单位调取所需证据,以此避免败诉的风险。

03

申请诉讼保全时，银行保函和保险公司保单担保效力是否等同？

【简答】

1. 提供银行保函与保险公司保单均是申请诉讼保全的法定担保方式，银行保函与保险公司保单效力等同。

2. 实践中，极少存在不接受银行保函反而要求提供保险公司保单的情况。

3. 部分法院不接受银行保函担保可能存在特殊原因，需要具体分析。

4. 如无不利影响，可配合法院提供符合要求的保险公司保单作为担保。

5. 如提供保险公司保单存在不利影响或困难，可与法院沟通协调解决。

【问题的提出】

《民事诉讼法》第 103 条第 2 款规定："人民法院采取保全措施，可以责令申请人提供担保，申请人不提供担保的，裁定驳回申请。"

根据《财产保全规定》第 6、7、8 条的规定，提供保全担保的方式包括财产担保、保证担保、保险人提供保险担保以及金融机构提供保函担保。

由于《民事诉讼法》及相关规定对保全担保的方式仅有原则性的规定，因此，司法实践中，不同地区、不同法院甚至同一法院的不同法官，在执行上述规定时，往往根据各自理解对担保的额度、担保的形式、担保人的主体资格等均有不同的要求。

操作上的不统一、不规范，造成了当事人按照上述规定提供保全担保，却因各种细节问题而不被接受。

【法律分析意见】

一、提供银行保函与保险公司保单均是申请诉讼保全的法定担保方式，二者效力等同

《财产保全规定》第 7 条第 1 款规定："保险人以其与申请保全人签订财产保全责任险合同的方式为财产保全提供担保的，应当向人民法院出具担保书。"第 8 条规定："金融监管部门批准设立的金融机构以独立保函形式为财产保全提供担保的，人民法院应当依法准许。"

根据上述规定，银行与保险公司均是法定的可提供诉讼担保的主体，银行保函与保险公司保单均是合法的诉讼保全担保方式，保全申请人提供银行保函或保险公司保单作为诉讼保全担保的，人民法院均应当依法准许。

二、实践中，极少存在法院不接受银行保函反而要求提供保险公司保单的情况

一般来说，申请保全人开具银行保函难度高、手续烦琐、审批程序严格，银行对申请人的信用审查也非常严格，开具的保函可信度高；银行保函以银行的信誉为担保，银行不能兑现保证责任的可能性几乎为零，担保能力强。因此，法院对银行保函的认可度也很高。

保险公司保单担保的方式是近几年各地依据司法解释的倡导，陆续推行的担保方式，是在无法提供有效的财产担保或保证担保、申请人或其上级机构出具的保函不被法院认可的情况下，为保障申请人权利而允许采用的一种创新性、替代性担保方式。申请人通过购买财产保全责任保险，由保险公司为其财产保全提供担保，手续简便易行，保险公司担保能力也非常强，能够有效减轻当事人负担。

因此，两种同样合法且被法院认可的方式不存在效力高低的差异，法院一般均会接受，极少存在不接受银行保函反而要求提供保险公司保单的情况。

三、部分法院不接受银行保函担保的原因

（一）为推广保险公司保单担保方式，部分法院会推荐采用此种担保方式

保险公司保单担保作为一种新的保全担保方式，与传统担保方式相比，赔偿能力更强，运作更规范，保险费率更低廉，更无须申请人提供同等价值的财产，手续更简便易行。这种诉讼保全担保方式，不仅有效减轻了有保全需求的当事人的负担，缓解了法官核实担保财产的工作压力，更有利于提高案件保全比例，避免债务人转移、隐匿财产，对预防"执行难"具有重要意义。因此，各地法院都在积极推行保险公司保单担保。需要明确的是，法院不应也不会强制当事人必须提供某种形式的担保，必须提供保单才可进行保全应该是一种误解。

（二）当事人提供的材料不能体现银行的信誉和担保能力；或材料不齐备，不符合法律要求

《财产保全规定》第 6 条规定："申请保全人或第三人为财产保全提供财产担保的，应当向人民法院出具担保书。担保书应当载明担保人、担保方式、担保范围、担保财产及其价值、担保责任承担等内容，并附相关证据材料。第三人为财产保全提供保证担保的，应当向人民法院提交保证书。保证书应当载明保证人、保证方式、保证范围、保证责任承担等内容，并附相关证据材料。对财产保全担保，人民法院经审查，认为违反民法典、公司法等有关法律禁止性规定的，应当责令申请保全人在指定期限内提供其他担保；逾期未提供的，裁定驳回申请。"第 7 条规定："保险人以其与申请保全人签订财产保全责任险合同的方式为财产保全提供担保的，应当向人民法院出具担保书。担保书应当载明，因申请财产保全错误，由保险人赔偿被保全人因保全所遭受的损失等内容，并附相关证据材料。"

根据上述规定，对当事人的保全担保，法院应当进行审查。

法院在对保全担保进行审查时，应当注意的是担保方是否具有偿付能力，体现在银行保函担保这一具体方式上，则会关注银行信誉及担保能力。根据《财产保全规定》第 1 条的规定，保全申请书中应当载明为财产保全提供担保的财产信息或资信证明。因此，银行提供担保，应当有相应的资信证明材料证明银行的信誉及担保能力，并且所提供的材料应当符合法院的形式及内容要求。如果当事人材料不齐备或者不符合要求，则会被认为提供的担保不符合要求，法官可能会要求提供其他形式的担保；而保险公司保单的担保形式简便快速，

能够满足当事人预期和法院要求，法院可能会建议当事人提供保险公司保单。

四、结论及建议

申请保全提供担保时，银行保函是法定担保方式之一，一般来说法院认可度高，容易被接受，但亦存在不被接受的情况。因此，提出以下应对建议：

第一，提前向受理法院咨询是否可用银行保函并咨询具体要求，按照要求提供相应材料。

第二，如无不利影响，可配合法院提供符合要求的保险公司保单作为担保。

第三，如提供保险公司保单有不利影响或困难，可与法院沟通协调解决，法院不应也不会强制当事人只能采用某种担保方式。

04

如何对在建商品房工程进行有效查封？

【简答】

1. 对于在建商品房，法院可通过向不动产登记机构、房地产管理部门等送达协助执行通知书办理查封登记手续。

2. 对于尚未取得预售许可证的在建商品房的查封，可通过查封项目所在地块使用权、项目现场张贴公告等方式予以办理；对于已取得预售许可证的在建商品房的查封，可直接申请法院向有关部门发送协助执行通知书进行预查封登记。

3. 对于已取得预售许可证的在建商品房的查封，因不动产登记机构并非房屋预售备案管理部门，通过协调法院先行向当地房地产管理部门送达协助执行通知书仍具有较强的必要性。

【问题的提出】

受宏观经济下行及国家对房地产行业调控政策影响，目前国内众多房地产企业正陷入债务危机，因建设工程施工、金融借款合同等涉及诉讼的不在少数。房地产企业正在开发建设的商品房项目极易成为债权人保全的标的。司法实务中，对该类财产的保全通常面临两方面问题：

一方面，在技术操作层面，该类商品房处于建设过程中，属于在建工程，但目前法律法规对在建工程查封的规定并不清晰明确，同时，因各地对于房屋登记机构的职责划分、信息共享方面存在差异,采取何种查封方式、如何送达协执通知都需要保全申请人提前考虑。

另一方面,在价值衡量层面,我国目前实行商品房预售制度,已预售商品房尚未办理产权登记,理论上仍可视为房地产企业名下财产。但是,实践中,对于已完成预售备案登记的房产,因涉及购房人的期待利益,不少法院选择不再查封。

【法律分析意见】

一、在建商品房的查封以是否办理预售许可证为区分标准

对在建商品房项目的查封应根据其现实状况选择相应的查封方式。按照现有法律及司法解释规定,以在建商品房是否已办理预售许可证为区分标准。

《查封规定》第 7 条规定:"查封不动产的,人民法院应当张贴封条或者公告,并可以提取保存有关财产权证照。查封、扣押、冻结已登记的不动产、特定动产及其他财产权,应当通知有关登记机关办理登记手续。未办理登记手续的,不得对抗其他已经办理了登记手续的查封、扣押、冻结行为。"

《查封规定》第 8 条规定:"查封尚未进行权属登记的建筑物时,人民法院应当通知其管理人或者该建筑物的实际占有人,并在显著位置张贴公告。"

根据上述规定,对于尚未进行权属登记的建筑物,如在建商品房,执行法院应采取张贴公告的方式进行司法查封,非需要通知登记机关办理登记手续。

已取得商品房预售许可证的在建商品房可以进行预查封。

根据《最高人民法院、国土资源部①、建设部②关于依法规范人民法院执行和国土资源房地产管理部门协助执行若干问题的通知》第 15 条的规定:"下列房屋虽未进行房屋所有权登记,人民法院也可以进行预查封:(一)作为被执行人的房地产开发企业,已办理了商品房预售许可证且尚未出售的房屋;(二)被执行人购买的已由房地产开发企业办理了房屋权属初始登记的房屋;(三)被执行人购买的办理了商品房预售合同登记备案手续或者商品房预告登记的房屋。"

---

① 现为自然资源部,后文不再赘述。

② 现为住房和城乡建设部,后文不再赘述。

因而,已办理预售许可证的在建商品房,法院可进行预查封登记。此处需要明确的是,根据《最高人民法院、国土资源部、建设部关于依法规范人民法院执行和国土资源房地产管理部门协助执行若干问题的通知》第 18 条的规定,预查封登记效力等同于查封登记。

预售许可证关系到商品房预售制度,目前国内各地房屋管理部门通过商品房网上销售管理系统(住建部门官网通常会通过公示项目楼盘表对房屋信息予以公示)对销售情况进行管理,主要流程顺序为:开发商建立网上楼盘表、申请预售许可证、网上销售、预售合同备案。

《城市商品房预售管理办法》第 5 条规定:“商品房预售应当符合下列条件:(一)已交付全部土地使用权出让金,取得土地使用权证书;(二)持有建设工程规划许可证和施工许可证;(三)按提供预售的商品房计算,投入开发建设的资金达到工程建设总投资的 25% 以上,并已经确定施工进度和竣工交付日期。”从投资、建设进度层面,符合办理预售许可证的在建商品房至少对项目沉淀资金有一定比例要求。

以在建商品房是否已办理预售许可证为划分依据,总体上可分为两类查封:一是对尚未取得预售许可证的在建商品房的查封;二是对已取得预售许可证的在建商品房的查封。

二、在建商品房的查封方式

对于尚未取得预售许可证的在建商品房的查封,可通过查封项目所在地块使用权、项目现场张贴公告等方式予以办理;对于已取得预售许可证的在建商品房查封,可直接申请法院向有关部门发送协助执行通知书进行预查封登记。

(一)尚未取得预售许可证的在建商品房

对于尚未取得预售许可证的在建商品房,根据《查封规定》,法院可通过在现场显著位置张贴封条、公告方式予以查封。但仅采取该种方式恐难取得理想效果,原因有三:一是张贴的公告、封条受雨淋日晒等自然因素的影响损毁或人为撕毁;二是在建工程为不动产,现场查封方式难以起到公示效力;三是房屋管理、不动产登记等部门,因难以获悉查封情况,很可能继续办理商品房预售许可证、不动产首次登记等手续。

《查封规定》第 21 条第 1 款规定:“查封地上建筑物的效力及于该地上建筑物使用范围内的土地使用权,查封土地使用权的效力及于地上建筑物,但土地使用权与地上建筑物的所有权分属被执行人与他人的除外。”故相较于张贴公告的方式，通过查封项目土地使用权的方式无疑具有更强的公示效力。

根据《城市商品房预售管理办法》的相关规定，办理预售许可证过程中，主管部门应进行审核，审查内容应包括是否涉及他项权利。

因而，对于尚未取得预售许可证的在建商品房，除在项目现场显著位置张贴公告或封条的方式外，亦可采用查封项目所在地土地使用权的方式实现保全目的。

需要指出的是，根据《查封规定》第 21 条第 1 款的规定，对于已取得预售许可证的在建商品房，直接申请查封项目所在地块的土地使用权似乎并无明显法律障碍，但实践中，法院可能不愿接受这一财产保全申请，原因是查封土地使用权后，已经网签购房但尚未取得房屋产权证的买受人，将无法继续办理房屋产权证，进而可能引发各种纠纷。

（二）已取得预售许可证的在建商品房

对于已取得预售许可证的在建商品房，可区分为已取得预售许可证但尚未出售的商品房、已取得预售许可证且已出售的商品房。

1. 对于已办理预售许可证但尚未出售的商品房，人民法院可以依据《最高人民法院、国土资源部、建设部关于依法规范人民法院执行和国土资源房地产管理部门协助执行若干问题的通知》第 15 条第 1 项规定办理预查封。房地产开发商取得商品房预售许可证后，保全申请人一般可通过房屋管理部门查询预售商品房信息。以北京为例，通过“北京市住房和城乡建设委员会”网站，可查询各预售项目的名称、预售证号、开发企业、坐落、当前状态等。

在这一阶段，财产保全申请人可申请法院对开发商名下尚未出售的商品房进行预查封。需要指出的是，这里的预查封法律效力与正式查封无异，通过预查封可直接起到冻结相关房源交易的法律效果。换言之，经过预查封登记的房源将无法办理网签备案。

2. 对于已办理预售许可证且已出售的商品房，保全申请人可通过房屋管理部门官网公示的项目楼盘表信息查询房产的销售状态。《城市商品房开发经营管理条例》第 26 条第 2 款规定：“房地产开发企业应当自商品房预售合同签订之日起 30 日内，到商品房所在地的县级以上人民政府房地产开发主管部门和负责土地管理工作的部门备案。”事实上，对于已预售且已备案的商品房，房屋管理部门官网会予以显示。

尽管根据法律法规，此类商品房可办理查封，但实践中部分法院可能迫于压力而不会办理。如《山东高院执行疑难法律问题解答（三）》中规定："被执行人是房地产开发企业，为避免侵害商品房买受人的合法权益，法院拟预查封登记在被执行人名下的预售商品房，应先向不动产登记部门查询预售商品房的出售情况，即办理网签、备案登记等情况。如预售商品房已在不动产登记部门办理了合同备案登记，法院可不予查封。"各地法院需结合保全标的额以及已查封财产价值考虑保全查封的必要性。

需要进一步指出的是，商品房买受人提出案外人异议的，可根据《执行异议复议规定》第 28 条或第 29 条规定排除执行；与此相对应，如商品房买受人不符合相关规定，则不得对抗查封、执行。

就协助执行单位而言，土地使用权的查封由不动产登记机构办理并无争议；而对于在建商品房的查封，各地实际做法不一。稳妥起见，法院应当尽可能向房屋管理部门及不动产登记部门同步送达协助执行通知书，送达顺序方面应尽可能以房屋管理部门为优先送达对象。

对于未取得预售许可的在建商品房，应主要通过查封项目土地使用权的方式进行查封。对于已取得预售许可的在建商品房（主要为未出售房产），原则上可办理预查封登记。既然不动产预查封登记属于不动产查封登记的一个特殊类型，那么不动产预查封登记理应由不动产登记机构来完成。

但是，由于不动产统一登记改革后全国很多地区的商品房预售、合同备案、楼盘表管理、交易管理等一系列职能仍归房屋管理部门，而不动产登记职能则归属自然资源部门（当然国家目前一直在倡导各部门间实现信息共享，但这仍需要一个过程），在办理不动产预查封过程中很可能出现问题。假设某法院要求不动产登记机构为某房地产开发企业名下的已办理了商品房预售许可证且尚未出售的房屋做预查封登记，将面临以下两个问题：

一是房屋管理部门是否与自然资源部门共享了该房屋的楼盘信息？如果没有，执行法院是否应提供出该房屋的楼盘信息以供不动产登记机构进行准确登记？

二是自然资源部门是否能及时将预查封登记信息结果与房屋管理部门实现共享？如果没有，是否存在房屋管理部门在不知情的情况下将已被预查封的房屋出售给善意第三人并进行备案的风险？

举例说明，某案保全标的物位于武汉，法院基于执行便利性，委托武汉当地法院办理查封事宜。因保全标的物为在建商品房项目（其中大部分均已办理预售许可），在协助执行文书送达过程中，当地不动产登记机构办理预查封登记时，除应提供拟查封房屋的坐落、房号信息外，不动产登记机构亦需不动产单元号（该信息需通过房屋管理部门查询）。如法院送达的协助执行通知书上缺乏相应信息，则无法办理预查封登记。因而，该案中，不动产登记机构此前已要求法院补充相关信息后重新送达协助执行文书。

同时，在送达顺序方面，当地不动产登记机构亦建议法院先向区房管局送达协助执行手续，从源头锁定房源，阻止预售行为发生；再向不动产登记机构送达协助执行手续，避免产权转移、抵押登记的情况发生，以起到双保险作用。但该案实际办理过程中，受托法院实际仅完成向不动产登记机构的送达，而未能完成向房屋管理部门的送达，但因两部门间对查封信息进行了共享（存在时间差），故最终房管局网站公示的项目楼盘表中对申请查封的房产亦显示查封状态，经与区房管局工作人员联系确认，此种状态下相关商品房无法再行办理网签备案手续。

因此，基于各地情况差异，房屋管理部门与自然资源部门并不一定共享项目楼盘相关信息（如房产查封信息），即使共享也可能存在时间差。因而，建议实践中应尽可能协调法院向房屋管理部门及不动产登记部门同步送达协助执行通知书，为避免出现已预查封登记的房屋仍对外销售网签的情况，送达顺序方面应尽可能将房屋管理部门作为优先送达协执单位。

总结一下，对于已出具预售许可证的在建商品房预查封具体路径为：

1. 财产保全申请人需调查拟查封的房屋坐落、房号、土地使用权证号等基本信息。

2. 提前向当地房屋管理部门、不动产登记部门了解有无其他信息需求及查询路径，待信息完整后一并作为财产线索提交法院。

3. 执行法院审查后向房屋管理部门、不动产登记部门发送协助执行通知书，由其在各自系统中对申请保全的房屋进行预查封登记或录入。

05

债务人低价转移财产，金融机构如何通过撤销权制度保全、实现债权？

【简答】

1. 债务人影响债权人债权实现的行为被撤销后的法律后果是该行为自始没有法律约束力。债务人与受让人应互相返还取得的财产；不能返还或者没有必要返还的，折价补偿。

2. 诉讼前，若债务人与受让人就标的财产未完成物权变动，撤销权判决则无给付内容，不具有可执行性；若已完成物权变动程序，债权人撤销权兼具形成权与请求权双重属性，在判决主文明确给付内容的情况下，债权人有权向人民法院申请强制执行。但是，对于撤销权判决并未明确载明前述给付内容的，实践中有不同认识。部分法院认为债权人主张诉请中包含要求义务人履行相应义务的，即便撤销权判决未在判项中予以明确，债权人仍可在债务人怠于向受让人主张权利之时向法院申请强制执行。

3. 如标的财产尚未自受让人处返还至债务人，能否执行标的财产？司法实践中虽已存在执行法院直接执行标的财产的案例，但法律并无明文规定，各地法院做法不一。债权人为取得标的财产首封权利、保障自身债权实现，可在判决作出后与执行法院进行沟通。

【问题的提出】

债权人撤销权之诉作为债权保全的方式之一，具体体现在《民法典》第 538 条至第 542 条以及原《合同法》第 74 条和第 75 条。

债权人调查发现债务人存在不当处分财产、影响债权实现行为的，其有权自知道或者应当知道撤销事由之日起一年内或债务人的行为发生之日起五年内，通过行使撤销权，撤销债务人与受让人之间的行为，使流失的财产回归债务人的责任财产，从而增加自身债权受偿的可能。

债务人影响债权人债权实现的行为包含债务人放弃债权、放弃债权担保、无偿转让财产、恶意延长其到期债权的履行期限、以明显不合理的低价转让财产、以明显不合理的高价受让他人财产、为他人的债务提供担保以及债务人其他无偿或变相无偿处分财产权益等行为。

实践中，债权人作为申请执行人，向 A 法院申请对债务人强制执行，执行过程中，债权人发现债务人与受让人曾签订过相关财产转让合同，约定将债务人名下财产以明显不合理的低价转让给受让人。为实现自身债权，债权人可以提起债权人撤销之诉，将债务人及受让人一并诉至 B 法院。

在此背景下，带来的问题是：债权人撤销权之诉诉请获得支持的法律后果是什么？债权人撤销权之诉判决是否具有可执行性？执行法院能否依据撤销权之诉判决直接执行标的财产？

【法律分析意见】

一、债权人撤销权之诉诉请获得支持的法律后果

债务人影响债权人债权实现的行为被撤销后的法律后果是该行为自始没有法律约束力。债务人与受让人应互相返还取得的财产；不能返还或者没有必要返还的，折价补偿。

《民法典》第 542 条规定："债务人影响债权人的债权实现的行为被撤销的，自始没有法律约束力。"针对本条规定的债权人撤销权成立后的法律效果，《中华人民共和国民法典合同编理解与适用（一）》按照不同主体进行了充分阐述：

1. 对债权人而言，其行使撤销权目的在于撤销债务人与第三人之间的财产转让行为，保全债务人的一般财产，促使该财产成为债务人可用于偿债的责任

财产。

2. 对债务人而言,其影响债权人的债权实现的行为自始没有法律约束力,责任财产应恢复原状,债务人应要求受让人返还相应财产。

3. 对受让人而言,债权人撤销权成立对其产生双重效力:一是仅成立债权关系尚未发生物权转移的,其债权关系因原因行为被撤销而消灭;二是相应财产已发生物权转移的,受让人需依债权人之请求,返还其已受领的财产。

因此,债权人撤销权之诉作为合同保全的一种,为债权人利益提供了更为广泛的保障,是对债权人穷尽其他措施仍追讨不能的另一种追偿债务的实体法诉讼制度。债权人撤销权一旦成立,原归属于受让人的权利自始失去效力,复归于债务人,受让人取得的财产应返还债务人,不能返还或者没有必要返还的,则应折价补偿。

回归前述案例,B 法院撤销债务人与受让人之间对标的财产的转让行为后,受让人占有标的财产的行为已属无权占有,其继续占有、使用标的财产的行为在本质上属于不当得利,故即便撤销权判决主文并未明确规定,标的财产亦应恢复至债务人名下。

二、债权人撤销权之诉判决的可执行性

诉讼前,若债务人与受让人就标的财产未完成物权变动,撤销权判决则无给付内容,不具有可执行性;若已完成物权变动程序,债权人撤销权兼具形成权与请求权双重属性,在判决主文明确给付内容的情况下,债权人有权利向人民法院申请强制执行。但是,对于撤销权判决并未明确载明前述给付内容的,实践中有不同认识。部分法院认为债权人主张诉请中包含要求义务人履行相应义务的,即便撤销权判决未在判项中予以明确,债权人仍可在债务人怠于向受让人主张权利之时向法院申请强制执行。

债权人基于保全债务人的一般财产,向人民法院提起债权人撤销之诉,但人民法院作出撤销判决也不意味着债权就能得到实现。在标的财产物权发生变动的情况下,往往需要受让人配合债务人恢复登记,才能使标的财产成为债务人的责任财产。

实践中,存在债务人与受让人恶意串通、不予返还财产的情形。因此,虽然撤销权判决已生效并产生既判力,并对债务人和受让人的权利处分具有一定限制作用,但责任财产要恢复原状仍需借助其他程序。

关于债权人撤销权的性质问题，学界存在形成权说、请求权说、兼具形成权与请求权的折中说以及诉权说等理论学说。较多人支持形成权说。

按照形成权说的观点，债权人撤销权之诉属于形成之诉，该诉产生的判决即为形成判决。形成判决一般直接产生权利变动的法律效果，无须具备给付内容，因此形成判决不具有可执行性，故而推断债权人撤销权判决也不具有可执行性。依据该观点，若债权人仅诉请撤销债务人与受让人之间的法律行为，并未诉请返还财产，则属于债权人对自身权利的自由处分，即便撤销权判决支持债权人的诉讼请求，但由于判决主文并无给付内容，债权人可能陷入无法申请执行的僵局。

但是，最高人民法院指导案例 118 号（东北电气发展股份有限公司与国家开发银行股份有限公司、沈阳高压开关有限责任公司等执行复议案）采取的是兼具形成权与请求权的折中说，认为："债权人撤销权诉讼的生效判决撤销了债务人与受让人的财产转让合同，并判令受让人向债务人返还财产，受让人未履行返还义务的，债权人可以债务人、受让人为被执行人申请强制执行。"按照该判决观点，债权人撤销之诉一旦成立，一是使债务人与受让人之间的民事法律行为归于无效，二是债务人与受让人之间产生可以主张互相返还的给付请求权，三是债务人、受让人怠于相互返还的，债权人可以债务人、受让人为被执行人申请强制执行。

笔者认为，债权人在提起债权人撤销之诉时，应同时提出撤销债务人与受让人之间的法律行为和请求受让人返还相应财产两项诉请。虽然仍存在人民法院仅在判决主文中判令撤销而不明确返还财产的情形，但是由于债权人撤销权的目的就在于维持债务人的责任财产，而返还财产是撤销行为的当然结果，故债权人仍可在债务人怠于行使权利之时，申请法院强制执行。

三、执行法院能否依据撤销权之诉判决直接执行标的财产

如标的财产尚未自受让人处返还至债务人，能否执行标的财产？司法实践中虽已存在执行法院直接执行标的财产的案例，但法律并无明文规定，各地法院做法不一。债权人为取得标的财产首封权利、保障自身债权实现，可在判决作出后与执行法院进行沟通。

债权人撤销权之诉一旦成立，则标的财产应恢复至债务人名下，成为债务人责任财产。

若债务人有众多债务，撤销权之诉债权人能否就标的财产优先受偿？一种观点认为，撤销权之诉的债权人提起撤销权之诉的目的在于将标的财产恢复为债务人责任财产，以便实现其债权，故应优先保护该债权人；另一种观点认为，基于债权平等性原则，应该适用“入库原则”，各债权人针对债务人一般责任财产，享有平等主张的权利。司法实践中更多采取的是第二种观点，即通过撤销行为返还的财产并非直接优先用于对行使撤销权的债权人的清偿，而是向债务人返还作为所有债权人的债权的担保。

在行使撤销权的债权人针对标的财产返还后并无优先受偿权的情形下，该债权人能否申请执行法院直接执行标的财产？若不能执行该标的财产，该债权人应如何保障自身债权的实现？

《查封规定》第 2 条第 3 款规定：“对于第三人占有的动产或者登记在第三人名下的不动产、特定动产及其他财产权，第三人书面确认该财产属于被执行人的，人民法院可以查封、扣押、冻结。”

依据该条规定，人民法院可以直接查封、扣押、冻结在客观形式在第三人名下而实为债务人所有的财产，而行使撤销权的债权人能否依据该条申请执行法院直接执行标的财产，因法律、司法解释并无明文规定，实践中存在诸多争议。

江西省上饶市中级人民法院在（2019）赣 11 执复 50 号执行裁定书中系持肯定态度，认为：“本案中，虽然未经第三人刘某芳书面确认该财产属于被执行人，但经（2015）饶中民一终字第 663 号民事判决书确认，撤销了刘某芳与第三人江西搏能信江房地产开发有限公司于 2013 年 8 月 28 日签订的商品房买卖合同，故涉案房产的实际所有权人为被执行人王某，因此广丰区法院执行登记在复议申请人（第三人）刘某芳名下的位于博能 · 翰林印象 15 号楼 1 单元 1501 室房产符合法律规定……故复议申请人提出涉案房产未过户到被执行人王某名下，执行法院将上述王某不具有合法权益的财产列为被执行财产，属于执行错误的复议理由不成立，本院不予支持。”

虽已有先例允许执行法院直接执行登记在受让人名下实应返还债务人的财产，但最高人民法院指导案例 118 号仅肯定了法律设置债权人撤销权制度的目的在于纠正债务人的不当处分财产行为，恢复债务人责任财产以向债权人清偿债务。受让人返还财产至债务人时，负有及时通知债权人的义务。换言之，只有在通知债权人，使其有机会申请法院对受让人返还的财产采取强制措施，从而能够以返还的财产实现债权的情况下,受让人才完成其应履行的义务。这可以限制实践中债务人通过拒绝受领或者再次处分等行为再次危害债权人的权利。

担保及其他增信措施专题

06

金融机构通过执行程序实现抵押权，房屋买受人在何种情形下可以排除执行？

【简答】

1.《执行异议复议规定》第 27 条明确了一般情况下，享有担保物权等优先受偿权的申请执行人可以对抗案外人，即抵押权人对其已查封房屋享有优先受偿权。

2.《执行异议复议规定》第 28 条系针对一般不动产买受人的特殊保护规则，《九民会议纪要》出台后，司法实践逐渐统一认识，主流观点认为《执行异议复议规定》第 28 条不属于《执行异议复议规定》第 27 条“但书”之情形，案外人无法以该条款排除申请执行人的抵押权。

3.《执行异议复议规定》第 29 条是规范商品房消费者排除执行的特别规则，基于对居住和生存利益的特殊保护，法律赋予满足该法条要求的商品房消费者排除执行的权益。

【问题的提出】

在金钱债权的执行中，申请执行人（金融机构）对被执行房屋享有抵押权，执行法院查封抵押房产前，被执行人将抵押房屋出售给案外人，但未办理过户登记，此时，案外人是否能够通过案外人异议排除抵押权人（申请执行人）的执行？

【法律分析意见】

一、抵押权人享有优先受偿权

《执行异议复议规定》第 27 条明确了一般情况下,享有担保物权等优先受偿权的申请执行人可以对抗案外人,即抵押权人对其已查封房屋享有优先受偿权。

《执行异议复议规定》第 27 条规定:"申请执行人对执行标的依法享有对抗案外人的担保物权等优先受偿权,人民法院对案外人提出的排除执行异议不予支持,但法律、司法解释另有规定的除外。"因此,申请执行人作为抵押权人对已查封的房屋享有优先受偿权,案外人一般不得排除对抵押物的执行。但如案外人申请排除执行的理由为法律、司法解释规定的优先于抵押权的例外情况,则可以排除执行。

二、案外人不能以《执行异议复议规定》第 28 条排除抵押权

《执行异议复议规定》第 28 条系针对一般不动产买受人的特殊保护规则,《九民会议纪要》出台后,司法实践逐渐统一认识,主流观点认为《执行异议复议规定》第 28 条不属于《执行异议复议规定》第 27 条"但书"之情形,案外人无法以该条款排除申请执行人的抵押权。

一般不动产买受人并非指直接从房地产开发企业购买房屋的买受人,其购买房屋主要用于投资或其他经营行为,不涉及居住权等生存利益。

《执行异议复议规定》第 28 条规定:"金钱债权执行中,买受人对登记在被执行人名下的不动产提出异议,符合下列情形且其权利能够排除执行的,人民法院应予支持:(一)在人民法院查封之前已签订合法有效的书面买卖合同;(二)在人民法院查封之前已合法占有该不动产;(三)已支付全部价款,或者已按照合同约定支付部分价款且将剩余价款按照人民法院的要求交付执行;(四)非因买受人自身原因未办理过户登记。"

《执行异议复议规定》第 28 条是否属于《执行异议复议规定》第 27 条"但书"条款所指足以对抗担保物权人的例外情形,司法实践中一度存在争议。最高人民法院相关生效裁判文书中亦有不同裁判观点:最高人民法院(2019)最高法民终 309 号、最高人民法院(2019)最高法民申 5142 号、最高人民法院(2019)最高法民申 766 号等认为,《执行异议复议规定》第 28 条是第 27 条的例外,案外人符合第 28 条规定即可排除抵押权人的执行；而最高人民法院（2019）最高法民申 1684 号、北京市高级人民法院（2016）京民终 505 号民事判决、浙江省高级人民法院（2019）浙民申 4736 号等则认为，《执行异议复议规定》第 28 条并非第 27 条的例外，案外人即使符合第 28 条的规定，也不可排除抵押权人的执行。

《九民会议纪要》出台之后，司法实践逐渐统一认识，主流观点认为《执行异议复议规定》第 28 条不属于《执行异议复议规定》第 27 条“但书”之情形，案外人无法以该条款排除申请执行人的抵押权。

《九民会议纪要》虽然没有明确表明此观点，但其在第 126 条论述商品房消费者的权利与抵押权的关系时，明确指出：“根据《最高人民法院关于建设工程价款优先受偿权问题的批复》第 1 条、第 2 条的规定，交付全部或者大部分款项的商品房消费者的权利优先于抵押权人的抵押权，故抵押权人申请执行登记在房地产开发企业名下但已销售给消费者的商品房，消费者提出执行异议的，人民法院依法予以支持。但应当特别注意的是，此情况是针对实践中存在的商品房预售不规范现象为保护消费者生存权而作出的例外规定，必须严格把握条件，避免扩大范围，以免动摇抵押权具有优先性的基本原则。因此，这里的商品房消费者应当仅限于符合本纪要第 125 条规定的商品房消费者。买受人不是本纪要第 125 条规定的商品房消费者，而是一般的房屋买卖合同的买受人，不适用上述处理规则。”

三、案外人可以《执行异议复议规定》第 29 条排除抵押权

《执行异议复议规定》第 29 条是规范商品房消费者排除执行的特别规则，基于对居住和生存利益的特殊保护，法律赋予满足该法条要求的商品房消费者排除执行的权益。

《执行异议复议规定》第 29 条规定：“金钱债权执行中，买受人对登记在被执行的房地产开发企业名下的商品房提出异议，符合下列情形且其权利能够排除执行的，人民法院应予支持：（一）在人民法院查封之前已签订合法有效的书面买卖合同；（二）所购商品房系用于居住且买受人名下无其他用于居住的房屋；（三）已支付的价款超过合同约定总价款的百分之五十。”

商品房消费者是指从房地产开发企业购买房屋的买受人，其购买目的系居住，涉及购房人的居住利益，如不能排除执行可能影响购房人的居住权、生存权。实践中，判断案外人是否可以排除抵押权人的执行，需要根据《执行异议复

议规定》第 29 条逐一审核。此外,尚有部分重点问题,具体分述如下:

1. 案外人购买的房屋是否登记在房地产开发企业名下并非判断案外人是否为商品房消费者的唯一标准,需要从该房屋对房屋买受人的影响判断其是否为商品房消费者。

《执行异议复议规定》第 29 条是案外人排除抵押权人执行、保障其生存权的重要法律依据,如仅根据被执行人是否为房地产开发企业判断则过于机械,亦与实际情况脱节。因为经济状况、城市房地产开发状况等,大量自然人购买二手房用于居住,尤其是在北京、上海等城市,大部分居住用房都是二手房,并非直接从房地产开发企业处购买。基于对居住权、生存权优先保护的立法目的,赋予房屋买受人排除抵押权人执行的权利,其核心也应落脚于居住需求的实质审查,而非仅从其是否从开发商处购入进行判断。

2. 案外人仅进行了网签亦构成《执行异议复议规定》第 29 条的书面买卖合同。

近年来房屋行政主管部门一直推行房屋买卖合同网签备案制度,案外人若未签订纸质房屋买卖合同,而仅仅是进行了网签,是否符合《执行异议复议规定》第 29 条规定的“签署了合法有效的书面买卖合同”?

《民法典》第 469 条规定:“当事人订立合同,可以采用书面形式、口头形式或者其他形式。书面形式是合同书、信件、电报、电传、传真等可以有形地表现所载内容的形式。以电子数据交换、电子邮件等方式能够有形地表现所载内容,并可以随时调取查用的数据电文,视为书面形式。”因此,无论是采用物质性媒介记录,还是采用非物质性媒介记录,只要买卖双方就《商品房销售管理办法》第 16 条规定的商品房买卖合同的主要内容形成一致意思表示,并以有形的方式加以记录、固定,就应当认为双方成立了书面买卖合同,构成《执行异议复议规定》第 29 条规定的书面买卖合同。

3. 案外人名下在与涉案房屋同一设区的市和县级行政区(不包括设区的市的“区”)无其他用于居住的房屋的,可以构成《执行异议复议规定》第 29 条的“所购商品房系用于居住且买受人名下无其他用于居住的房屋”之情形。

《九民会议纪要》第 125 条第 2 款规定:“……买受人名下无其他用于居住的房屋,可以理解为在案涉房屋同一设区的市或者县级市范围内商品房消费者名下没有用于居住的房屋。商品房消费者名下虽然已有 1 套房屋,但购买的房屋在面积上仍然属于满足基本居住需要的,可以理解为符合该规定的精神。”

4. 对于案外人是否已支付50%的购房款,《九民会议纪要》认为不宜作机械的理解。如果支付的价款接近于合同约定总价款的50%,但商品房买受人已按照合同约定将剩余价款支付给抵押权人或者按照人民法院的要求交付的,人民法院不支持购房人的主张,则有失公平。此种情况下,应支持商品房消费者排除执行的请求。

07

抵押权人如何收取抵押物租金?

【简答】

1. 抵押物产生的租金属于抵押物的法定孳息。抵押权实现前,该孳息归属于抵押人,抵押权的效力不及于孳息。

2. 抵押权进入实现程序后,抵押物经人民法院依法扣押的,自扣押之日起,抵押权的效力及于抵押物孳息,但是,未经通知,不得对抗清偿义务人。

3. 抵押权人可直接请求清偿义务人给付法定孳息,或者在执行程序中申请人民法院通知清偿义务人协助扣留、提取租金。

【问题的提出】

土地、商品房等不动产具有价值相对稳定、市场认可程度高、变现能力强等优势,不动产抵押作为一类重要的增信措施,在金融机构融资类业务中被广泛运用。当被担保债权出现违约后,不动产抵押物成为金融机构获得债权清偿的重要保障。尽快处置抵押物,最大化清收债权,成为债权人的主要诉求。但是,不动产抵押物的司法处置历经法院查控、评估、拍卖等诸多环节,通常耗时较长,如遇抵押人不配合或者案外人提出异议,处置过程将更加曲折。

在此过程中,债权人仍可以主动作为。实践中常见的房产类抵押物,抵押人在抵押权设立的同时,仍会继续出租抵押物以获取租金收益。因此,如能在抵押权实现过程中,先收取抵押物租金,不但可以使债权人利益最大化,也能在一定程度上迫使抵押人配合抵押物处置,加快抵押物变现。

在民法上,租金属于抵押物的法定孳息。法律虽然对抵押权人收取抵押物孳息作了规定,但条文较为简略,司法实务中,容易产生争议。比如,抵押权的效力是否及于抵押物产生的孳息?抵押权人能否对该孳息优先受偿?抵押权人的通知义务是收取孳息的生效要件还是对抗要件?抵押权人收取孳息是否须以进入执行程序为前提?如抵押物已被另案查封,抵押权人是否仍有权收取孳息?

针对上述问题,结合《民法典》和相关裁判案例进行分析。

【法律分析意见】

一、抵押权实现前,抵押权的效力仅及于抵押物,而不包括抵押物产生的孳息

所谓孳息,即物所产生的额外收益。在民法上,孳息可分为天然孳息和法定孳息。天然孳息是指按照物质的自然生长规律而产生的果实与动物的出产物,法定孳息是指因法律关系而得到的收益。抵押物的租金即属于抵押物的法定孳息的一种形式。

抵押权设立后,抵押财产的占有权、使用权和收益权仍由抵押人行使。抵押权之实质在于以抵押物的交换价值担保债权的实现。故抵押权实现前,因抵押财产的使用而产生的孳息应归抵押人所有,抵押权的效力不应及于抵押物产生的孳息。

二、抵押权进入实现程序后,抵押物经人民法院依法扣押的,自扣押之日起,抵押权的效力及于抵押物孳息。但是,未经通知,不得对抗清偿义务人

原《物权法》第 197 条规定:“债务人不履行到期债务或者发生当事人约定的实现抵押权的情形,致使抵押财产被人民法院依法扣押的,自扣押之日起抵押权人有权收取该抵押财产的天然孳息或者法定孳息,但抵押权人未通知应当清偿法定孳息的义务人的除外。前款规定的孳息应当先充抵收取孳息的费用。”《民法典》第 412 条沿用了上述条款的规定。

根据上述规定,抵押权进入实现程序后,抵押权人有权收取抵押物产生的孳息,但需要满足两个条件:一是抵押物被法院依法扣押,二是已通知清偿法定孳息的义务人。

如满足上述条件，是否可得出抵押权的效力及于抵押物孳息。换言之，抵押权人能否对该孳息享有优先受偿权？实务中亦有争议。

有观点认为，法律仅赋予抵押权人收取孳息的权利，但孳息所有权仍属于抵押人所有，故不能得出抵押权人对该孳息享有优先受偿权。上述观点实际上是对相关法条的机械理解和适用，如天津市第二中级人民法院（2016）02 津民初 120 号民事判决书中，法院认为，“根据相关法律规定，债务人不履行到期债务或者发生当事人约定的实现抵押权的情形，债权人有权以该财产折价或者以拍卖、变卖该财产的价款优先受偿。抵押权人优先受偿的范围仅及于处分抵押物的价款，抵押权人对于抵押物的孳息是否可以优先受偿并无法律明文规定”。江苏省无锡市中级人民法院在（2015）锡执异字第 0012 号执行裁定书中亦持上述观点。

笔者认为，从抵押物孳息收取规则的立法目的来看，抵押权进入实现程序后，抵押权的效力应及于抵押物孳息，抵押权人有权对该孳息优先受偿。抵押权系非占有性担保物权，抵押权的实质在于以抵押物的交换价值担保债权的实现。抵押权设立后，抵押财产的占有权、使用权和收益权仍由抵押人行使，因抵押财产的使用而产生的孳息亦当由抵押人所有。但是，当债务人不履行到期债务或者发生约定的实现抵押权之情形，因抵押权人行使抵押权致使抵押财产被法院扣押，就意味着抵押权进入实现程序。如果此时抵押财产的孳息仍为抵押人收取，就会使抵押人为收取孳息而拖延处理抵押物，抵押权人的权益无法实现。故原《物权法》第 197 条、《民法典》第 412 条赋予抵押权人收取孳息的权利。

对此，最高人民法院民法典贯彻实施工作领导小组在《民法典》第 412 条法条释义部分明确指出，如果此时抵押财产的孳息仍为抵押人收取，就会使抵押人为收取孳息而拖延处理抵押物，此时剥夺抵押人收取孳息的权利有利于抵押权的实现，这应是本条规定抵押权效力自扣押之日起及于孳息的立法目的之所在。

最高人民法院相关裁判案例亦支持抵押权人对抵押物优先受偿权的效力及于查封扣押后的抵押物的法定孳息。在最高人民法院 2020 年 3 月 31 日作出的（2019）最高法执监 479 号执行裁定书中，法院认为：“抵押权的效力不及于查封扣押前的法定孳息，但法院对抵押财产采取查封扣押措施就意味着抵押权进入实现程序，自扣押之日起抵押权人有权收取该抵押财产的天然孳息或者法定孳息。抵押权的本质是以抵押物的交换价值保证抵押债权的实现，在法院查封该财产后，租金作为抵押物交换价值的一部分，应当算入抵押权优先受偿的范围内。"由此可知，抵押权效力自法院扣押抵押物之日起及于孳息，而抵押权效力之体现即为优先受偿。因此，自法院扣押之日起，抵押权人对抵押物孳息享有优先受偿权。

当然，对于租金这类法定孳息，抵押权人还应通知清偿法定孳息的义务人。如抵押权人未履行通知义务，则清偿义务人因不知抵押财产被扣押的情形将法定孳息支付给抵押人，其法律后果仍产生清偿的效力。

关于抵押权人通知义务的法律性质是对抗要件还是生效要件，条文中"抵押权人未通知应当清偿法定孳息的义务人的除外"如何理解，实务中亦有争议。若通知义务为对抗要件，抵押权效力及于扣押后抵押物产生的孳息；若通知义务为生效要件，抵押权效力及于通知后抵押物产生的孳息。实践中，从扣押到通知时间间隔较长时，对抵押权人权益影响甚大。

笔者认为，此处的通知义务应为对抗要件。从法律规定的通知的目的看，法定孳息系由抵押关系当事人之外的第三人负责清偿，本条规定的对法定孳息清偿义务人的通知与《民法典》第546条规定的债权让与时对债务人的通知，均具有防止发生债务人为错误给付的目的。《民法典》第546条第1款规定："债权人转让债权，未通知债务人的，该转让对债务人不发生效力。"参照该规定，对法定孳息清偿义务人的通知亦应当解释为，未经通知对该法定孳息清偿义务人不发生抵押权效力及于孳息的法律效果。换言之，抵押财产被法院扣押后，即使抵押权人怠于通知，抵押权效力已经及于孳息，但清偿义务人因不知抵押财产被扣押的情况而将法定孳息支付给抵押人的，仍产生清偿的效力，抵押权人不得主张清偿无效，即不得对抗清偿义务人。由此可见，本条规定的抵押权人对法定孳息清偿义务人的通知并非抵押权效力及于法定孳息的生效要件而系对抗要件。

三、抵押权人可直接请求清偿义务人给付法定孳息，或者在执行程序中申请法院通知清偿义务人协助扣留、提取租金

在满足法定条件情况下，抵押权人如何收取抵押物孳息？一般来说，抵押物被法院查封之后(包括保全查封、执行查封),抵押权人即可直接向清偿义务人发出通知,要求其向抵押权人给付自法院扣押之日起的法定孳息。就实践而言,此种收取方式,清偿义务人未必配合抵押权人对孳息的收取。但是,其积极意义在于抵押权人发出的通知实际上起到冻结效力,即收到通知的清偿义务人即使不愿配合,也不得擅自将孳息给付抵押人,否则抵押权人可主张清偿义务人清偿无效,清偿义务人仍应向抵押权人承担给付义务。

在执行程序中,抵押权人业已申请强制执行债务人和担保人,故此时可申请法院通过向清偿义务人发出协助执行通知书,要求其协助扣留、提取抵押物孳息。此种方式借助法院公权力,效果更佳。但是,实务中由于抵押人不一定是债务人,如抵押人仅承担担保责任,让法院执行抵押人应得的租金收益,法官可能存在顾虑。为最大化保障自身权益,债权人可在法院扣押抵押物后,即向孳息清偿义务人发出给付通知,然后申请执行法院对该孳息采取执行措施。

实务中,有观点认为,抵押权人收取孳息须以法院生效判决对被担保债权进行确认和案件进入执行程序为前提。该观点与《民法典》第 412 条规定明显不符。从文义解释的角度看,法律明确规定进入抵押权实现程序,抵押权人即有权收取租金,并未规定必须以法院生效判决对被担保债权进行确认和案件须进入执行程序为前提。从目的解释的角度看,《民法典》第 412 条的立法理由之一为防止抵押人为收取孳息而拖延处理抵押财产,旨在保护抵押权人利益,该观点与上述立法本意亦明显不符。

实务中,抵押物被其他债权人查封、扣押的情况很多,在此情形下,抵押权人往往在另案债权执行程序中申请参与分配实现抵押权,此时抵押权人能否依据《民法典》第 412 条的规定收取孳息?抵押权人的抵押债权并未实现对抵押物的查封,或者说抵押物的查封并非担保债权导致,就文义解释角度而言,并不完全符合《民法典》第 412 条的规定,但是从立法目的角度看,抵押权是物权,具有对世效力,抵押物无论被何人查封,均不应影响抵押权人优先受偿,包括通过收取法定孳息的方式优先受偿,因此,不应限制抵押权人的权利,抵押权人应可以据此收取孳息。

08

因抵押物交易行情不佳，抵押权人能否及如何延缓拍卖进度？

【简答】

1. 在案涉采矿权变现价值不足以完全偿付抵押顺位在先的 A 债权的情况下，拍卖采矿权无法使金融机构申请执行的 B 债权受偿，属“无益拍卖”，故金融机构当然有权主张不再继续拍卖案涉采矿权。

2. 只有在申请执行人执意申请继续执行的情况下流拍的，才应由申请执行人承担拍卖费用。

3. 为避免拍卖采矿权对被执行人现金流造成不利影响，金融机构可选择其他方式以暂缓、中止或终止法院对采矿权的执行程序。

【问题的提出】

某公司的采矿权已抵押给金融机构 A 债权（一抵），并与其他金融机构就 B 债权签订抵押合同，但 B 债权的抵押因抵押人原因未能办理抵押登记。因清收 B 债权，金融机构提起诉讼并查封采矿权（首封），现法院判决由某公司配合金融机构办理 B 债权的抵押登记手续。办妥抵押登记手续后，金融机构享有顺位抵押权（二抵）；如未办理成功，则金融机构依照执行程序就变价款项受偿。

某公司目前仍在经营并有现金流，部分现金流用于清偿金融机构 A 债权。如以拍卖等方式处置该采矿权，不仅变现价值将打折扣，且变现价值还不足以清偿金融机构A债权，于金融机构整体实现债权不利。该案执行法官表示，待金融机构办妥抵押（二抵）登记手续，即将采矿权挂牌进行拍卖。

主要问题：《拍卖变卖规定》第6条规定，"保留价确定后，依据本次拍卖保留价计算，拍卖所得价款在清偿优先债权和强制执行费用后无剩余可能的，应当在实施拍卖前将有关情况通知申请执行人。申请执行人于收到通知后五日内申请继续拍卖的，人民法院应当准许，但应当重新确定保留价；重新确定的保留价应当大于该优先债权及强制执行费用的总额。依照前款规定流拍的，拍卖费用由申请执行人负担。"

现在处置抵押物于金融机构不利，拟暂缓推动采矿权的强制执行程序，根据上述规定：

1. 金融机构如不回复法院（不申请继续拍卖），或者向法院书面提出不拍卖申请，能否达到延缓法院推动采矿权拍卖处置程序的效果？法院可否不经申请执行人的申请继续推动拍卖程序？如达不到上述效果，金融机构可以何种理由或者方式中止或终止对于采矿权的执行程序？

2. 如金融机构二抵办理成功后，采矿权拍卖款项仍不足以清偿一抵债权，金融机构作为二抵债权申请执行人，是否仍应承担拍卖费用？

【法律分析意见】

金融机构作为申请执行人的强制执行案件中，如案涉财产市场价格过低，预计处置价格不足以完全清偿抵押等优先债权，金融机构能否以及如何延缓拍卖进度，待市价抬升后再申请拍卖？

一、金融机构能否延缓拍卖进度

根据《拍卖变卖规定》第6条的规定，在案涉采矿权变现价值不足以完全偿付抵押顺位在先的A债权的情况下，拍卖采矿权无法使金融机构申请执行的B债权受偿，属"无益拍卖"，故金融机构当然有权主张不再继续拍卖案涉采矿权。除非金融机构在收到法院通知后5日内提出继续拍卖的申请，否则，执行法院不得自行推动拍卖程序。因此，如在收到通知后金融机构未申请继续拍卖或向法院提出不再继续拍卖的申请，均可使法院不再推动采矿权拍卖程序。

考虑到拍卖是成本较高的执行措施，为避免申请执行人"竹篮打水一场空"，同时造成司法资源的浪费，故有《拍卖变卖规定》第6条相关制度安排。

《〈关于人民法院民事执行中拍卖、变卖财产的规定〉的理解与适用》[①]一文曾明确指出:"禁止无益拍卖的前提是执行法院认为拍卖所得价款不足以清偿优先债权及执行费用,但这毕竟只是拍卖前的大致估计,加之市场行情千变万化,拍卖价款的高低又受许多不确定因素的影响,因此,拍卖实际卖得的价款与执行法院所核定的拍卖最低价额可能会有一定的差距。考虑到这种情况,在可能出现无益拍卖的情况下,《规定》并未赋予法院依职权直接停止拍卖的权力,而是把选择权交给申请执行人。"对此可从以下两方面予以理解:

1. 在可能出现无益拍卖的情况下,如未告知申请执行人或未由申请执行人选择继续拍卖,执行法院径行推动拍卖程序或中止拍卖程序均明显违反法律规定。例如,河南省南阳高新技术产业开发区人民法院在(2021)豫1391执异34号执行裁定书中认为:"显然,对无益拍卖是否继续拍卖的选择权在申请执行人,依据该条规定,本院确定的二拍起拍价在清偿优先债权和强制执行费用后,已无剩余的情况下,未向申请人予以释明,未给予申请人选择权,该二次拍卖价存在瑕疵,应予撤销。"四川省攀枝花市中级人民法院在(2019)川04执复41号执行裁定书中认为:"故原审法院径行以'无益拍卖'为由不启动拍卖于法相违,应予纠正。"

2. 在可能出现无益拍卖的情况下,如申请执行人提出继续拍卖的申请,则执行法院应当准许并重新确定保留价,不得中止拍卖程序。例如,广东省佛山市禅城区人民法院在(2020)粤0604执异537号执行裁定书中认为:"申请执行人请求继续拍卖的,执行法院应当准许继续拍卖。但应重新确定拍卖保留价。在申请执行人刘某雄主张继续拍卖的情形下,本案执行中径行中止拍卖执行标的与上述司法解释相悖,应予纠正……"

在本案可能出现无益拍卖的情况下,执行法院在通知金融机构后,如未经金融机构选择径行推进拍卖程序将明显违反《拍卖变卖规定》第6条的规定。《民事诉讼法》第236条规定:"当事人、利害关系人认为执行行为违反法律规定的,可以向负责执行的人民法院提出书面异议。当事人、利害关系人提出书面异议的,人民法院应当自收到书面异议之日起十五日内审查,理由成立的,裁定

① 参见赵晋山:《〈关于人民法院民事执行中拍卖、变卖财产的规定〉的理解与适用》,载《人民司法》2005年第2期。

撤销或者改正；理由不成立的，裁定驳回。当事人、利害关系人对裁定不服的，可以自裁定送达之日起十日内向上一级人民法院申请复议。”因此，如执行法院违反法律规定继续推动拍卖程序，金融机构可通过执行异议、复议程序纠正法院错误执行的行为。

二、金融机构未要求继续拍卖不承担拍卖费用

根据《拍卖变卖规定》第 6 条的规定，只有在申请执行人执意申请继续执行的情况下流拍的，才应由申请执行人承担拍卖费用。换言之，如案涉采矿权保留价不足以清偿在先顺位优先债权及强制执行费用，只要金融机构在法院通知后未要求继续拍卖，均不应由金融机构承担拍卖费用。

《拍卖变卖规定》第 29 条规定：“拍卖成交的，拍卖机构可以按照下列比例向买受人收取佣金……采取公开招标方式确定拍卖机构的，按照中标方案确定的数额收取佣金。拍卖未成交或者非因拍卖机构的原因撤回拍卖委托的，拍卖机构为本次拍卖已经支出的合理费用，应当由被执行人负担。”根据该条规定，正常情况下，不论拍卖是否成交，拍卖费用均不应由申请执行人承担。《拍卖变卖规定》第 6 条作出的由申请执行人承担拍卖费用的相关安排，一定程度上可理解为在可能出现无益拍卖的前提下对申请执行人执意申请继续执行造成司法资源浪费的惩罚措施。总而言之，只要金融机构在法院通知后未要求继续拍卖，均不应由金融机构承担拍卖费用。

三、金融机构可暂缓、中止或终止执行程序

根据《拍卖变卖规定》第 6 条的规定，即便执行法院将可能出现无益拍卖的情况通知金融机构，理论上也是在采矿权评估价确定之后。鉴于目前金融机构对案涉采矿权的变现价值已有一定认识，为避免拍卖采矿权对被执行人现金流造成不利影响，金融机构可提前选择其他方式以暂缓、中止或终止法院对采矿权的执行程序。

1. 如被执行人存在其他可供执行的财产，金融机构可在现阶段提前与执行法院沟通，尝试说服法院暂缓对案涉采矿权的拍卖程序。

根据《善意文明执行意见》第 3 条“合理选择执行财产”中的部分规定：“被执行人有多项财产可供执行的，人民法院应选择对被执行人生产生活影响较小且方便执行的财产执行。”基于采矿权为被执行人核心资产，为避免拍卖采矿权对被执行人生产经营造成重大不利影响，金融机构可基于上述规定与执行法院进行沟通,暂缓对采矿权的拍卖程序。

2. 金融机构亦可通过执行和解或向法院表示可以延期执行以达到中止执行的目的。

根据《最高人民法院关于执行和解若干问题的规定》第 2 条的规定:“和解协议达成后,有下列情形之一的,人民法院可以裁定中止执行:(一)各方当事人共同向人民法院提交书面和解协议的;(二)一方当事人向人民法院提交书面和解协议,其他当事人予以认可的;(三)当事人达成口头和解协议,执行人员将和解协议内容记入笔录,由各方当事人签名或者盖章的。”由于目前被执行人仍处于生产、经营中并存在一定的现金流,金融机构亦可考虑与被执行人达成分期履行等和解协议并提交法院以实现中止执行的目的。

此外,《民事诉讼法》第 267 条规定:“有下列情形之一的,人民法院应当裁定中止执行:(一)申请人表示可以延期执行的;……中止的情形消失后,恢复执行。”故金融机构亦可通过该种方式以中止本案执行程序。

09

金融机构对土地使用权享有抵押权但土地已被查封，政府部门能否以土地闲置为由收回土地使用权？

【简答】

1. 我国现行法律没有就司法查封地块开展闲置土地处置的禁止性规定，司法实践中主流裁判观点亦认为司法权不能干预行政权的行使，因此，金融机构较难通过保全查封方式阻止地方政府无偿收回地块。

2. 政府下达收回地块决定并非我国《民法典》第 393 条规定的担保物权消灭的法定事由。同时，参照《民法典》第 406 条关于“抵押财产转让的，抵押权不受影响”的抵押权追及效力规定，金融机构对案涉地块的优先受偿权应受到保护。

3. 抵押权人系我国《行政诉讼法》规定的与被诉行政行为有利害关系的人，有权作为适格原告提起诉讼。民事诉讼和行政诉讼均有利于维护金融机构债权，民事诉讼的主要目的在于取得确认金融机构就案涉地块享有优先受偿权的生效判决，行政诉讼的主要目的在于撤销行政行为或延缓符合程序的土地收回决定的作出时间，清除金融机构债权实现的障碍。

4. 金融机构的维权途径：(1) 要求债务人补充提供与案涉抵押地块价值相当的其他担保，在其拒绝提供担保的情况下宣布债务提前到期或直接依据贷款合同约定宣布债务提前到期。(2) 在行政诉讼中强化程序抗辩，为金融机构取得民事有利判决争取时间。(3)向政府发函要求切实保障金融机构合法债权。

【问题的提出】

一、案情概要

1. 案涉土地情况。

A 公司与某市公共资源交易中心签订《国有建设用地使用权挂牌成交确认书》，竞得某宗地。土地共分为三个地块，土地用途为商业商务用地和二类居住用地。

A 公司又与某市国土资源和房屋管理局签订《国有建设用地使用权出让合同》，合同第 32 条约定："受让人造成土地闲置，闲置满一年不满两年的，应依法缴纳土地闲置费；土地闲置满两年且未开工建设的，出让人有权无偿收回国有建设用地使用权。"

之后，该宗地分别办理三个地块不动产权登记。第一个地块已办理了建设工程规划许可证、建筑工程施工许可证，后续进行了土石方开挖、平场。第二个地块已办理工程规划证，进行了土石方开挖、平场。

2. 金融机构贷款情况。

A 公司在某金融机构有房地产开发贷款，以上述地块提供抵押担保。

3. 案涉地块收回情况。

某市规划和自然资源局向 A 公司出具《收回国有建设用地使用权决定书》，认定 A 公司名下 3 个地块构成闲置土地(认定标准为——上述地块未达到规定的动工标准)，经报请市人民政府批准，将依法收回上述闲置土地。决定书中明确"对本决定不服的，可依据《行政复议法》的规定在收到本决定书之日起六十日内申请行政复议，或依据《行政诉讼法》的规定在六个月内向人民法院提起诉讼"。

之后，某金融机构收到某市规划和自然资源局《抄告函》，告知其已向 A 公司下达《收回国有建设用地使用权决定书》。

二、问题

某金融机构认为，《闲置土地处置办法》第 13 条第 2 款规定，"闲置土地设有抵押权的,市、县国土资源主管部门在拟订闲置土地处置方案时,应当书面通知相关抵押权人”,某市规划和自然资源局启动闲置土地调查、出具《闲置土地认定书》,均未按《闲置土地处置办法》的规定书面通知抵押权人。

金融机构为维护债权安全,拟对该笔抵押贷款业务提起诉讼。需要论证以下问题:

1. 如通过借款纠纷查封抵押土地,是否可阻止地方政府无偿收回土地?

2. 政府下达《收回国有建设用地使用权决定书》后,法院是否支持金融机构对抵押土地享有优先受偿权?

3. 金融机构为抵押权人,拟通过行使抵押权的诉讼和对政府的行政诉讼进行维权,诉讼能否达到维护金融机构债权的目的?作为行政诉讼的原告主体是否适格?

4. 有无其他更好地能维护金融机构权益的建议意见?

【法律分析意见】

一、金融机构较难通过保全查封方式阻止地方政府收回土地

我国现行法律没有就司法查封地块开展闲置土地处置的禁止性规定,司法实践中主流裁判观点亦认为司法权不能干预行政权的行使,因此,金融机构较难通过保全查封方式阻止地方政府无偿收回地块。

1. 如金融机构欲通过财产保全方式查封地块,首先应厘清人民法院能否对政府已决定收回地块采取保全查封措施问题。根据政府作出的《收回国有建设用地使用权决定书》,A公司应当自决定书送达之日起30日内办理案涉三个地块的国有建设用地使用权注销登记并交回不动产权证书,逾期不履行的,将公告注销国有建设用地使用权登记及不动产权证书。

《最高人民法院、国土资源部、建设部关于依法规范人民法院执行和国土资源房地产管理部门协助执行若干问题的通知》第3条第2款规定:“国土资源、房地产管理部门在协助人民法院执行土地使用权、房屋时,不对生效法律文书和协助执行通知书进行实体审查。国土资源、房地产管理部门认为人民法院查封、预查封或者处理的土地、房屋权属错误的,可以向人民法院提出审查建议,但不应当停止办理协助执行事项。”第5条第1款规定:“人民法院查封时,土地、房屋权属的确认以国土资源、房地产管理部门的登记或者出具的权属证明

为准。权属证明与权属登记不一致的，以权属登记为准。”

依据上述规定，如政府已办理完毕地块的注销登记，金融机构可能面临人民法院以土地权属发生变更为由不予办理查封手续的风险。

2. 在金融机构能够实现对案涉地块保全查封的情况下，进一步探讨司法查封能否阻止政府无偿收回问题。我国现行法律并未就此司法查封后的闲置土地处置问题作出禁止性规定，因此，结合实践区分两种情形加以探讨。

(1)司法查封在前，政府收回在后。

针对此种情形，普遍做法是在查封期间不作出收回土地的决定，仅作出办理延期或收取土地闲置费等处置决定。① 但这会造成土地资源的极大浪费，为此，近年来，地方也在逐步探索司法查封闲置土地清理处置联动机制。例如，宁夏回族自治区自然资源厅、宁夏回族自治区高级人民法院、宁夏回族自治区高级人民检察院于2021年联合印发《关于建立司法查封闲置土地清理处置联动机制的通知》，要求全区各级人民法院依法依规处理好涉法涉诉涉执闲置土地案件，做到快审、快结、快执行，推动闲置土地盘活，提高土地利用效率。按照“一案一策”“一案一督”“一案一推”方式，加快推进司法查封闲置土地依法处置。

(2)司法查封在后，政府收回在前。

《最高人民法院第一巡回法庭关于行政审判法律适用若干问题的会议纪要》第27条指出：“法院查封之前，土地闲置已经超过两年的，行政机关收回土地使用权是否合法。答：法院查封之前，土地闲置已经超过两年的，市、县人民政府有权无偿收回土地使用权。但是，作出决定的市、县人民政府应当函请有关人民法院依法及时解除查封。人民法院及时解除查封的条件应当是，政府向债权人支付相应的债务及利息款项，结清查封土地上的债务。”

上述会议纪要源于《海南省人民代表大会常务委员会关于加快处置海南经济特区停缓建工程的决定》这一地方性法规，作为行政审判指导性意见具有较高的参考价值。虽保全查封不能阻止政府收回土地，但该会议纪要中关于政府应结清查封土地上的债务的规定增加了金融机构保全查封案涉地块的现实意义。

---

① 参见祝培甜等：《涉及司法查封的闲置土地处置相关问题探讨》，载《中国土地》2019年10期。

除此之外，最高人民法院(2015)行提字第27号行政判决书中所涉情形与金融机构面临问题较为类似，最高人民法院在判决书中指出“查封土地系司法机关为保证案件的执行而作出的保全措施，收地决定是行政机关依据相应事实和法律作出的行政决定，两者分别是司法权与行政权的运用，两种权力的行使应当互相配合和尊重。司法权不能干预行政权的行使”，因此查封不能阻止收地。

考虑到所涉问题涉及司法权与行政权的博弈，金融机构在确认案涉地块未变更登记的情况下应尽快采取诉前财产保全措施查封案涉地块，以争取政府保护金融机构合法债权。

二、政府收回地块决定并非担保物权消灭的法定事由，金融机构对案涉地块的优先受偿权仍受保护

政府下达收回地块决定并非我国《民法典》第393条规定的担保物权消灭的法定事由。同时，参照《民法典》第406条关于“抵押财产转让的，抵押权不受影响”的抵押权追及效力规定，金融机构对案涉地块的优先受偿权应受到保护。

1993年《国家土地管理局关于对〈中华人民共和国城镇国有土地使用权出让和转让暂行条例〉第十七条有关内容请求解释的复函》中指出：“抵押权附属于土地使用权。作为主权利的土地使用权，因行政机关依照《中华人民共和国城镇国有土地使用权出让和转让暂行条例》第十七条规定，作出收回土地使用权的处罚而消灭时，在该土地使用权上设定的抵押权随之消灭。”

该复函虽仍有效，但由于年代久远，这一观点随着立法更迭而越来越不被司法实务所接受。例如，温州市中级人民法院(2016)浙03民终6394号民事判决书的裁判要旨指出：“抵押权因政府回收建设用地使用权而注销登记，不属于担保物权消灭的情形。政府回收建设用地使用权虽导致其上所设立的抵押权注销登记，但并不意味着该建设用地使用权上所设立的抵押权当然消灭。若该建设用地使用权被政府回收后存在代位物的，则抵押权人对该建设用地使用权上所享有的抵押权并未消灭，抵押权的效力及于该建设用地使用权等代位物。”①

最高人民法院在(2017)最高法民终40号民事判决书中提出：“就案涉土地

---

① 高兴兵、李劼：《抵押权不因注销登记而消灭》，载《人民司法》2019年第20期。

使用权证已被注销是否影响建行分宜支行行使抵押权一节,根据本案已查明的事实,江锂科技与江西江锂新材料科技有限公司之间的《资产置换协议》,系2016年10月14日签订,发生在建行分宜支行的土地使用权抵押权设定之后,且该置换行为未经建行分宜支行同意,江西江锂新材料科技有限公司亦未代为清偿债务,根据《中华人民共和国物权法》第一百九十一条第二款'抵押期间,抵押人未经抵押权人同意,不得转让抵押财产,但受让人代为清偿债务消灭抵押权的除外'之规定,江锂科技置换案涉土地使用权及嗣后注销土地使用权证的行为,不具有对抗建行分宜支行的效力,不影响建行分宜支行对案涉土地使用权抵押权的行使。"

《民法典》第393条规定:"有下列情形之一的,担保物权消灭:(一)主债权消灭;(二)担保物权实现;(三)债权人放弃担保物权;(四)法律规定担保物权消灭的其他情形。"第406条第1款规定:"抵押期间,抵押人可以转让抵押财产。当事人另有约定的,按照其约定。抵押财产转让的,抵押权不受影响。"

依据上述规定,本案主债权未消灭,相应地,金融机构抵押权亦未消灭。而《民法典》第406条新创设的抵押权追及效力规则,使标的物在物权设立后,不论辗转流入何人之手,物权人都有权追及物之所在并直接支配该物。严格意义上,政府收回案涉地块虽不属该条规定的抵押财产转让情形,但二者有共通之处,均将导致土地使用权人的变更,实质均涉及原土地使用权消灭的情况下抵押权是否依然存续之问题,均可依抵押权追及效力规则进行解释,因此,金融机构享有的优先受偿权应受到法律保护。这一观点也与《最高人民法院第一巡回法庭关于行政审判法律适用若干问题的会议纪要》中"人民法院及时解除查封的条件应当是,政府向债权人支付相应的债务及利息款项,结清查封土地上的债务"这一内容暗合。

三、金融机构的维权途径

金融机构为案涉地块的抵押权人,系我国《行政诉讼法》规定的与被诉行政行为有利害关系的人,有权作为适格原告提起诉讼。民事诉讼和行政诉讼均有利于维护金融机构债权,民事诉讼的主要目的在于取得确认金融机构就案涉地块享有优先受偿权的生效判决,行政诉讼的主要目的在于撤销行政行为或延缓符合程序的土地收回决定的作出时间,清除金融机构债权实现的障碍。

我国《行政诉讼法》第29条第1款规定:"公民、法人或者其他组织同被诉行政行为有利害关系但没有提起诉讼，或者同案件处理结果有利害关系的，可以作为第三人申请参加诉讼，或者由人民法院通知参加诉讼。”

依据上述规定，利害关系人有权作为行政诉讼的适格原告。结合本案情况，金融机构为案涉地块的抵押权人，案涉地块的收回直接危及其抵押权的实现，因此，金融机构有权作为利害关系人提起行政诉讼。司法实践中，多数法院支持抵押权人具备适格原告主体资格，仅有少数法院认为土地使用权收回不影响抵押权的行使，抵押权人因与被诉行政行为不具有利害关系而不具有适格诉讼主体资格。

结合前文所述，民事诉讼的主要目的在于取得支持金融机构就案涉地块享有优先受偿权的生效判决，且确认金融机构享有优先受偿权具备相应的法理基础，因此，民事诉讼是较为可行的维权路径。同时，通过行政诉讼撤销或延缓行政机关重新作出收回土地决定，能够配合民事诉讼争取尽快取得确权生效判决，从而争取政府对金融机构合法债权的保护，从这一意义上，行政诉讼亦有其积极意义。金融机构应当尽快启动民事诉讼程序，在民事诉讼规定的审限内取得有利判决。

金融机构其他维权途径建议：

1. 要求债务人补充提供与案涉抵押地块价值相当的其他担保，在其拒绝提供担保的情况下宣布债务提前到期或直接依据贷款合同约定宣布债务提前到期。

2. 在行政诉讼中强化程序抗辩，为金融机构取得民事有利判决争取时间。

3. 向政府发函要求切实保障金融机构合法债权。

10

金融机构分支机构具有保证金质权，上级机构能否排除其他债权人对保证金账户的执行？

【简答】

1. 上级银行有权以其名义向执行法院提起执行异议。即便《担保合作协议》的签订主体为下级银行与担保方，上级银行提起执行异议的行为也并未突破合同相对性原则。下级银行具备合同主体资格，并不排斥上级银行的主体资格。

2. 如银行与担保人签订了合法有效的保证金质押合同或者双方签订的协议能够体现保证金质押的合意，担保人在银行开设专款专用的保证金账户资金特定化已能够区别于质押人的其他一般账户，且账户内资金由作为质权人的银行实际控制，那么，银行作为质权人对该保证金账户内的资金享有优先受偿权，可以排除担保人的其他债权人对保证金账户的执行。

【问题的提出】

实践中，银行等金融机构提供的保证金质押业务的基本业务模式为：第三方向银行申请贷款或融资；担保人与第三方签订保证类商业合同；为担保第三方对银行的还款，担保人与银行签订《担保合作协议》等保证金质押合同，在银行设立专门的保证金账户,存入一定的保证金作为质物,为第三方申请的贷款向银行提供担保;在第三方不能履行还款义务时,银行有权依照《担保合作协议》的约定对保证金账户内的资金行使优先受偿权。

当担保人的其他债权人申请执行其名下财产时,该保证金账户即会被其他债权人申请冻结。此时,金融机构往往会向执行法院提起执行异议,认为其对保证金账户的内资金享有优先受偿权,请求排除担保人其他债权人对保证金账户的执行。

1. 如担保人开设保证金账户的银行与发放贷款的银行不一致,或者随着政策变动开设保证金账户的支行已被上级银行吸收合并,上级银行能否突破合同相对性,直接向执行法院提起执行异议?

2. 执行法院对于银行主张排除执行的审查标准是什么?

【法律分析意见】

一、上级银行有权以其名义向执行法院提起执行异议

即便《担保合作协议》的签订主体为下级银行与担保方,上级银行提起执行异议的行为也并未突破合同相对性原则。下级银行具备合同主体资格,并不排斥上级银行的主体资格。

《商业银行法》第 19 条规定:“商业银行根据业务需要可以在中华人民共和国境内外设立分支机构。设立分支机构必须经国务院银行业监督管理机构审查批准。在中华人民共和国境内的分支机构,不按行政区划设立。商业银行在中华人民共和国境内设立分支机构,应当按照规定拨付与其经营规模相适应的营运资金额。拨付各分支机构营运资金额的总和,不得超过总行资本金总额的百分之六十。”

《商业银行法》第 22 条规定:“商业银行对其分支机构实行全行统一核算,统一调度资金,分级管理的财务制度。商业银行分支机构不具有法人资格,在总行授权范围内依法开展业务,其民事责任由总行承担。”

根据上述法律规定,商业银行的分支机构不具有法人资格,其营运资金由总行拨付,财务由总行统一管理与调配。分支机构只在总行授权范围内开展业务,其最终民事责任由总行承担。所以,银行总行与其分支机构是整体与部分的关系,而非完全独立的个体。

现实中,分支机构的资金处理、账务处理、争议处理、欠款催收等环节也都由总行统一规定与处理。因此,总行才是《担保合作协议》的最终相对方,上级银行代下级银行提起执行异议并未突破合同相对性。

二、执行法院对银行主张排除执行的审查标准

如银行与担保人签订了合法有效的保证金质押合同或者双方签订的协议能够体现保证金质押的合意,担保人在银行开设专款专用的保证金账户因资金特定化已能够区别于质押人的其他一般账户,且账户内资金由作为质权人的银行实际控制,那么,银行作为质权人对该保证金账户内的资金享有优先受偿权,可以排除担保人的其他债权人对保证金账户的执行。

原《担保法解释》第 85 条确立了保证金作为非典型担保的地位,肯定了其作为担保的法律效力。《民法典》实施之后,《民法典担保制度解释》第 70 条完善了保证金担保的规定。

原《担保法解释》第 85 条规定:"债务人或者第三人将其金钱以特户、封金、保证金等形式特定化后,移交债权人占有作为债权的担保,债务人不履行债务时,债权人可以以该金钱优先受偿。"

《民法典担保制度解释》第 70 条规定:"债务人或者第三人为担保债务的履行,设立专门的保证金账户并由债权人实际控制,或者将其资金存入债权人设立的保证金账户,债权人主张就账户内的款项优先受偿的,人民法院应予支持。当事人以保证金账户内的款项浮动为由,主张实际控制该账户的债权人对账户内的款项不享有优先受偿权的,人民法院不予支持。在银行账户下设立的保证金分户,参照前款规定处理。当事人约定的保证金并非为担保债务的履行设立,或者不符合前两款规定的情形,债权人主张就保证金优先受偿的,人民法院不予支持,但是不影响当事人依照法律的规定或者按照当事人的约定主张权利。"

根据上述法律规定以及最高人民法院相关案例,判断银行对保证金账户款项是否享有优先受偿权,能否排除担保人的其他债权人对保证金账户的执行,一般主要考虑以下因素:是否签订了合法有效的质押合同、保证金作为质物是否已被特定化、保证金是否已被银行实际控制。

(一)银行与担保人签订合法有效保证金质押合同

《民法典》第 427 条第 1 款规定:"设立质权,当事人应当采用书面形式订立质押合同。”因此，银行与担保人签订书面质押合同，是保证金质押合法有效的基础。实践中，对于保证金质押合同的审查，并不局限于质押合同的名称，只要质押合同能够体现以设立保证金账户为债务提供担保的合意即可。

(二)保证金作为质物已被特定化

根据司法实践，保证金质押特定化需要同时满足保证金账户本身特定化和保证金账户内资金特定化。

1. 保证金账户本身特定化

银行账户的类别为一般存款账户、专用存款账户和临时存款账户，并没有保证金账户这一单独类别，保证金账户应属于专用存款账户。保证金账户本身需要被特定化，银行在保证金账户的设立上应该明确账户的性质，在形式上能够区别于担保人的其他一般账户，即达到专户专用的程度。

2. 保证金账户内资金特定化

保证金账户内的款项亦需被特定化，即款项与保证金业务存在关联性，账户内款项不用作日常结算使用。但是，此处的资金特定化并不等于资金固定化，实践中保证金账户内款项往往会根据业务情况存在浮动情况。

(三)银行实际控制保证金

《民法典担保制度解释》第70条将原《担保法解释》第85条的“交债权人占有”变更为“由债权人实际控制”。银行通过担保人将资金存入保证金账户实现实际控制，是认定保证金质押有效设立的重要标准之一。实践中，账户密码交由银行控制、与银行签订账户监管协议、将账户用户名设定为债权人名称、债权人与债务人共管账户等，都是银行实际控制保证金账户的形式。

一般而言，银行实际控制保证金账户主要有以下两种情形：担保人在作为债权人的银行处设立保证金账户；担保人在其他银行设立保证金账户，将账户移交给作为债权人的银行管理、控制。

11

房屋预抵押登记后被预查封，是否影响预抵押金融债权的实现？

【简答】

1. 房屋在预查封后，不能推进评估拍卖等司法处置措施。具备办理正式房屋抵押登记条件的，抵押权自预告登记之日起设立，银行债权人有权就该房屋主张优先受偿权。

2. 房屋在预查封后，预查封的效力不能限制被执行人与开发商行使合同解除权。房屋预售合同解除的，预抵押登记的基础即告消失，银行债权人无权主张优先受偿权。

【问题的提出】

按揭贷款业务是银行贷款业务中常见且重要的业务类型，其中，个人住房按揭贷款在现代经济生活中极为普遍。相应地，银行在此类业务中的风控体系也更为严密与完善。

实践中，购房者在办理按揭贷款购房时往往要与开发商、银行签订房屋预售合同、贷款合同和抵押合同。但房屋预售合同签订时，房屋尚未竣工并未实际交付，也未办理房屋产权登记。此种情况下，购房者办理按揭贷款时尚不具备办理正式房屋抵押登记的条件，此时的抵押登记并非真正意义上的抵押登记，而是在房屋管理部门的备案系统上形成预抵押登记，以排斥第三人对房屋行使权利，保障银行将来债权的实现。

然而，由于社会生活的复杂性，房屋在办理正式抵押登记前即被采取预查封措施的情形并不少见，这种情况下，银行债权人的利益是否会落空成为其最为关切的话题。下面笔者在检索我国司法案例的基础上就此问题进行分析解答。

【法律分析意见】

一、预告登记制度与预查封登记措施的设计理念

1. 我国房屋预告登记制度创设于 2007 年的《物权法》，《民法典》第 221 条及《民法典担保制度解释》又对该制度加以充实。

《民法典》第 211 条规定："当事人签订买卖房屋的协议或者签订其他不动产物权的协议，为保障将来实现物权，按照约定可以向登记机构申请预告登记。预告登记后，未经预告登记的权利人同意，处分该不动产的，不发生物权效力。预告登记后，债权消灭或者自能够进行不动产登记之日起九十日内未申请登记的，预告登记失效。"

预告登记制度以风险防范为价值取向，旨在保障债权人将来实现物权。预告登记所登记的，不是不动产物权，而是将来发生不动产物权变动的请求权，即不动产物权的取得权。预告登记的本质特征是使该取得权被登记的请求权具有物权的效力，即纳入预告登记的请求权，具有对后来发生的与该项请求权内容相同的不动产物权的处分行为的排他效力，以至于将来能发生预告登记的请求权所期待的法律后果。①

2. 2004 年《最高人民法院、国土资源部、建设部关于依法规范人民法院执行和国土资源房地产管理部门协助执行若干问题的通知》首次使用了"预查封"一词。该通知第 15 条规定："下列房屋虽未进行房屋所有权登记，人民法院也可以进行预查封：(一)作为被执行人的房地产开发企业，已办理了商品房预售许可证且尚未出售的房屋；(二)被执行人购买的已由房地产开发企业办理了房屋权属初始登记的房屋；(三)被执行人购买的办理了商品房预售合同登记备案

---

① 参见(2018)最高法民申 5297 号，苏某华、宏建建工集团有限公司申请执行人执行异议之诉再审审查与审判监督民事裁定书。

手续或者商品房预告登记的房屋。”

“预查封是《通知》新创立的一项强制执行措施，它是指对尚未在登记机关进行物权登记但又履行了一定的批准或者备案等预登记手续、被执行人享有物权期待权的房地产所采取的控制性措施，即由法院制发预查封裁定书和协助执行通知书，由国土资源、房地产管理部门办理预查封登记手续；待该房地产权属登记完结时转为正式查封。之所以创立预查封这样一项制度，是因为被执行人对未经登记的物权或者预期物权享有的仅仅是一种受限或者期待利益，是否能够成为完全的或者真正的权利主体，尚处于不确定的状态。另外，登记主管部门也往往以被执行人没有办理权属登记为由不予办理查封登记。所以，参照房地产买售过程中的预告登记制度，经与国土资源、房地产管理部门协商，创立了该项制度。”①

二、预告登记与预查封登记共存时的司法适用

如前所述，《最高人民法院、国土资源部、建设部关于依法规范人民法院执行和国土资源房地产管理部门协助执行若干问题的通知》第 15 条规定了被执行人购买的办理了商品房预售合同登记备案手续或者商品房预告登记的房屋可以被预查封，使预告登记制度和预查封登记措施二者出现共存的可能，继而引发二者共存时的司法适用问题。因《最高人民法院、国土资源部、建设部关于依法规范人民法院执行和国土资源房地产管理部门协助执行若干问题的通知》第 22 条第 1 款规定“国土资源、房地产管理部门对被人民法院依法查封、预查封的土地使用权、房屋，在查封、预查封期间不得办理抵押、转让等权属变更、转移登记手续”，故实践中争议集中体现在房屋在办理预告登记后又被预查封这一问题上，此亦是银行债权人在办理房屋按揭贷款预抵押登记时需着重注意的问题，主要可区分为以下两种情形：

1. 房屋被预查封后，具备办理正式抵押登记条件的情形。

根据《民法典》第 221 条第 2 款的规定，债权人应自能够进行房屋登记之日起 90 日内申请正式抵押登记。但房屋在预查封情况下无法办理正式抵押登

---

① 《最高人民法院、国土资源部、建设部关于依法规范人民法院执行和国土资源房地产管理部门协助执行若干问题的通知第十三条释义》，载法信 http://www.faxin.cn/lib/twsy/twsycontent.aspx?gid=A190775&tiao=13。

记，此时如不给债权人以制度保护，恐预抵押登记的制度功能将落空。因此，《民法典担保制度解释》第52条第1款有条件地认定抵押权自预告登记之日起设立。

《民法典担保制度解释》第52条第1款规定：“当事人办理抵押预告登记后，预告登记权利人请求就抵押财产优先受偿，经审查存在尚未办理建筑物所有权首次登记、预告登记的财产与办理建筑物所有权首次登记时的财产不一致、抵押预告登记已经失效等情形，导致不具备办理抵押登记条件的，人民法院不予支持；经审查已经办理建筑物所有权首次登记，且不存在预告登记失效等情形的，人民法院应予支持，并应当认定抵押权自预告登记之日起设立。”

因此，在房屋办理预抵押登记后具备办理正式抵押登记的条件，即该房屋已经办理房屋所有权首次登记，且不存在预告登记失效等情形的，银行债权人的抵押权自预告登记之日起设立，其有权就该房屋主张优先受偿权。

实践中，对于房屋预查封后能否直接进行评估拍卖等司法处置，各地法院有不同的做法，确有部分法院直接进行司法处置。笔者认为，因被执行人对未经登记的物权或者预期物权享有的仅仅是一种受限或者期待利益，是否能够成为完全的或者真正的权利主体，尚处于不确定的状态，直接基于预查封强制措施即对房屋进行强制执行司法处置缺乏法律基础。

《查封规定》第17条关于“被执行人购买需要办理过户登记的第三人的财产，已经支付部分或者全部价款并实际占有该财产，虽未办理产权过户登记手续，但申请执行人已向第三人支付剩余价款或者第三人同意剩余价款从该财产变价款中优先支付的，人民法院可以查封、扣押、冻结”的规定仅仅表明人民法院有权在预查封后对涉案房屋进行司法控制而非进行司法处置，故房屋在预抵押登记后即使被预查封，银行债权人的顺位利益也不受影响，待具备办理正式抵押登记的条件后即可依《民法典担保制度解释》第52条第1款的规定主张自房屋预抵押登记之日即享有优先受偿权。

2. 房屋被预查封后，开发商以约定或法定理由主张解除房屋预售合同，不具备办理正式抵押登记条件的情形。

最高人民法院(2020)最高法民申2441号中明确提出：“根据案涉商品房预售合同的约定，何某与恺泰公司在合同登记备案后，可以协议解除该合同。人民法院查封的效力是限制被执行人处分其财产。何某尚未取得案涉房屋所有权,其与恺泰公司签订《解除合同协议》,不属于处分财产的行为。因此,在法律没有明确规定的情形下,预查封的效力不能及于限制何某与恺泰公司行使合同解除权,当事人基于真实意思表示而解除合同的合同权利不应因交易标的被预查封而被剥夺。同时,根据《解除合同协议》的约定,商品房预售合同解除后,恺泰公司向何某退还已付购房款。此时,预查封对象转变为恺泰公司应向何某退还的购房款,德辅公司可申请执行该款项。"

由此可知,预查封不构成房屋预售合同解除的前置障碍。房屋被预查封后,开发商可能基于多种考虑解除房屋预售合同,在此情况下,房屋预抵押登记将失去基础,银行债权人将无法主张优先受偿权。

12

金融机构拟行使质权，但公司拟按约定回购相应股份，应如何处理？

【简答】

1. 在公司债务人进入破产重整的情况下，变更业绩承诺或豁免履行将面临无法通过股东大会或债权人会议表决的风险，即便决议通过，该决议及相应补充协议将面临被认定为无效的风险；对价股份属于公司财产，债权人无权主张继续履行或取回该对价股份，只能对相应金钱债权进行申报。

2. 金融机构可直接针对对价股份行使质权，在限售期满后与公司债务人的破产管理人协议转让对价股份，但是不排除质权行权后，对价股份新的受让人仍需要履行股份补偿义务的风险。

【问题的提出】

B 上市公司通过发行股份方式购买 A 公司在其子公司所持 100% 股权，并与 A 公司签订《盈利预测补偿协议》，约定 A 公司就业绩承诺作出股份补偿安排。

后 A 公司为担保金融借款，将其在承诺期内重组中获得的、约定用于承担业绩补偿义务的股份（以下简称对价股份）质押给金融机构。金融机构知悉对价股份具有潜在业绩补偿的情况，B 上市公司亦同意 A 公司将对价股份质押给金融机构。

现A公司未完成承诺业绩且已进入破产重整流程，金融机构和B上市公司均已申报债权。

金融机构拟针对对价股份行使质权，A公司所在地政府、破产管理人与证监部门就是否同意B上市公司只向A公司申请现金补偿而放弃对价股份补偿进行商议。证监部门同意该补偿安排，但B上市公司其他股东提出反对意见。

之后，A公司被裁定终止重整、宣告破产。B上市公司亦可能被裁定受理破产重整申请。B上市公司的其他债权人已向有关法院提交重整申请书。

问题是上述补偿安排是否具有可行性及存在哪些法律风险，金融机构针对对价股份行使质权是否存在法律风险？

【法律分析意见】

一、B上市公司只向A公司申请现金补偿而放弃对价股份补偿的安排是否具有可行性及存在哪些法律风险

1. 变更业绩承诺或豁免履行将面临无法通过B上市公司股东大会或董事会表决的风险。

按照《盈利预测补偿协议》的约定，B上市公司做出股份补偿变为现金补偿的安排，需要将变更承诺或豁免履行承诺事项提请股东大会或董事会审议，A公司及关联方应回避表决，决议通过后，B上市公司与A公司再签订《盈利预测补偿协议》的补充协议。

若其他股东反对该变更或豁免，可以在B上市公司股东大会审议该调整议案时投票反对；若该调整议案未能通过股东大会决议，则面临着无法签订相应补充协议的风险。

若B上市公司的破产重整申请被受理，考虑到破产管理人取代了董事会的职权，债权人会议与股东大会的职权存在一定重合，那么，对于变更承诺或豁免履行承诺事项，B上市公司应当根据其破产管理人以及重整受理法院的要求，通过股东大会或董事会、债权人会议或破产管理人的审议。

2. 若B上市公司股东大会通过变更业绩承诺或豁免履行的决议，该决议及相应补充协议将面临被认定为无效的风险。

证监部门历来高度关注重大资产重组中业绩承诺方业绩补偿义务的顺利

实现,并在2020年的《监管规则适用指引——上市类第1号》等监管文件中,明确要求“业绩承诺方保证对价股份优先用于履行业绩补偿承诺,不通过质押股份等方式逃废补偿义务”。

因此,即便B上市公司股东大会通过变更业绩承诺或豁免履行的决议并签订《盈利预测补偿协议》的补充协议,根据《最高人民法院〈关于进一步加强金融审判工作的若干意见〉的通知》以及《九民会议纪要》的规定,不排除B上市公司的其他股东主张该变更或豁免决议及相应补充协议因违背金融安全、市场秩序等公序良俗而无效的风险。

由于A公司已经裁定终止重整、宣告破产,所以B上市公司已无与A公司签订《盈利预测补偿协议》补充协议的可能。

3. 对价股份属于A公司的债务人财产,B上市公司无权主张继续履行或取回该对价股份,只能就《盈利预测补偿协议》项下现金补偿债权或解除该协议的损害赔偿金钱债权进行申报。

在触发《盈利预测补偿协议》所规定的补偿条件的情况下,B上市公司应在相关年度的《专项审计报告》公开披露后30个工作日内召开董事会并发出股东大会通知(B上市公司进入破产重整后的审议程序),审议回购A公司持有的股份方案,确定A公司应补偿的股份数量,以人民币1.00元总价回购并予以注销。

根据《企业破产法》第18条的规定,若A公司破产管理人自破产重整申请受理之日起两个月内未通知B上市公司向其支付1.00元回购价款,则视为解除《盈利预测补偿协议》;根据该法第53条的规定,该协议解除的,B上市公司应当以因合同解除所产生的损害赔偿请求权申报债权。

同时,最高人民法院在(2021)最高法民申948号裁判文书中强调了以下裁判观点:“破产程序的目的在于集中公平清理破产企业的债权债务关系,债务人进入破产程序后,除法律规定或者管理人根据《中华人民共和国企业破产法》第十八条规定决定继续履行合同之外,债权人对债务人根据合同享有的履行请求权,应当统一转化为金钱债权,由债权人通过申报债权并根据法定顺位获得清偿。”

因此,在A公司向B上市公司划转对价股份前,该等对价股份属于A公司的债务人财产,B上市公司无权主张继续履行或取回该对价股份,只能对相应金钱债权进行申报。B 上市公司可以在 A 公司破产财产最后分配前补充申报相应金钱债权，或要求 A 公司破产管理人对其曾经申报的《盈利预测补偿协议》项下债权予以明确。

二、金融机构直接针对对价股份行使质权是否存在法律风险

1. 金融机构与 A 公司签订的质押合同不存在无效风险，未经金融机构的同意，B 上市公司不得从 A 公司处回购被质押的对价股份。

由于金融机构知悉对价股份具有潜在业绩补偿的情况，B 上市公司亦同意 A 公司将对价股份质押给金融机构，金融机构与 A 公司针对对价股份签订的质押合同不存在恶意串通无效的情形，可以直接针对对价股份行使质权。例如，北京华谊嘉信整合营销顾问集团股份有限公司曾在（2016）京 0101 执异 296 号案外人异议执行裁定书和（2017）京 0101 民申 2 号民事裁定书中接连对招商证券股份有限公司享有质权的对价股份提起执行异议申请和再审申请，但是法院均未否定案涉质押合同的效力。

根据《民法典》第 443 条[①]的规定，未经金融机构的同意，B 上市公司不得从 A 公司处回购被质押的对价股份，法院同样不得支持 B 上市公司的回购请求。例如，南宁市中级人民法院曾在（2018）桂 01 民初 236 号民事判决书中支持皇氏集团股份有限公司对业绩承诺方徐某蕾已质押的对价股份的回购请求，但是东方证券股份有限公司在二审中以其针对对价股份享有质权为由，请求作为第三人参加诉讼，广西壮族自治区高级人民法院裁定将此案发回重审；在（2017）浙民终 247 号民事判决书中，银江股份有限公司主张其针对对价股份的回购权益足以排除浙江浙商证券资产管理有限公司针对对价股份的质权，但浙江省高级人民法院并未支持。

2. 金融机构只能在限售期满后与 A 公司破产管理人协议转让对价股份行使质权。

由于对价股份属于限售股，金融机构应当在限售期满后与 A 公司破产管理人协议转让对价股份行使质权；否则，金融机构只能通过司法拍卖或流拍抵债

① 《民法典》第 443 条规定："以基金份额、股权出质的，质权自办理出质登记时设立。基金份额、股权出质后，不得转让，但是出质人与质权人协商同意的除外。出质人转让基金份额、股权所得的价款，应当向质权人提前清偿债务或者提存。"

的方式针对对价股份行使质权。

3. 质权行权(拍卖、变卖或抵债)后,对价股份新的受让人是否仍需要向 B 上市公司履行股份回购的业绩补偿义务。

这是当前具有普遍性的问题,但法律法规及司法解释层面尚未有明确结论,分析意见主要存在两种观点:

第一种观点认为,金融机构通过协议转让、拍卖变卖或流拍抵债方式行使质权,对价股份新的受让人实际上已经概括受让了《盈利预测补偿协议》中业绩承诺方的全部权利义务。因此,即使该对价股份已经转让,B 上市公司仍有权回购该对价股份并予以注销。相应的法律风险是,该对价股份因存在上述权利负担,具有相当大的流拍风险,即无法获得现金对价;即使金融机构以股抵债,仍存在该股份被注销的风险。

第二种观点认为,金融机构通过协议转让、拍卖变卖或流拍抵债方式行使质权,《盈利预测补偿协议》所约定权利义务并未由业绩承诺方概括转让给对价股份新的受让人,新的股份受让人将享有其他股东所持有上市无限售流通股的所有权益,B 上市公司无权回购该对价股份并予以注销。

13

公司未经决议程序对外提供担保，是否一律不发生担保效力？

【简答】

1. 公司未经决议程序而提供对外担保，股东以在担保合同有关文件上签字或盖章的方式作出同意公司对外担保的意思表示，该对外担保发生效力。

2. 公司系一人有限公司或全部股东均由同一实际控制人控制，即使公司对外担保未经决议程序，该对外担保亦发生效力。

【问题的提出】

H 公司有两名股东，其中股东 G1 公司持股 70%，股东 G2 公司持股30%，G1 公司以及 G2 公司均由 G 公司控股，H 的法定代表人 F 亦由 G 公司委派。

G1 公司、G2 公司作为转让方与受让方 S 协商一致，拟将两公司所持有的 H 公司全部股权变更登记至 S 名下。双方签订股权转让协议之后，S 向 G1 公司、G2 公司支付了股权转让价款，并控制了 H 公司的公章，但是 G1 公司、G2 公司迟迟未配合 S 完成 H 公司的股东变更登记，H 公司的法定代表人亦仍登记为 F。

G 公司为履行其对债权人 L 公司的金钱债务，与 H 公司商议由 H 公司为该笔债务提供担保。据此，L 公司与 F 签订了相应的担保合同。G1 公司、G2

公司亦向L公司出具承诺，同意以两公司持有的H公司股权为该笔债务提供担保。

由于H公司一直未履行变更登记的义务，S向人民法院诉请G1公司、G2公司履约，历经两审，S得到支持其全部诉请的判决。二审中，S得知H公司已经为L公司的债权提供了对外担保，而H公司对此并未作出任何股东会决议或董事会决议。事后，G1公司、G2公司再一次向L公司出具书面文件表示同意H公司为L公司提供担保。

在此背景下，S以及由S控制下的H公司是否可以主张L公司所接受的担保，因未经过任何股东会决议或董事会决议而存在效力瑕疵？

【法律分析意见】

一、公司对外担保方式

公司对外担保是公司对外交易中最为重大的事项之一。无论是公司以自己的部分责任财产为债权人提供担保物权，还是以自己的全部责任财产为债权人提供保证责任，绝大多数情况下，上述担保事项的作出均具有无偿性的特点，即当作为担保人或保证人的公司确定向债权人履行担保责任时，公司均仅能取得对债务人的追偿权，而并非在提供担保之前即可以从债务人处取得一定的对价或利益。在此情况下，公司对外担保往往意味着公司责任财产存在直接减少的可能性，将为公司的正常生产经营带来不稳定因素，间接地影响公司股东的投资权益。

因此，为使公司在符合股东利益的前提下作出对外担保的意思表示，《公司法》第16条规定："公司向其他企业投资或者为他人提供担保，依照公司章程的规定，由董事会或者股东会、股东大会决议；公司章程对投资或者担保的总额及单项投资或者担保的数额有限额规定的，不得超过规定的限额。公司为公司股东或者实际控制人提供担保的，必须经股东会或者股东大会决议。前款规定的股东或者受前款规定的实际控制人支配的股东，不得参加前款规定事项的表决。该项表决由出席会议的其他股东所持表决权的过半数通过。"但是，如果公司对外担保并未经过董事会或者股东会、股东大会的相应决议程序，仅是该公司股东在书面合同或其他文件中作出过一定的默认或同意公司对外担保的意思表示，那么公司签订的担保合同是否存在效力瑕疵？

笔者认为，除按照公司决议程序作出同意公司对外担保的决议，股东还可以通过在担保合同有关文件上签字或盖章的方式作出同意公司对外担保的意思表示。

在公司审判实务中，由于立法规定不明确、司法裁判规则不统一，公司没有经公司决议而径行对外担保的情况普遍存在。在没有公司决议的情况下，根据目前公司治理不规范的现实情况，对公司法定代表人或实际负责人所提供的担保，如果案件事实表明该担保是为了公司的利益，就可以认定公司具有对外提供担保的真实意思表示。如果司法仅因公司没有作出决议就认定公司不承担担保责任，不仅会扰乱公司交易秩序，也容易滋长公司恶意逃避担保责任的道德风险。

据此，《公司法》第 37 条第 2 款规定："对前款所列事项股东以书面形式一致表示同意的，可以不召开股东会会议，直接作出决定，并由全体股东在决定文件上签名、盖章。"《民法典担保制度解释》第 8 条第 1 款规定："有下列情形之一，公司以其未依照公司法关于公司对外担保的规定作出决议为由主张不承担担保责任的，人民法院不予支持：……（三）担保合同系由单独或者共同持有公司三分之二以上对担保事项有表决权的股东签字同意。"《九民会议纪要》第 19 条规定："存在下列情形的，即便债权人知道或者应当知道没有公司机关决议，也应当认定担保合同符合公司的真实意思表示，合同有效：……（4）担保合同系由单独或者共同持有公司三分之二以上有表决权的股东签字同意。"

回到设例中，尽管 H 公司为 G 公司对 L 公司的债务所提供的担保没有经过股东会决议或董事会决议程序，但是 G1 公司及 G2 公司均在决议程序之外通过其他方式作出了同意 H 公司对外担保的意思表示。因此，可以认为 H 公司的全体股东一致书面同意，H 公司与 L 公司签订担保合同。在此情况下，H 公司并不需要经过特定的公司决议程序，该担保合同的效力并不存在瑕疵。

二、在不存在任何外部股东的情况下，公司为实际控制人提供担保的，不得以违反公司对外担保决议程序为由主张不承担担保责任

公司法关于对外担保决议程序设立的初衷，是防止公司大股东滥用权利，通过控制公司法定代表人或公章的方式，直接为公司债权人甚至公司实际控制人提供担保，进而损害小股东的合法权益。但是，当公司内部不存在小股东或外部股东时，公司系一人有限公司或全部股东均由同一实际控制人控制的情况下,该公司股权结构不存在任何内部的利益冲突,因此,该公司为股东或实际控制人提供担保实际上就是公司为自己的债务提供担保,无须公司决议。《民法典担保制度解释》第10条亦规定"一人有限责任公司为其股东提供担保,公司以违反公司法关于公司对外担保决议程序的规定为由主张不承担担保责任的,人民法院不予支持"。

回到设例中,G1公司、G2公司均由G公司控股,G公司系H公司的实际控制人,在H公司为G公司对L公司的债务提供担保时,H公司的股东结构中不存在G公司所控制企业以外的股东,H公司的对外担保不存在任何所谓的损害"小股东"利益的情形。所以,H公司属于实质的一人有限公司,即由G公司一公司实际控制。

"实践中,不仅存在着形式的一人公司,也存在着实质的一人公司。在持股比例过于悬殊的情形下,当公司为大股东提供担保时,判断公司是否为实质的一人公司,显得尤其重要。例如,司法实践中常有人提出如下问题:甲持有A公司99%的股权,乙持有A公司1%的股权,A公司为甲个人的债务提供担保,是否因没有股东会决议而应认定担保合同无效?我们认为,如果A公司是一个实质的一人公司,就应适用《民法典担保制度解释》第10条的规定,认定担保合同有效……我们认为,如果公司的股东持股比例过于悬殊,不仅存在一个对公司处于绝对控股地位的股东,且股东之间存在近亲属关系,除控股股东外,被担保的债权人有证据证明其他股东从未参与过公司的经营和管理,则可以推定公司构成实质的一人公司……"①

---

① 《最高法民二庭:如何判断公司是否为实质的一人公司》,载澎湃网2022年7月8日,https://m.thepaper.cn/baijiahao_18928704。

14

上市公司对外担保未经决议或未予公告，是否具有担保效力？

【简答】

1. 2021 年 1 月 1 日之前上市公司对外提供担保的，不能仅因未经公告而否认担保合同的效力：对于仅需董事会决议的担保事项，已通过决议但未予公告的，只要债权人履行了实质审查义务，可认定担保合同有效；对于需由上市公司股东大会决议的担保事项，已通过决议但未经公告的，应认定债权人非属善意相对人，担保合同无效。

2. 2021 年 1 月 1 日之前上市公司对外提供担保，因未经过决议或经过决议未公告被认定无效的，上市公司应当视情况承担不超过 1/2 或者 1/3 的民事责任。

3. 2021 年 1 月 1 日之后发生的上市公司对外担保行为，应当适用《民法典担保制度解释》第 9 条的规定，不仅需经过董事会或者股东大会决议，债权人接受上市公司担保的，还必须基于公开披露的信息对担保事项进行审查，如未经公告，担保合同对上市公司不发生效力，上市公司不承担担保责任和赔偿责任。

【问题的提出】

在金融机构开展的资本市场业务中，上市公司经常向金融机构出具保证合同(包括流动性支持函、差额补足协议等类保证性文件)等增信措施,提供连带责任保证。但上市公司出具此类增信文件时,可能未能提供相关内部股东会决议,或者上市公司作出决议但对该事项未进行公告,此种情形下,上市公司对外提供的担保是否具有效力,在司法实务中一度产生争议。

一种观点认为,《公司法》第15条规定的担保没有区分上市公司和非上市公司,所有公司统一适用,因而对上市公司不应该有特殊的规则。

另一种观点则认为,在为他人提供担保方面,上市公司与非上市公司在担保合同是否需要公开披露方面存在区别。

根据深圳证券交易所和上海证券交易所的交易规则,上市公司所有为他人提供担保的事项,因影响广大股民的利益,都必须公开披露。而且,上市公司属于公众公司,其对外担保会影响股东和潜在股东的利益。如果上市公司违规担保,会影响证券市场的健康发展。因此,对上市公司有必要作出特殊规定,引导债权人审慎审查上市公司为其债权提供担保的合同。

《九民会议纪要》和《民法典担保制度解释》先后就上述上市公司对外担保的问题作出了相对明确的规定。

【法律分析意见】

一、担保合同有效的情形

根据《九民会议纪要》的规定及理解适用,仅需董事会决议的担保事项已通过董事会决议但未予公告的,如债权人履行了实质审查义务,可认定担保合同有效;对于需由上市公司股东大会决议的担保事项,已通过股东大会决议但未经公告的,应认定债权人非属善意相对人,担保合同无效。

《民法典担保制度解释》施行前,对上市公司担保作出具体规定的是《九民会议纪要》第22条。该条规定:"【上市公司为他人提供担保】债权人根据上市公司公开披露的关于担保事项已经董事会或者股东大会决议通过的信息订立的担保合同,人民法院应当认定有效。"

上述规定仅从正面规定上市公司担保已审查公告的,担保合同有效,但并未明确从反面规定,即未审查公告的,担保合同一律无效或不发生效力。最高人民法院在《〈全国民商事审判工作会议纪要〉理解与适用》一书中的观点认为:对于需由上市公司股东大会决议的担保事项,未经公告的,应认定债权人非属善意相对人,担保合同无效;对于仅需上市公司董事会决议的担保事项,债权人如有证据证明上市公司召开了董事会会议并通过了为债权人提供担保的决议,债权人对董事会决议进行了实质审查,此种情况下,如债权人据此与上市公司签订了担保合同、上市公司没有公告担保事项,应认定债权人为善意相对人、担保合同有效。①

二、担保合同无效后上市公司应承担的责任

根据最高人民法院的理解适用观点,《民法典》施行之前,债权人与上市公司订立的担保合同被认定无效的,上市公司应当视情况承担不超过 1/2 或者 1/3 的民事责任。

《民法典担保制度解释》第 17 条规定:"主合同有效而第三人提供的担保合同无效,人民法院应当区分不同情形确定担保人的赔偿责任:(一)债权人与担保人均有过错的,担保人承担的赔偿责任不应超过债务人不能清偿部分的二分之一;(二)担保人有过错而债权人无过错的,担保人对债务人不能清偿的部分承担赔偿责任;(三)债权人有过错而担保人无过错的,担保人不承担赔偿责任。主合同无效导致第三人提供的担保合同无效,担保人无过错的,不承担赔偿责任;担保人有过错的,其承担的赔偿责任不应超过债务人不能清偿部分的三分之一。"

最高人民法院 2021 年 2 月 10 日公布的《民法典担保制度司法解释系列解读之二——"关于一般规定"部分重点条文解读》在解读上市公司对外担保不生效的民事责任承担问题时指出:"本解释的这一规定,与《全国法院民商事审判工作会议纪要》第 22 条规定的无效后果不同,根据民法典时间效力司法解释第 2 条的规定,这一规定不具有溯及力。换言之,民法典施行之前债权人与上市公司订立的担保合同被认定无效的,上市公司应当视情况承担不超过二分之一或者三分之一的民事责任。民法典施行之后债权人与上市公司订立的担保合同被认定对上市公司不发生效力的,上市公司不承担任何民事责任。"

因此,2021 年 1 月 1 日前上市公司对外提供担保,因未经过决议或经过决议未公告被认定无效的,上市公司应当视情况承担不超过 1/2 或者 1/3 的民事

① 参见最高人民法院民事审判第二庭编著:《〈全国法院民商事审判工作会议纪要〉理解与适用》,人民法院出版社 2019 年版,第 198－199 页。

责任。

三、未经公告，担保合同对上市公司不发生效力

《民法典担保制度解释》规定，上市公司对外担保，必须经过董事会或者股东大会决议且必须公告，如未经公告，担保合同对上市公司不发生效力，上市公司既不承担担保责任，也不承担其他赔偿责任。

《民法典担保制度解释》颁布后，对于上市公司对外提供担保时债权人的审查义务作了更为严苛的规定，该解释的第 9 条规定："相对人根据上市公司公开披露的关于担保事项已经董事会或者股东大会决议通过的信息，与上市公司订立担保合同，相对人主张担保合同对上市公司发生效力，并由上市公司承担担保责任的，人民法院应予支持。相对人未根据上市公司公开披露的关于担保事项已经董事会或者股东大会决议通过的信息，与上市公司订立担保合同，上市公司主张担保合同对其不发生效力，且不承担担保责任或者赔偿责任的，人民法院应予支持……"

根据《民法典担保制度解释》的规定，上市公司对外担保，不仅需依据《公司法》第 15 条由董事会或股东大会决议，且必须对决议公开披露，即便上市公司已根据《公司法》第 15 条由董事会或股东大会对担保事项进行了决议，只要未经公告，亦不足以使债权人产生合理信赖，担保合同对上市公司不发生效力。根据《民法典担保制度解释》第 9 条的规定，担保合同不发生效力的法律后果是，上市公司既不承担担保责任，也不承担其他赔偿责任。

四、担保行为溯及力

根据《民法典担保制度解释》的理解与适用，《民法典担保制度解释》第 9 条规定不具有溯及既往的效力，仅适用于 2021 年 1 月 1 日后发生的担保行为。

因《民法典担保制度解释》第 9 条的规定较《九民会议纪要》《公司法》都有较大的变动，如果适用于该解释施行之前的担保行为，较大加重了债权人的审查义务，将背离当事人合理预期，故《民法典担保制度解释》的解读明确排除第 9 条的溯及效力。

最高人民法院 2021 年 2 月 10 日公布的《民法典担保制度司法解释系列解读之五——"关于非典型担保"及"附则"部分重点条文解读》第 6 条"关于时间效力问题"的规定指出："但由于公司法第 16 条并无关于上市公司提供担保的特别规定，因此本解释关于上市公司对外提供担保的规定属广义的法律解释，

如果适用于本解释施行之前的担保行为,将背离当事人合理预期,故不应赋予其溯及既往的效力。也就是说,本解释第9条仅适用于2021年1月1日后发生的担保行为。"①

① 林文学等:《民法典担保制度司法解释系列解读之五——"关于非典型担保"及"附则"部分重点条文解读》,载《人民法院报》2021年2月25日,第7版。

15

香港特别行政区公司为内地债务人提供担保，是否需以公司决议为要件？

【简答】

1. 根据香港特别行政区（以下简称香港）《公司条例》的规定，公司为其实际控制人担保，仍应经过决议程序。

2. 区别于内地法律规定，香港法律规定担保权人即便未审查相应公司决议，亦推定为善意，公司担保仍发生效力；另外，未经决议程序的公司担保责任属于内地法律意义上的可撤销行为，并非当然无效。

3. 在担保合同约定适用内地法律的情况下，香港公司担保意思表示的效力仍应适用香港法律判断。

【问题的提出】

金融机构办理融资业务时，在要求融资方及其实控人提供担保时，往往涉及融资方以香港注册的关联公司为其提供担保的情形。

《九民会议纪要》《民法典担保制度解释》就公司关联担保效力，作出了严格、明确的规定。

在案涉担保合同准据法为内地法律的情况下，香港公司未经公司决议而为其实控人或关联公司的内地债务提供担保，相应担保合同是否无效？

【法律分析意见】

一、根据香港《公司条例》的规定，公司为其实际控制人担保，仍应经过决议程序

公司向其实控人、股东、关联公司提供担保，极可能损害自身法人独立地位及小股东权益。香港《公司条例》作为香港公司法律规范，亦就公司对外担保作禁止性规定。

《公司条例》第500条“公司不得向董事或受董事控制的法人团体借出贷款等”规定：

“(1)任何公司未获其成员的订明批准，不得——

(a)向——

(i)该公司的董事；或

(ii)受该等董事控制的法人团体，

借出贷款；或

(b)在与任何人借予以下人士的贷款有关联的情况下，给予担保或提供保证——

(i)该公司的董事；或

(ii)受该等董事控制的法人团体。

(2)任何公司未获其成员的订明批准及该公司的控权公司的成员的订明批准，不得——

(a)向——

(i)该公司的控权公司的董事；或

(ii)受该等董事控制的法人团体，

借出贷款；或

(b)在与任何人借予以下人士的贷款有关联的情况下，给予担保或提供保证——

(i)该公司的控权公司的董事；或

(ii)受该等董事控制的法人团体。

(3)尽管有第(2)款的规定——

(a)如某公司的控权公司是在香港以外地方成立为法团的，该公司可只获

其成员的订明批准而订立有关交易;及

(b)如某公司属该控权公司的全资附属公司,而该控权公司是在香港成立为法团的,该公司可只获该控权公司的成员的订明批准而订立有关交易。"

第513条"违反的民事后果"规定:

"(1)如某公司在违反第500、501、502条或第503条的情况下订立交易,或在违反第504条的情况下订立安排,则除非有以下情况,否则有关交易或安排可由该公司提出要求而致使无效——

(a)复还属该项交易或安排的标的物的任何款项或其他资产,已不再可能;

(b)该公司已就该项交易或安排所导致的损失或损害,获得补偿;或

(c)由某人(并非为之订立该项交易或安排的董事、受控制的法人团体或有关联实体者)在不实际知悉有关违反的情况下真诚地并付出价值而取得的权利,会因该项交易或安排被致无效而受影响。"

根据上述规定,香港公司未经公司内部决议而向其实控人或关联公司提供担保,亦属于禁止行为。

二、香港法律关于担保效力的规定

区别于内地法律规定,香港法律规定担保权人即便未审查相应公司决议,亦推定为善意,公司担保仍发生效力;另外,未经决议程序的公司担保责任属于内地法律意义上的可撤销行为,并非当然无效。

根据《九民会议纪要》第17条"违反《公司法》第16条构成越权代表"、第18条"善意的认定"等规定,担保权人具有较高注意义务,须就担保人公司决议(包括董事会、股东大会)及相关表决结果是否符合公司章程进行近乎实质性的审查。

《民法典担保制度解释》第7条第3款亦沿革《九民会议纪要》,规定:"第一款所称善意,是指相对人在订立担保合同时不知道且不应当知道法定代表人超越权限。相对人有证据证明已对公司决议进行了合理审查,人民法院应当认定其构成善意,但是公司有证据证明相对人知道或者应当知道决议系伪造、变造的除外。"

香港《公司条例》则对担保权人采取完全的推定善意,其第117条"即使章程细则等有限制交易或作为仍对公司具约束力"规定:

"(1)除第119条另有规定外,为惠及真诚地与公司交易的人,如该公司的

董事有权使该公司受约束,或有权授权其他人使该公司受约束,该权力须视为不受该公司的任何有关文件下的任何限制所规限。

(2)就第(1)款而言——

(a)如某人属某项交易或任何其他作为的其中一方,而某公司亦属该项交易或作为的其中一方,则该人即属与该公司交易;

(b)除非相反证明成立,否则与公司交易的人须推定为真诚地行事;

(c)与公司交易的人,不会仅因该人知道有关董事作出有关作为属超越该等董事在该公司的任何有关文件下的权力,而被视为不真诚地行事;及

(d)与公司交易的人,无须查究对该公司董事使该公司受约束的权力的限制,或对授权其他人使该公司受约束的权力的限制。

(3)凡有关公司的成员有权利提起法律程序,以禁制有关董事作出超越其权力范围的作为,本条并不影响该权利。

(4)如有关公司的任何以前的作为,产生某项法律义务,则任何人不得就将会为履行该项义务而作出的作为,根据第(3)款提起法律程序。

(5)有关董事或任何其他人因该等董事越权行事而招致的任何法律责任,不受本条影响。

(6)在本条中——

有关文件(relevant document)就公司而言,指——

(a)该公司的章程细则;

(b)该公司的任何决议,或该公司的任何成员类别的任何决议;或

(c)该公司成员之间的协议,或该公司的任何成员类别的成员之间的协议。”

根据内地涉港案件生效判决所查明的内容,香港采取“内部管理规则”的公司决议效力认定标准:

“经查明,为保护交易中的善意第三人,香港地区普通法曾确立内部管理规则,源于 Royal British Bank *v*. Turquand 一案。该原则是指一个公司外部交易之第三人与公司进行交易时,有权利相信此交易是完全遵守公司内部程序规定而进行的。香港高等法院上诉法庭在 Pacific Foundation Finance *v*. Fairyoung Holdings 一案作出的判决中指出,内部管理规则的目的是保护与公司交易的善意外部人,诚信地与公司交易和签署合约的外部人是有权假设公司章程和权利

是被正确地和恰当地执行的，而没有义务查询公司的内部管理规则是否已实际被恰当地遵守。”①

根据香港《公司条例》第513条的规定，未经公司决议的关联担保“可由该公司提出要求而致使无效”，并存在“履行不能”“已获受偿”“善意第三人利益受损”等行使权利的限制；性质实际近似于内地“可撤销的民事法律行为”，并非当然无效。

三、在担保合同约定适用内地法律的情况下，香港公司担保意思表示的效力仍应适用香港法律判断

在准据法约定适用香港法律的情况下，香港公司未经决议为其实控人提供担保，担保责任并不存在争议。

但是，如担保合同约定适用内地法律，香港公司担保意思表示的效力适用内地法律还是香港法律？

《涉外民事关系法律适用法》第14条第1款规定：“法人及其分支机构的民事权利能力、民事行为能力、组织机构、股东权利义务等事项，适用登记地法律。”

《最高人民法院关于适用〈中华人民共和国涉外民事关系法律适用法〉若干问题的解释（一）》第4条规定：“中华人民共和国法律没有明确规定当事人可以选择涉外民事关系适用的法律，当事人选择适用法律的，人民法院应认定该选择无效。”

根据上述规定，在《涉外民事关系法律适用法》框架下，当事人法律适用的意思自治存在特定范围，即“没有法律依据的选法行为无效”②。即使担保合同所适用的准据法为内地法律，由于香港公司的关联担保效力属于法人的民事权利、行为能力问题，其仍应适用香港特区法律。

另外，《公司法》第2条规定“本法所称公司是指依照本法在中华人民共和国境内设立的有限责任公司和股份有限公司”，其关于公司内部治理有关规定的调整范围亦不能适用于境外法人。

---

① 上海金融法院民事判决书，(2020)沪74民初1754号。

② 高晓力：《〈关于适用涉外民事关系法律适用法若干问题的解释（一）〉的理解与适用》，载《人民司法》2013年第3期。

16

实际融资人或第三方承诺差额补足，承担何种法律责任？

【简答】

1. 差额补足承诺的性质属于保证还是独立承诺文件，应根据承诺的具体约定内容、使用的文字词句内容确定。如该承诺内容明确使用“保证”字样、约定差额补足义务人履行义务以债务人到期未履行某项债务为前提等，差额补足承诺较大可能被认定为保证；如没有确定的债权意义上的债务人，差额补足承诺人履行差额补足义务不以第三人未履行某项确定的债务为前提，缺乏保证意思表示，则可能被认定为独立的承诺文件。

2. 当信托计划或资管计划到期，金融机构获得现金不足，但股票、股权或合伙份额等资产（以下简称底层资产）未处置完毕时，金融机构可以主张差额补足义务人承担差额补足责任，但法院可能以金融机构的实际损失尚未固定为由驳回诉请。为避免差额补足义务人转移财产，金融机构可先依据已处置的资产价值测算诉请金额，先行提起诉讼并申请财产保全，诉讼中如全部资产处置完毕，再根据处置情况变更诉讼请求。

3. 在差额补足承诺被认定为保证的情况下，因保证具有从属性，不能与主债权分离而单独转让。在差额补足承诺被认定为独立承诺文件的情况下，如此时底层资产尚未处理完毕，差额补足债权的债权金额可能尚无法确定，单独转让差额补足债权，可能导致待后续资产处理完毕、金融机构实质继续受偿后，差额补足义务人以受让人受让的债权金额超出其差额补足义务范围为由提出抗辩，引发新的纠纷，故也不宜单独转让。

4. 如差额补足承诺被认定为保证，差额补足义务人在其承担差额补足责任的范围内，仅对债务人享有追偿权，而非有权直接就底层资产受偿。如差额补足承诺被认定为独立承诺文件，在无特别合同约定的情况下，差额补足义务人也无就底层资产权益直接受偿的权利。

5. 根据差额补足协议的相关约定及一般实践，在底层资产仅部分处置完毕、未全部处置的情况下，金融机构可在确定部分差额补足责任金额后要求差额补足人承担部分责任，并继续处置、分配剩余资产，全部资产处置完毕后，扣除金融机构已获补足及分配的部分，金融机构可就剩余差额部分向差额补足义务人主张，但金融机构不应就相关资管/信托计划下享有的权益重复、超额受偿。

【问题的提出】

在融资项目或者资产管理类项目中，通常会设置抵押、质押、保证等传统法定担保措施来确保债权的实现。

随着金融产品的不断创新，传统的担保措施愈发难以满足复杂的金融交易结构，差额补足作为一种新型的增信措施应运而生，并在商事交易中应用得越来越广泛。

典型的差额补足增信措施体现为，金融机构设立理财资金投资信托计划或资管计划，信托计划或资管计划投资于底层资产，实际融资人或第三人承诺在信托计划或资管计划到期时，金融机构获取的现金财产及收益不足以覆盖资金本金及约定的预期年化收益率时，该实际融资人或第三人立即承担差额补足责任。

司法实践中，就差额补足责任的性质认定问题一度存在较多争议，《民法典担保制度解释》就差额补足承诺的性质认定问题进行了一定回应，但差额补足承诺是否属于保证，还需结合相关法律规定审慎判断。

另外，就差额补足责任的触发是否以底层资产处置完毕为前提、差额补足责任能否独立于底层资产权益转让等问题，下面一并进行分析。

【法律分析意见】

一、差额补足的性质判定

差额补足承诺的性质是保证还是《民法典担保制度解释》规定的第三类兜底情形，应根据其内容进行解释。如果承诺文件使用了“保证”字样，差额补足义务人履行义务以债务人到期未履行某项债务作为前提，较大可能会被认定为保证，否则可能被认定为独立的承诺文件。

《民法典担保制度解释》第36条对于差额补足法律性质的认定确立了较为细致的规则：“第三人向债权人提供差额补足、流动性支持等类似承诺文件作为增信措施，具有提供担保的意思表示，债权人请求第三人承担保证责任的，人民法院应当依照保证的有关规定处理。第三人向债权人提供的承诺文件，具有加入债务或者与债务人共同承担债务等意思表示的，人民法院应当认定为民法典第五百五十二条规定的债务加入。前两款中第三人提供的承诺文件难以确定是保证还是债务加入的，人民法院应当将其认定为保证。第三人向债权人提供的承诺文件不符合前三款规定的情形，债权人请求第三人承担保证责任或者连带责任的，人民法院不予支持，但是不影响其依据承诺文件请求第三人履行约定的义务或者承担相应的民事责任。”

根据《民法典担保制度司法解释系列解读之三——“关于保证合同”部分重点条文解读》的观点，差额补足义务人提供的差额补足承诺文件在法律性质上应根据其内容进行解释，具体区分为三种情形：

其一，如果承诺文件具有提供担保的意思表示，债权人请求该第三人承担保证责任的，人民法院应当依照保证的有关规定处理。

关于保证的法律构成，《民法典》第681条规定：“保证合同是为保障债权的实现，保证人和债权人约定，当债务人不履行到期债务或者发生当事人约定的情形时，保证人履行债务或者承担责任的合同。”第684条规定：“保证合同的内容一般包括被保证的主债权的种类、数额，债务人履行债务的期限，保证的方式、范围和期间等条款。”

其二，第三人在承诺文件中具有加入债务或者具有与债务人共同承担债务等意思表示的，人民法院应当认定为债务加入。第三人的意思难以解释为是债务加入还是保证时，应当推定为是保证。

其三,如果第三人提供的承诺文件既无提供担保的意思表示,也没有加入债务的意思表示,但约定了第三人的义务或者责任,则债权人请求第三人依据承诺文件的内容履行义务或者承担相应责任的,法院应予支持。

根据上述规定,差额补足承诺应认定为保证还是《民法典担保制度解释》第36条规定的第三类兜底情形,需要根据承诺的具体约定、使用的文字词句内容确定:如该承诺内容明确使用“保证”字样,约定第三人履行差额补足义务以债务人到期未履行主债务为前提条件,且可以明确被保证的主债权种类和债权数额的,较大可能被认定为保证;反之,如承诺文件缺乏保证意思表示,没有确定的债权意义上的债务人,差额补足承诺人履行差额补足义务并不以第三方未履行某项确定的债务为前提的,则可能被认定为《民法典担保制度解释》第36条规定的第三类兜底情形。

题述情形中的差额补足承诺系为投资的信托/资管产品的收益分配提供差额补足,实质上是对投资权益的保障,而非对某种确定的债权债务关系提供的差额补足,也不以某债务人未履行某项确定债务为前提,因此,笔者倾向于认定该种情形为《民法典担保制度解释》第36条规定的第三类兜底情形而非保证。

二、金融机构主张补足差额的情形

当信托计划或资管计划到期,金融机构获得现金不足,但底层资产未处理完毕时,金融机构可以主张差额补足义务人承担差额补足责任,但法院可能以实际损失尚未固定为由驳回金融机构诉请。为避免差额补足义务人转移财产,金融机构可先依据已处置的资产价值测算诉请金额提起诉讼并申请财产保全,诉讼中如资产全部处置完毕,再变更诉讼请求。

实践中,相关差额补足协议中可能约定,当信托计划或资管计划到期,金融机构获得分配的现金资产无法覆盖金融机构的投资本金及预期收益时,差额补足义务人即需承担差额补足责任。在该约定下,金融机构是否可在信托计划或资管计划到期且获得现金不足时向差额补足义务人主张承担差额补足责任,还是必须等将底层资产处置完毕后,才能确定差额补足义务人的差额补足责任?

上述情形中,金融机构可以主张差额补足义务人承担差额补足责任。但在金融机构以诉讼方式主张权利的情况下,因金融机构未能对底层资产全部处置完毕,差额补足的责任范围难以确定,法院可能以金融机构的实际损失尚未固定、差额补足义务人履行差额补足义务的条件尚未成就为由,驳回金融机构的诉请,待实际损失固定后另行起诉。

例如,最高人民法院(2019)最高法民终400号民事判决书中,法院即以上述理由驳回了金融公司诉请:"升达集团公司、江昌政及天禾资管公司三方于2016年5月16日签订的《差额补足协议》约定:……天禾资管公司在二审中自认诺安2号资产管理计划所认购的升达林业公司股份仍有部分未减持完毕,故一审法院认定升达集团公司和江昌政履行差额补足义务的条件尚未成就,天禾资管公司可在将股份全部减持完毕,案涉两个资产管理计划的劣后级投资人的实际损失最终固定后,再向升达集团公司、江昌政主张权利,具有事实和法律依据,本院予以维持。"

但底层资产是否全部处置完毕、差额补足金额能否确定属于案件实体审理的范围,并不影响金融机构提起诉讼并被法院立案受理,且在提起诉讼到案件审结之前尚有一定时间,在此期间,金融机构仍有机会处置完全部资产、确定差额补足金额。为避免差额补足义务人转移财产,金融机构可依据已处置的资产价值测算诉请金额,先行提起诉讼并申请财产保全,诉讼中如全部资产处置完毕,再根据处置情况变更诉讼请求。

三、差额补足责任与底层资产权益的关系

1.差额补足责任能否独立于底层资产权益,如金融机构将差额补足的债权转让给第三人,底层资产的权益是否也一并转让?

此问题与前述所涉差额补足承诺的法律性质认定有关,如差额补足承诺被认定为保证,根据《民法典》第547条[①]、第682条[②]等规定,保证具有从属性,不能与主债权分离而单独转让。故如金融机构拟转让差额补足债权,应当将底层资产的权益以及差额补足的债权一并转让给第三人,而无法单独转让差额补足的债权(保证债权),并需依法通知债务人。

在差额补足承诺被认定为独立承诺文件的情况下,不受限于保证的从属

---

① 《民法典》第547条规定:"债权人转让债权的,受让人取得与债权有关的从权利,但是该从权利专属于债权人自身的除外。受让人取得从权利不因该从权利未办理转移登记手续或者未转移占有而受到影响。"

② 《民法典》第682条规定:"保证合同是主债权债务合同的从合同。主债权债务合同无效的,保证合同无效,但是法律另有规定的除外。保证合同被确认无效后,债务人、保证人、债权人有过错的,应当根据其过错各自承担相应的民事责任。"

性,但债权转让的前提是存在确定的、有效的债权。笔者认为,如金融机构拟单独转让该差额补足债权,而底层资产此时尚未处理完毕,差额补足债权的债权金额此时可能尚无法确定,差额补足义务人履行差额补足义务的条件尚不成就。如金融机构与受让人预估一个差额补足债权的金额进行转让,待后续资产处理完毕、金融机构实质继续受偿,差额补足义务人可能以受让人受让的债权金额超出其差额补足义务范围为由提出抗辩,引发新的纠纷,故不建议金融机构将差额补足债权独立于底层资产单独转让。

2. 差额补足义务人是否具有追偿权,差额补足义务人承担差额补足责任后,底层资产权益是否就必然归其所有?

如前文所述,资产处置与主张差额补足责任的通常顺序为资产处置在先、主张差额补足责任在后,否则法院可能以损失无法固定、差额补足责任范围无法确定为由,不支持金融机构关于差额补足义务人承担差额补足责任的主张。因此,通常情况下,金融机构应在底层资产权益处置完毕后,就未获清偿部分向差额补足义务人追偿。

如差额补足承诺被认定为保证,根据《民法典》第 700 条"保证人承担保证责任后,除当事人另有约定外,有权在其承担保证责任的范围内向债务人追偿,享有债权人对债务人的权利,但是不得损害债权人的利益"的规定,差额补足义务人在其承担差额补足责任的范围内,仅对债务人享有追偿权,而非有权直接就底层资产受偿。

如差额补足承诺被认定为独立承诺文件,在无特别合同约定的情况下,差额补足义务人也应无就底层资产权益直接受偿的权利。

3. 如差额补足义务人只承担部分差额补足责任,金融机构是否仍可对全部底层资产进行处置,并将处置所得用于向金融机构分配?

一般来说,根据差额补足协议的相关约定及实践做法,在全部底层资产仅部分处置完毕、未全部处置的情况下,金融机构可在确定部分差额补足责任金额后要求差额补足人承担,并继续处置资产将处置所得用于分配,全部资产处置完毕后,扣除金融机构已获补足及分配的部分,金融机构可就剩余差额部分向差额补足义务人主张。但需注意的是,差额补足义务人承担的差额补足责任不应超过合同约定的差额补足责任范畴,金融机构也不应就相关资管/信托计划下享有的权益重复、超额受偿。

17

公司内部人员串通并以公司名义对外担保的合同是否无效？

【简答】

1. 恶意串通损害第三人利益的行为人不限于民事法律行为的当事人。

2. 公司法定代表人与实际控制人串通并以公司名义对外担保，存在损害公司利益可能的，可以认定合同无效。

【问题的提出】

H公司有两名股东，其中股东G1公司持股70%，股东G2公司持股30%，G1公司以及G2公司均由G公司控股，H公司的法定代表人F亦由G公司委派。G1公司、G2公司作为转让方与受让方S协商一致，拟将两公司所持有的H公司全部股权变更登记至S名下。双方签订股权转让协议之后，S向G1公司、G2公司支付了股权转让价款，并控制了H公司的公章，但是G1公司、G2公司迟迟未配合S完成H公司的股东变更登记，H公司的法定代表人亦仍登记为F。

G公司为履行其对债权人L公司的金钱债务，与H公司法定代表人F商议由H公司为该笔债务提供担保，据此，L公司与F签订了相应的担保合同。

由于G1公司、G2公司一直未履行变更登记的义务，S向人民法院诉请G1

公司、G2 公司履约,历经两审得到支持其全部诉请的胜诉判决。二审中,S 得知 H 公司已经为 L 公司的债权提供了对外担保,并且 H 公司对此并未作出任何股东会决议或董事会决议。

在此背景下,S 以及 S 控制下的 H 公司是否可以主张 L 公司所接受的担保因 G 公司及 G1 公司、G2 公司与 F 恶意串通损害 H 公司以及 S 的利益而无效?

【法律分析意见】

《民法典》第 154 条规定:“行为人与相对人恶意串通,损害他人合法权益的民事法律行为无效。”

所谓恶意串通,是指行为人与相对人互相勾结,为谋取私利而实施的损害他人合法权益的民事法律行为。

恶意串通损害他人的民事法律行为无效,其原理在于双方勾结损害他人合法权益的行为具有明显的不法性,应当给予否定性评价,从而保护受到侵害的第三人的合法权益,维持正常的市场经济秩序。

一、恶意串通的当事人范围

鉴于民事法律行为大量以合同形式存在,由此产生一个问题,恶意串通的当事人是否仅限于合同当事人,或者对《民法典》规定的行为人及相对人是否可以作出扩大解释?

回归到设例中,如果仅从担保合同的当事人来看,L 公司是担保权人及债权人,H 公司是保证人,那么恶意串通的主体应当仅限于 L 公司与 H 公司;如果从担保法律关系的角度看,除了作为债权人的 L 公司和作为保证人的 H 公司,还应当考虑作为债务人的 G 公司在担保法律关系的构建中所起到的作用;另外,如果再从公司对外担保的视角看,那么作为 H 公司法定代表人的 F 以及 H 公司的两个股东 G1 公司、G2 公司,均在 H 公司的对外担保中起到了相对应的作用。

在单独的担保合同法律关系上叠加其他法律关系作为考量因素,恶意串通的主体将不再限于担保合同的双方。例如,在债权人、债务人、保证人的视角下,按照原《担保法》第 30 条的规定,主合同当事人双方串通骗取保证人提供保证的,保证人无须承担民事责任。

因此,在公司对外担保的视角中,应当对该公司的法定代表人与主债权的债务人之间是否存在恶意串通进行考察。

恶意串通中的恶意,应当属于"意思主义的恶意",即行为人具有加害他人的不良动机,且主观上具有损害第三人合法权益的想法,明知相关的客观事实,在实施行为时主观上有侵害他人的故意。此种恶意以损害他人利益为目的,侧重于行为人主观意志上的应受谴责性。

所谓互相串通:首先,指当事人之间存在着意思联络或者沟通,都希望通过实施某种民事法律行为而损害特定第三人的合法权益。其次,当事人之间在客观上相互配合或者共同实施了该非法的民事法律行为。

具体到设例中来看,H 公司的法定代表人 F 系 G 公司委派,因此天然具备与 G 公司进行恶意谋划意思联络的可能性和盖然性。在 H 公司公章已经被 S 控制的情况下,只有通过 F 签字的方式才能代表 H 公司对外作出意思表示;同时考虑到 G 公司对 H 公司的实际控制关系,H 公司某种程度上可以被认定为 G 公司的一人公司,H 公司或其法定代表人 F 的意思表示可约等于 G 公司的意思表示。

再看 H 公司或其法定代表人 F 作出对外担保的程序和时间。F 恰巧在 H 公司出现股权转让纠纷之时对 L 公司作出对外担保,同时没有履行任何的股东会决议或董事会决议的程序。考虑到恶意串通中的"意思主义的恶意"一般均需要通过客观证据和主观动机予以体现,因而上述时间点和程序已经足以令人产生对于 G 公司以及 F 代表 H 公司签订担保合同恶意目的的合理怀疑。

二、第三人利益的损害形式

无论是原《民法通则》第 58 条,还是原《合同法》第 52 条,抑或《民法典》第 154 条,均没有对第三人利益的形态以及该利益受到损害的形式作出明确规定。

在最高人民法院指导案例 33 号"瑞士嘉吉国际公司诉福建金石制油有限公司等确认合同无效纠纷案"中,虽然最高人民法院认为"在明知债务人福建金石公司欠债权人嘉吉公司巨额债务的情况下,田源公司以明显不合理低价购买福建金石公司的主要资产,足以证明其与福建金石公司在签订《国有土地使用权及资产买卖合同》时具有主观恶意,属恶意串通,且该合同的履行足以损害债权人嘉吉公司的利益",但是同时认定"福建金石公司于当日将 2500 万元分两笔汇入其关联企业大连金石制油有限公司账户;又根据福建金石公司和田源公司当年的财务报表,并未体现该笔 2500 万元的入账或支出,而是体现出田源公司尚欠福建金石公司'其他应付款'121,224,155.87 元",该笔被转走的合同对价,即是合同当事人之间通过恶意串通无偿转走福建金石制油有限公司财产造成的实际损失。

对第三人利益的损害是否可以包括尚未实际发生的损害?笔者认为,未尝不可对"损害"这一构成要件作出扩大解释,即对他人合法权益造成的损害,也包括可能发生的损害。[①]

回到设例中,如果 S 或 H 公司要等到 L 公司依据担保合同对 H 公司强制执行完毕之后方才可以主张利益受损,那么对于 S 或 H 公司来说,该利益损害的程度将是实际且巨大的。在 S 已经发现 G 公司与 F 通过恶意串通控制 H 公司对外担保之后,即应当赋予 S 或 H 公司据此主张该担保合同无效的权利。

---

① 参见《债权债务关系中,债务人与第三人恶意串通的认定》,载微信公众号"广州仲裁委员会"2018 年 11 月 20 日,https://mp.weixin.qq.com/s/ZFSIIp5mF21uQgMWxD90WQ。

18

金融机构减免部分保证人的保证责任，是否自然免除其他保证人的保证责任?

【简答】

1. 对于金融机构减免某保证人部分债务，其免除债务的效果是否及于其他保证人的问题，存在两种不同的观点。重点须考虑是否适用《民法典》第520条关于连带债务部分免除的规定：一是多个保证人之间是否构成连带责任担保；二是多个保证人之间是否存在内部追偿权。

2. 其他保证人作为共同被执行人可以针对其应当承担的具体数额提出执行行为异议，但是并不产生执行程序中止的后果。若其他保证人参照《民法典》第520条对须承担的担保责任提出反对意见，其救济途径应是申请再审。

3. 根据《最高人民法院关于适用〈中华人民共和国企业破产法〉若干问题的规定(二)》第15条的规定，金融机构可以在与B上市公司达成执行和解后，要求该公司在履行该债务的支付凭证中注明所指向债权，并且请求执行法院裁定执行依据已经因执行和解协议的全部清偿而终结执行。

4. 若金融机构对某保证人减免后的受偿数额，确实低于破产程序中金融机构实际能得到的清偿数额(需要根据待破产公司具体情况来判断)，则可以认定该个别清偿“使债务人财产受益”，不应属于个别清偿而被撤销。

【问题的提出】

金融机构通过信托公司向 A 公司发放了信托贷款,并由 B 上市公司及其他保证人提供连带责任保证。信托贷款逾期未还,信托公司已向金融机构作了原状返还。现人民法院已裁定受理 A 公司破产重整申请,金融机构以自己名义向 A 公司破产管理人提交债权申报材料,并以保证人为被告向法院提起诉讼,人民法院已判决支持金融机构诉讼请求。

现 B 上市公司因保壳的需要,与金融机构协商由 B 上市公司或者指定第三方归还部分利息(含利息、罚息、复利)的前提下对剩余部分利息给予减免。

1. 其他保证人的担保责任问题。该业务中存在多个保证人,各保证人未在同一份保证合同上签章且各保证人之间并未对责任分担进行约定。保证合同中也约定:"不论甲方是否行使或放弃任何一项担保,乙方在本合同项下的保证责任均不因此减免,甲方均可直接要求乙方依照本合同约定在其保证范围内承担全部保证责任。"

如对 B 上市公司进行部分债务减免,参照《民法典》第 520 条第 2 款"部分连带债务人的债务被债权人免除的,在该连带债务人应当承担的份额范围内,其他债务人对债权人的债务消灭"的规定,其他保证人是否可以此主张相应债务的减免,上述保证合同的约定是否能对抗该规定?

2. 该案件已进入执行阶段,其他保证人根据上述法条对须承担的担保责任提出异议,是否会导致执行程序中止,重新开始诉讼审理。

3. 如 B 上市公司未来 6 个月内被申请破产,本次清偿可能被认为属于个别清偿,存在被撤销的风险。现金融机构已与人民法院进行初步沟通,争取能签订执行和解协议,以降低清偿行为被撤销的可能性。该操作是否符合《最高人民法院关于适用〈中华人民共和国企业破产法〉若干问题的规定(二)》关于"债务人经诉讼、仲裁、执行程序对债权人进行的个别清偿,管理人依据企业破产法第三十二条的规定请求撤销的,人民法院不予支持"的规定,从而规避被撤销的风险。

4. 由于该次清偿能够换取对剩余利息部分的减免,是否符合《企业破产法》规定的撤销权行使能够使"个别清偿使债务人财产受益"的除外情形。

【法律分析意见】

一、关于金融机构与各个保证人均具有明确约定的情况下，对 B 上市公司部分债务予以减免，免除债务的效果是否及于其他保证人

对此，存在两种不同的观点：

肯定说认为，共同保证中，在现行法律法规没有明确规定的情况下，参照《民法典》第 520 条关于连带债务部分免除的规定，债权人对部分保证人免除债务的效果及于其他保证人，在该保证人应当承担的份额范围内，其他保证人及债务人对债权人的债务消灭。

否定说认为，共同保证中，在现行法律法规没有明确规定的情况下，不应当直接适用《民法典》第 520 条的规定，债权人对部分保证人免除债务的效果并不及于其他保证人，并且债权人与各个保证人对此情况均有明确约定。

笔者赞同否定说，理由如下：

第一，《民法典》第 520 条关于连带债务部分免除的规定并不适用于金融机构目前的情况。《民法典》第 520 条应当与第 519 条做体系理解。

首先，最高人民法院在《中华人民共和国民法典合同编理解与适用》中倾向性认为，在第 700 条删除了原《担保法》第 12 条关于共同保证内部追偿权的情况下，共同保证人之间如无约定，应当认定为无追偿权。

其次，参照《民法典担保制度解释》第 13 条的规定，金融机构的数个共同保证人并未在同一合同书上签字、盖章或者按指印的，不应当认定构成连带共同担保，数个共同保证人之间不能相互追偿。笔者认为，最高人民法院实质上在《民法典担保制度解释》第 13 条中回避了关于数个共同保证人分别签订保证合同所形成的民事关系属于连带债务的认定，所以金融机构目前的情形并不能认定为共同保证人之间构成连带债务。

第二，共同保证中，债权人对部分保证人免除债务的效果是否及于其他保证人的区别，在于共同保证人之间是否相互享有追偿权。

如果法律否定内部追偿权，债权人免除或放弃请求任何保证人承担保证责任，由于仅涉及债权人的权利处分，对于其他保证人的利益无任何影响，则免除债务的效果并不及于其他保证人；如果法律肯定内部追偿权，债权人免除或放弃请求任何保证人承担保证责任，可能会损害其他保证人的追偿权益，则免除债务的效果会在一定范围内影响其他保证人。

第三，数个保证人在无意思联络的情况下分别与金融机构签订保证合同的法律事实，可以证明各个保证人对于承受代债务人清偿全部债务的风险具有明确预期。

首先，在其他保证人自甘风险的情况下，债权人免除部分保证人债务并不会使其他保证人承受可预期风险之外的更大的不利后果，即不会加重其他保证人的保证责任。上述观点亦可以在最高人民法院（2014）民一终字第 278 号民事判决书、黑龙江省高级人民法院（2018）黑民终 545 号民事判决书、重庆市第三中级人民法院（2018）渝 03 民终 365 号民事判决书等裁判文书中得到佐证。

其次，即便参考《民法典》第 520 条的规定，根据《立法法》第 104 条以及《最高人民法院关于适用〈中华人民共和国民法典〉时间效力的若干规定》的相关规定，若保证合同的成立时间早于《民法典》的生效时间，那么《民法典》第 520 条并不能限制保证合同的相关约定。

综上所述，在金融机构与各个保证人明确约定的情况下，金融机构对 B 上市公司部分债务予以减免的，免除债务的效果不及于其他保证人。

二、若其他保证人参照《民法典》第 520 条对须承担的担保责任提出异议，是否会导致对 B 上市公司执行程序的中止，并重新开始诉讼审理

笔者认为，根据《民事诉讼法》第 236 条的规定，其他保证人作为共同被执行人可以针对其应当承担的具体数额提出执行行为异议。若执行法院认为其异议理由成立，则将裁定撤销或改正针对其他保证人的冻结账户等保全措施或其他执行行为，但是并不产生执行程序中止的后果，或者引起执行异议之诉的后果。

针对与案件审结后新发生事实相结合而形成的新的实体权利义务争议，在执行程序中直接予以认定，缺乏程序的正当性和必要的程序保障。为能够更加有效地保障各方当事人的合法权益，应允许当事人通过另行提起诉讼的方式予以解决。

若其他保证人参照《民法典》第 520 条对须承担的担保责任提出反对意见，其救济途径应是申请再审。

三、若B上市公司未来6个月内被申请破产，其与金融机构达成执行和解协议并向金融机构支付款项的行为，是否属于破产管理人可以撤销的个别清偿行为

为防止B上市公司破产管理人未来向金融机构主张撤销本次清偿行为，根据《最高人民法院关于适用〈中华人民共和国企业破产法〉若干问题的规定(二)》第15条的规定，金融机构可以在与B上市公司达成执行和解后，要求该公司在履行该债务的支付凭证中注明所指向债权，并且请求执行法院裁定执行依据已经因执行和解协议的全部清偿而终结执行。

四、该次清偿能够换取对剩余利息部分的减免，能否以符合《企业破产法》所规定"个别清偿使债务人财产受益"而排除撤销权的行使

《企业破产法》第32条规定："人民法院受理破产申请前六个月内，债务人有本法第二条第一款规定的情形，仍对个别债权人进行清偿的，管理人有权请求人民法院予以撤销。但是，个别清偿使债务人财产受益的除外。"对于该条文的理解，应当按照"个别清偿对于整个债务人财产来说是有利的，从实质上来说最终也有利于全体债权人权利的保护"予以掌握。①

司法实践中，"个别清偿使债务人财产受益"的判断标准并非B上市公司实际清偿数额是否低于该公司依据保证合同所承担的债务数额，而是B上市公司实际清偿数额是否低于金融机构在破产程序中可能得到的清偿数额。若金融机构减免后的受偿数额，确实低于在破产程序中金融机构实际能得到的清偿数额(需要根据B上市公司具体情况来判断)，则可以认定该次个别清偿"使债务人财产受益"，不应因个别清偿而被撤销。

---

① 参见《〈中华人民共和国企业破产法〉释义及实用指南》，中国民主法制出版社2012年版，第187页。

19

上市公司、股东及实际控制人承诺定增保底，是否无效？相应的法律后果是什么？

【简答】

1. 定增保底承诺违反了《公司法》和《证券法》的强制性规定，应属无效。

2. 定增保底承诺违反了金融监管部门规章及其上位法，属于违反公序良俗原则，应属无效。

3. 定增保底协议违反了最高人民法院司法政策的规定、精神，属于违反公序良俗原则，应属无效。

4. 即使上市公司定增保底协议签订于前述金融监管部门规章、司法政策实施之前，相应定增保底协议亦应属无效。

5. 定增保底协议无效，则自始无效，具有溯及力，其法律后果为定增投资人返还因保底承诺已取得的财产及资金占用费、不得继续要求取得尚未取得的财产。

【问题的提出】

定增保底承诺，通常指上市公司向特定对象非公开发行股票时，由上市公司或其实际控制人、控股股东等主体向投资方作出的保证其投资本金不受损失或获取最低收益的承诺，一般以差额补足、到期回购等条款形式呈现。

关于定增保底承诺的效力，现行立法及司法解释规则并不明晰。我们将结合上位法律规定、金融监管部门规范性文件、司法政策性文件规定等各方面，分析定增保底承诺的效力问题。

【法律分析意见】

一、定增保底承诺违反了《公司法》和《证券法》的强制性规定，应属无效

《民法典》第153条规定："违反法律、行政法规的强制性规定的民事法律行为无效。但是，该强制性规定不导致该民事法律行为无效的除外。违背公序良俗的民事法律行为无效。"

（一）定增保底承诺违反了《公司法》和《证券法》关于同股同权的强制性规定①

《公司法》第143条第1款规定："股份的发行，实行公平、公正的原则，同种类的每一股份应当具有同等权利。"

《证券法》第3条规定："证券的发行、交易活动，必须遵循公开、公平、公正的原则。"

据此，同股同权原则是股份公司特别是上市公司股份发行的基本原则，属于法律的强制规定。在法律没有特别规定或股东协议一致同意的情况下，赋予部分股东以优越于其他同种类股东的特殊权利的行为，构成违反法律强制规定的行为。

定增投资方参与定增获得的股份，与上市公司已经发行的其他股份，在性质上均为同种类股份，根据法律规定，其权利内容应当相同。但定增投资方通过与控股股东的协议安排，使其获得比其他持有同种类股份的股东更为优越的权利，处于更加有利的地位，其行为不仅没有法律依据，亦未经全体股东决议同意，应当认定为违反了《公司法》和《证券法》关于同股同权的强制规定。

《民法典》第153条第1款规定，违反法律、行政法规的强制性规定的民事法律行为无效。但是，该强制性规定不导致该民事法律行为无效的除外。由于我国现行法律关于同股同权的规定系股东平等原则的直接表述，目的在于维护股东平等原则这一基本公司制度和证券市场基本秩序，定增保底承诺对上述强

① 最高人民法院民事判决书，(2022)最高法民再57号。

制规定的违反,背离了现行法律的立法目的,故应认定为违反法律强制性规定的无效行为。

(二)定增保底承诺违反了《证券法》公平原则的强制性规定①

《证券法》第25条规定:“股票依法发行后,发行人经营与收益的变化,由发行人自行负责;由此变化引致的投资风险,由投资者自行负责。”《证券发行与承销管理办法》第27条第5项亦规定,发行人和承销商及相关人员不得直接或通过其利益相关方向参与认购的投资者提供财务资助或者补偿。

据此,根据股票市场投资中“买者自负”原则,上市公司的股东亦不得为参与定增的投资者提供保底承诺安排,否则将使股权投资成了变相的债务投资,扭曲资本市场的资源配置功能,有损资本市场的健康发展和正常交易秩序等公序良俗。

因此,根据《民法典》第153条第2款关于违背公序良俗的民事法律行为无效之规定,上市公司股东在定增保底承诺协议中承诺对定增投资人提供收益保底的约定,亦应认定为无效。

定增保底承诺的交易安排,推高了上市公司再融资成本,使定增投资人获得了无风险套利交易机会,定增投资人利用其优势地位获得区别于普通投资者的差别化待遇,扭曲了资本市场正常的定价机制,对中小投资者极不公平,对金融市场交易秩序亦有极大破坏。

(三)定增保底承诺扰乱正常的证券市场秩序,损害了不特定第三人、公众投资者的利益②

定增保底承诺的双方当事人是信息优势和资金优势的结合,其目的是影响上市公司的股票交易价格。

在双方的内部关系上,定增投资方增持股份是基于上市公司股东属于上市公司实际控制人,具有了解上市公司经营动态的信息优势;上市公司股东之所以和定增投资方合作,是因为定增投资方具有组织巨额资金参与定向增发的优势。

双方的协议一旦履行,会造成股价稳定或上涨的表象,导致上市公司股票

① 最高人民法院民事判决书,(2022)最高法民再57号。
② 最高人民法院民事判决书,(2022)最高法民再57号。

在证券市场上的价格失真，误导公众投资者对股票价值的判断，进而导致投资者的增持或暂缓减持，从而影响正常股价，不仅扰乱正常的证券市场秩序，也给既有股东和潜在投资者带来不当影响，损害了不特定第三人、公众投资者的利益。

二、定增保底承诺违反金融监管部门规章及其上位法，属于违反公序良俗原则，应属无效

（一）金融监管部门规章可以作为合同效力的规范依据

根据《最高人民法院关于裁判文书引用法律、法规等规范性法律文件的规定》第4条、第6条的规定，规章虽不属于可以直接引用的规范性条文，但在其合法有效的情况下，可以作为裁判说理的依据。

《全国法院民商事审判工作会议纪要》第31条“违反规章的合同效力”规定：“违反规章一般情况下不影响合同效力，但该规章的内容涉及金融安全、市场秩序、国家宏观政策等公序良俗的，应当认定合同无效……”

2023年1月10日，全国法院金融审判工作会议召开，明确了金融法规可以作为判断是否违背公序良俗的重要标准，在认定金融监管规章有关条款构成公序良俗的情况下，可以适用《民法典》第153条第2款的规定认定合同效力。

2023年4月《全国法院金融审判工作会议纪要》（征求意见稿）在第1条明确规定国家金融监管政策的规范内容涉及金融安全、市场秩序、国家宏观政策等公共秩序的，人民法院应当审查合同效力。

金融监管部门规章虽然不能直接作为规范性条文引用，但仍然可以作为裁判的说理依据，可以作为是否违反法律强制性规定、违反公序良俗的重要判断标准。

（二）金融监管部门规章关于定增保底协议的禁止性规定

2017年修订版和2018年修订版的《证券发行与承销管理办法》第17条[①]均规定，发行人和承销商及相关人员不得直接或通过其利益相关方向参与认购的投资者提供财务资助或者补偿。

证监会2020年2月14日发布的《上市公司非公开发行股票实施细则》

① 《证券发行与承销管理办法》第27条第5项也沿袭相同规定。

(2020年修正)[①]第29条规定,上市公司及其控股股东、实际控制人、主要股东不得向发行对象作出保底保收益或变相保底保收益承诺,且不得直接或通过利益相关方向发行对象提供财务资助或者补偿。

证监会2023年2月17日发布实施的《上市公司证券发行注册管理办法》第66条规定,向特定对象发行证券,上市公司及其控股股东、实际控制人、主要股东不得向发行对象作出保底保收益或者变相保底保收益承诺,也不得直接或者通过利益相关方向发行对象提供财务资助或者其他补偿。

(三)金融监管部门规章之上位法,关于定增保底协议无效的规定

《证券法》第3条规定,证券的发行、交易活动,必须遵循公开、公平、公正的原则。

《证券法》第168条规定,国务院证券监督管理机构依法对证券市场实行监督管理,维护证券市场公开、公平、公正,防范系统性风险,维护投资者合法权益,促进证券市场健康发展。

《公司法》第143条第1款规定,股份的发行,实行公平、公正的原则,同类别的每一股份应当具有同等权利。

《民法典》第153条规定,违反法律、行政法规的强制性规定的民事法律行为无效。但是,该强制性规定不导致该民事法律行为无效的除外。违背公序良俗的民事法律行为无效。

(四)按照金融监管部门规章及其上位法,定增保底协议无效

1. 定增保底承诺直接违反了上述《证券发行与承销管理办法》和《上市公司证券发行注册管理办法》的规定。

2.《证券发行与承销管理办法》和《上市公司证券发行注册管理办法》虽然并非法律、行政法规,但其关于定增保底承诺的禁止性规定,系基于金融安全、市场秩序等公序良俗和证券法"公开、公平、公正"原则及"买者自负"原则的考量。上市公司及其股东不得为参与定增的投资者提供保底承诺安排,否则将使股权投资成了变相的债务投资,"劣币驱逐良币",扭曲资本市场的资源配置功能,有损资本市场的健康发展和正常交易秩序等公序良俗。定增保底承诺将迫

① 该条虽已被《上市公司证券发行注册管理办法》废止,但《上市公司证券发行注册管理办法》第66条沿袭相同规定。

使价值型投资人逐渐退出，定向增发作为直接融资工具将异化为杠杆化的间接融资工具，增加系统性金融风险。

3.《证券法》和《公司法》等法律对定增保底承诺所违反的“同股同权”“公平”等已有原则性的强制性规定，《证券发行与承销管理办法》和《上市公司证券发行注册管理办法》等规章是为了落实相关原则性规定而制定的具体规定，此时违反规章即等同于违反法律、行政法规的强制性规定。

三、定增保底协议违反了最高人民法院司法政策的规定、精神，属于违反公序良俗原则，应属无效

（一）《最高人民法院关于为深化新三板改革、设立北京证券交易所提供司法保障的若干意见》无论从效力和适用范围上，均适用上市公司

最高人民法院2022年6月23日发布实施的《关于为深化新三板改革、设立北京证券交易所提供司法保障的若干意见》第9条规定，在上市公司定向增发等再融资过程中，对于投资方利用优势地位与上市公司及其控股股东、实际控制人或者主要股东订立的“定增保底”性质条款，因其赋予了投资方优越于其他同种类股东的保证收益特殊权利，变相推高了中小企业融资成本，违反了证券法公平原则和相关监管规定，人民法院应依法认定该条款无效。

《最高人民法院关于为深化新三板改革、设立北京证券交易所提供司法保障的若干意见》第9条首次从司法层面明确规定了定增保底承诺无效。

1.效力层级上，上述意见虽然不是司法解释，不能作为法院判决的援引依据，但是法院审理相关案件的指导意见。

2.适用范围上，虽然从字面上理解，上述意见规范的是在新三板挂牌、北交所上市公司，但上述意见明确：“与沪深市场相比，北京证券交易所拥有相同的法律地位和市场功能”，且最高人民法院认定无效的依据是“违反了证券法公平原则和相关监管规定”，沪市、深市和北交所上市公司均适用上述证券法和相关监管的规定。因此，深交所、上交所上市公司在司法保障层面也应适用上述意见的相应规定。

（二）《全国法院金融审判工作会议纪要》（征求意见稿），已明确定增保底协议无效的态度

2023年4月《全国法院金融审判工作会议纪要》（征求意见稿）在第1条：“强制规定和公序良俗”中规定“……地方性法规、行政规章或者国家金融监管

政策的规范内容涉及金融安全、市场秩序、国家宏观政策等公共秩序的,人民法院应当按照《全国法院民商事审判工作会议纪要》(法〔2019〕254 号)第 31 条的要求,依据民法典第一百五十三条第二款的规定认定合同效力。如,在上市公司非公开发行股票过程中,上市公司或其控股股东、实际控制人、主要股东违反监管规定向参与认购的投资者作出保底保收益或变相保底保收益承诺,这种行为不仅扭曲了证券市场以供求关系为基础的定价机制,而且其释放的错误价格信息会干扰其他投资者的判断,扰乱证券市场秩序,应当认定为违反公序良俗的无效行为。除前款规定情形外,当事人以合同违反地方性法规、行政规章的强制性规定为由主张合同全部或者部分无效的,人民法院不予支持。"

虽然《全国法院金融审判工作会议纪要》(征求意见稿)并非生效法律法规。但是,基于如下因素,该征求意见稿代表现行的司法政策倾向:首先,这代表着最高人民法院的最新裁判思路;其次,人民法院应当按照《全国法院民商事审判工作会议纪要》第 31 条的规定适用监管规章,审查合同效力;最后,该会议纪要特意举例上市公司非公开发行股票定增保底承诺无效。

四、保底协议签订时间不影响其无效的法律后果

(一)即使上市公司定增保底协议签订于前述金融监管部门规章、司法政策实施之前,相应定增保底协议亦应属无效

即使定增保底协议订立于金融监管部门规章、司法政策实施之前,但金融监管部门规章、司法政策系对法律的细化规定和理解适用,而法律早已颁布实施,定增保底协议应属无效。

《证券法》和《公司法》规定的"同股同权""公平、公开、公正"原则作为法律的强制性规定,早已经规定在相应的法律条文中,且在历次的法律修订中均予以保留。"公序良俗"原则在《民法典》颁布之前也一直是民事法律关系中基本的原则。

定增保底承诺,金融监管部门从未认可其合法性,至少从未明文允许;直至《上市公司非公开发行股票实施细则》(已废止)、《上市公司证券发行注册管理办法》等才明文规定不允许定增保底承诺。

或有观点认为,因《证券法》和《公司法》相关规定比较原则,而定增保底协议签订于金融监管明确禁止性规定之前,故不违反法律强制性规定而协议有效。

实际上,按照目前的通行意见、观点,定增保底承诺被法律规定、监管部门规章、司法政策否定而被认定为无效,本质是因其妨碍了金融安全、扰乱了证券市场秩序、损害了中小股东合法权益、违反了法律的强制性规定、违反了公序良俗,合同无效则自始无效,并不因定增保底协议签订时间前后而有所不同。

(二)司法政策实施之后签订的定增保底协议也属无效

《最高人民法院关于为深化新三板改革、设立北京证券交易所提供司法保障的若干意见》第9条首次从司法政策层面明确规定了定增保底承诺无效。该司法政策并不存在"时间效力"的适用问题,不存在"新老划断"问题,出台之前签订的定增保底协议亦为无效。一方面,意见适用范围包括深交所和上交所上市的所有上市公司,在此不予赘述。另一方面,意见明确定增保底承诺无效系基于"违反了证券法公平原则和相关监管规定",是对《证券法》《公司法》规定的公平原则的理解和适用,并非创设出全新的规则。意见的效力应当与《证券法》《公司法》的效力同步,并不存在"时间效力"适用的空间,而《证券法》《公司法》的规定早已经存在。

因此,即使定增保底协议签订在意见发布之前,也应当适用意见的规定,应属无效。

对于金融监管部门规章及司法政策实施之后仍在履行的定增保底承诺,或者金融监管部门规章及司法政策实施之后依据主协议补充签订的协议,必须认定协议均无效;否则,会破坏法律制度的稳定性和权威性。

五、定增保底协议无效的法律后果

定增保底协议无效,则自始无效,具有溯及力,其法律后果为定增投资人返还因保底承诺已取得的财产及资金占用费、不得继续要求取得尚未取得的财产。《民法典》第155条规定:"无效的或者被撤销的民事法律行为自始没有法律约束力。"

(一)从合同无效的后果看,无效的民事法律行为是自始无效的,具有溯及力[①]

《民法典》第157条规定:"民事法律行为无效、被撤销或者确定不发生效力

---

① 参见黄薇主编:《中华人民共和国民法典释义及适用指南》(上册),中国民主法制出版社2020年版。

后，行为人因该行为取得的财产，应当予以返还；不能返还或者没有必要返还的，应当折价补偿。有过错的一方应当赔偿对方由此所受到的损失；各方都有过错的，应当各自承担相应的责任。法律另有规定的，依照其规定。”

《最高人民法院关于适用〈中华人民共和国民法典〉合同编通则若干问题的解释》第24条规定：“合同不成立、无效、被撤销或者确定不发生效力，当事人请求返还财产，经审查财产能够返还的，人民法院应当根据案件具体情况，单独或者合并适用返还占有的标的物、更正登记簿册记载等方式；经审查财产不能返还或者没有必要返还的，人民法院应当以认定合同不成立、无效、被撤销或者确定不发生效力之日该财产的市场价值或者以其他合理方式计算的价值为基准判决折价补偿。除前款规定的情形外，当事人还请求赔偿损失的，人民法院应当结合财产返还或者折价补偿的情况，综合考虑财产增值收益和贬值损失、交易成本的支出等事实，按照双方当事人的过错程度及原因力大小，根据诚信原则和公平原则，合理确定损失赔偿额。合同不成立、无效、被撤销或者确定不发生效力，当事人的行为涉嫌违法且未经处理，可能导致一方或者双方通过违法行为获得不当利益的，人民法院应当向有关行政管理部门提出司法建议。当事人的行为涉嫌犯罪的，应当将案件线索移送刑事侦查机关；属于刑事自诉案件的，应当告知当事人可以向有管辖权的人民法院另行提起诉讼。”

《最高人民法院关于适用〈中华人民共和国民法典〉合同编通则若干问题的解释》第25条规定：“合同不成立、无效、被撤销或者确定不发生效力，有权请求返还价款或者报酬的当事人一方请求对方支付资金占用费的，人民法院应当在当事人请求的范围内按照中国人民银行授权全国银行间同业拆借中心公布的一年期贷款市场报价利率（LPR）计算。但是，占用资金的当事人对于合同不成立、无效、被撤销或者确定不发生效力没有过错的，应当以中国人民银行公布的同期同类存款基准利率计算。双方互负返还义务，当事人主张同时履行的，人民法院应予支持；占有标的物的一方对标的物存在使用或者依法可以使用的情形，对方请求将其应支付的资金占用费与应收取的标的物使用费相互抵销的，人民法院应予支持，但是法律另有规定的除外。”

（二）定增认购人应当返还定增保底承诺人已经支付的保底承诺款项，且应当支付相应资金占用费；不得继续要求取得尚未取得的保底承诺款项

由于定增保底承诺或协议无效，根据前述《民法典》及司法解释的规定，为

自始无效。直接的法律后果是:已经履行的,定增认购人应当返还定增保底承诺人已经支付的保底承诺款;不得继续要求取得尚未取得的保底承诺款。

关于资金占用费,由于定增认购人作为专业的金融机构投资者,熟知金融法律法规和监管规章的规定,甚至在已经出台具体明确认定定增保底承诺无效的规章和司法政策文件下,不清理现有的定增保底协议,继续履行定增保底承诺,甚至继续签订定增保底承诺协议的补充协议或约定,对相关协议无效具有过错,按照《最高人民法院关于适用〈中华人民共和国民法典〉合同编通则若干问题的解释》第25条的规定,应当按照LPR标准向定增保底承诺人支付资金占用费。

“名股实债”专题

20

金融机构以让与担保方式入股目标公司，是否须承担股东责任？

【简答】

1. 金融机构为确保债权实现，通过让与担保的方式入股目标公司的，不享有实际股东资格，不承担相应的股东责任。

2. 通过让与担保的方式获得目标公司股权的金融机构并非公司法意义上的“名义股东”，无须对目标公司的债权人承担股东责任。目标公司的债权人可要求股权转让方作为实际股东承担相应的责任。

【问题的提出】

金融机构投资实践中，常见的投资行为主要包括两类：一是贷款投资，二是股权投资。

贷款投资，是指金融机构接受委托人委托，依据合同的约定将资金用于向资金使用方发放贷款，资金使用方到期还本付息进而实现投资利益。贷款投资是一种典型的债权投资模式。

股权投资，是指金融机构接受委托人委托，依据合同的约定将资金用于受让目标公司的股权，指派代表对投资企业进行管理进而以股息、红利等方式获得投资利益；或者在接受委托人委托后，不参与经营管理，但为保证其债权到期得以实现，通过股权让与担保的方式获得目标公司股权，到期收取投资利益。

为确保其债权的实现，金融机构向资金使用方发放贷款，通过让与担保的方式获得目标公司的股权后成为目标公司的名义股东。让与担保属于一种非典型担保方式，是指债务人或者第三人为担保债务的履行，将标的物转移给他人，于债务不履行时，他人可就标的物受偿。股权让与担保旨在确保债权得获优先受偿，除了广泛运用于民商事活动外，其亦被频繁应用于信托业务。

让与担保模式下，目标公司的外部债权人是否可以金融机构为目标公司登记机关记载的股东为由，要求其承担相应的股东责任，在以往的司法实践中存在较大争议。有的观点认为，根据商事外观主义原则，即便金融机构为目标公司的名义股东，对外也应当承担股东责任；还有观点认为，前述观点并未考虑让与担保的特殊情形，在让与担保模式下金融机构并非公司法意义上的“名义股东”。基于此，下面将深入分析在让与担保的模式下，金融机构成为目标公司的名义股东时，是否需要承担股东责任。

【法律分析意见】

一、金融机构为确保债权实现，通过让与担保的方式入股目标公司的，不享有实际股东资格，不承担相应的股东责任

金融机构通过让与担保的方式获得目标公司的股权时，其真实目的在于通过直接支配股权的交换价值，以保证债权到期能够得到实现。此时，金融机构作为让与担保权人，尽管根据商事外观主义原则，在外在形式上为目标公司的股东，但金融机构并不因作为让与担保权人而享有实际股东资格，也无须向目标公司的外部债权人承担股东责任。这一观点目前具有较为充分的法律依据。

根据《民法典担保制度解释》第 69 条的规定，股东以将其股权转移至债权人名下的方式为债务履行提供担保，公司或者公司的债权人以股东未履行或者未全面履行出资义务、抽逃出资等为由，请求作为名义股东的债权人与股东承担连带责任的，人民法院不予支持。

举例说明，根据《民法典担保制度解释》的规定，目标公司股东将股权转移至金融机构提供担保的，在金融机构通过让与担保的方式成为目标公司股东后，不能仅仅根据商事外观主义原则，要求作为名义股东的金融机构按照《公司法司法解释（三）》第 26 条的规定承担作为股东未履行或者未全面履行出资义务的补充赔偿责任。

司法实践中，各地法院均认为金融机构通过股权让与担保方式获得目标公司股权的真实目的并非为取得目标公司股权从而对目标公司进行经营管理，其真实目的往往是为债权进行担保，金融机构并未实际获得目标公司的股东资格。例如，北京市第一中级人民法院(2021)京01民终176号民事判决书中，法院认定："本案中，家全基业基于信托计划获得了中融信托的投资，中融信托受让安华图公司的股权，在约定期间内，中融信托可要求家全基业受让中融信托所持安华图公司的股权。上述权利义务的架构设计，属典型让与担保范畴，其核心点在于，中融信托受让安华图公司股权的目的并非为了参与安华图公司的经营，而是为了担保信托计划的受偿。……基于让与担保的性质，股权的受让属于对债权的担保，而非股权权利义务的完整转移，故中融信托在《合作协议》架构下不享有控股股东的股东会召集权、召开权及多数决表决权。"

又如，北京市第一中级人民法院(2019)京01民终2782号民事判决书中，法院认定：

"在让与担保关系中，通常存在主从两份合同，股权让与担保作为从合同，是为了担保主合同项下的债务而订立的，这也是判断一个协议是股权转让还是股权让与担保的重要标准。……而胡某奇与西藏信托公司之间的股权转让协议即应当属于为了担保上述主合同的履行而签订的从合同。同时，让与担保亦包括便于债权人实现债权的功能，这与西藏信托公司关于涉案协议是为了防范曹岚和博源公司处置八大处不动产，保障西藏信托公司抵押权的实现，方便西藏信托公司处置八大处不动产的主张完全相符。"

贺小荣主编的《最高人民法院民事审判第二庭法官会议纪要——追寻裁判背后的法理》指出："投资人的投资目的仅是取得固定回报，协议中并未详细约定投资人参与公司管理的权利，投资人实际上也未行使股东管理权的，即便登记为股东，也应认定其仅享有债权。值得探讨的是，能否基于商事外观主义或出于保护债权人的利益的需要，将实质上的债权人视为股东？……对此，存在不同认识。我们认为，商事外观主义主要适用于交易情形，公司的债权人并非都是交易债权人；公司与股东是两个独立的主体，债权人即便对公司有所信赖，也不能认为对股东也形成同样的信赖。因此，不宜简单地根据所谓的商事外观主义，让债权人承担股东责任。"

基于《民法典担保制度解释》及司法实践裁判观点，金融机构通过让与担保方式获得目标公司股权的,其真实目的并非取得目标公司的股权,而仅是获取固定收益。同时,在这种情况下,实际股东作为股权让与人并未因以股权担保债权的让与担保行为丧失股东资格和股东权利,金融机构也并不因作为目标公司的名义股东得以行使股东权利。因此,在金融机构通过让与担保方式成为目标公司的股东时,目标公司的债权人也无权要求作为名义股东的金融机构承担股东责任。

二、股权让与担保模式下的金融股东仅为名义股东

通过让与担保获得目标公司股权的金融机构并非公司法意义上的"名义股东",无须对目标公司的债权人承担股东责任,目标公司的债权人可要求股权转让方作为实际股东承担相应的责任。

司法实践中,往往存在目标公司的债权人取得生效判决后,在目标公司无财产可供执行时,依照商事外观主义向法院申请追加目标公司的股东为被执行人的案例,并要求目标公司的股东在未出资本息范围内承担相应的股东责任。

实际上,根据《公司法解释(三)》第 36 条第 1 款规定,公司债权人以登记于公司登记机关的股东未履行出资义务为由,请求其对公司债务不能清偿的部分在未出资本息范围内承担补充赔偿责任,股东以其仅为名义股东而非实际出资人为由进行抗辩的,人民法院不予支持。因此,目标公司的债权人往往依照该条法律规定,认为只要登记于公司登记机关的股东,均应当在未出资本息范围内承担补充赔偿责任。

但是,《公司法解释(三)》前述规则预设时并未考虑股权让与担保情形。在股权让与担保的模式下,债权人受让股权成为名义股东,名义股东的实际地位为债权人,并不负有出资义务,该股权受让人与前述应当承担责任的名义股东之间存在本质区别。[①]

综上所述,在股权让与担保的模式下,金融机构仅为目标公司的名义股东,不享有实际的股东权利,也无须承担股东责任。目标公司的债权人虽然无法成功向作为让与担保权人的金融机构主张其作为名义股东未履行或者未全面履行的出资义务,但可根据《公司法》相关规定,要求股权转让方即目标公司实际股东承担相应股东责任。

---

① 参见《名义股东在公司债务不能清偿时承担补充赔偿责任中的"名义股东"如何理解?》,载搜狐网 2022 年 3 月 27 日,https://www.sohu.com/a/533159833_121190055。

21

如何避免“名股实债”被认定为真实股权投资?

【简答】

1. 避免在投资协议中约定及在项目实际履行中参与公司经营管理。

2. 在投资协议中明确约定固定收益,并在实际履行中按约实际收取收益。

3. 在交易中设置多种担保措施作为增信措施。在采取股权让与担保方式作为增信措施的情况下,投资人应结合股权价值、债务人债权债务情况等综合考虑是否办理股权变更登记。

4. 股权让与担保虽已由司法确认其债权增信效力,但仍具有被认定为股权投资而无法以债权人身份获得清偿的风险。

【问题的提出】

“名股实债”作为一种新型债权融资工具,因可以扩大企业融资渠道、降低企业资产负债比、在较低风险下获得较高收益,在实践中运用日益广泛。

中国证券投资基金业协会在《证券期货经营机构私募资产管理计划备案管理规范第4号——私募资产管理计划投资房地产开发企业、项目》对“名股实债”提出定义:“本规范所称名股实债,是指投资回报不与被投资企业的经营业绩挂钩,不是根据企业的投资收益或亏损进行分配,而是向投资者提供保本保收益承诺,根据约定定期向投资者支付固定收益,并在满足特定条件后由被投资企业赎回股权或者偿还本息的投资方式，常见形式包括回购、第三方收购、对赌、定期分红等。”

根据上述定义，“名股实债”具有多种表现形式，但其核心在于投资回报与投资标的实际经营收益等脱离，按照既定的收益率进行支付，具有保本保收益的特征。因“名股实债”投资交易不符合股权投资共担风险、共享收益的基本特征，在争议发生后，“名股实债”应被认定为股权投资还是债权投资成为司法实践中较为常见的争议问题。

特别是在目标公司进入破产清算程序后，如果“名股实债”被认定为股权投资，则投资人需要排在债权人之后进行受偿，对投资人而言，无疑产生了巨大的投资风险。债务人破产时，法院可能会以“名股实债”涉及其他债权人利益为由，将“名股实债”的交易模式认定为股权投资而非债权投资关系，进而不予认可“名义股东”对债务人享有破产债权。对此，作为投资人的金融机构应如何进行防范和应对？

【法律分析意见】

为避免“名股实债”被认定为股权投资而非债权投资，作为投资人的金融机构可从以下方面进行防范和应对。

一、避免在投资协议中约定及在项目实际履行中参与公司经营管理

《最高院民二庭第五次法官会议纪要》有关“名股实债”的认定意见指出：名股实债并无统一的交易模式，实践中，应根据当事人的投资目的、实际权利义务等因素综合认定其性质。投资人目的在于取得目标公司股权，且享有参与公司的经营管理权利的，应认定为股权投资，投资人是目标公司的股东，在一定条件下可能构成抽逃出资。反之，投资人并非为取得目标公司股权，而仅是为了获取固定收益，且不享有参与公司经营管理权利的，应认定为债权投资，投资人是目标公司或有回购义务的股权的债权人。①

参照上述规定，为避免“名股”被认定为“真股”，金融机构在项目前期的交易结构设计中，应尽可能避免在投资协议中约定投资人参与公司经营管理的内

① 参见《如何认定名股实债是“股”还是“债”？最高院民二庭第5次法官会议说清楚了》，载个人图书馆2019年10月6日，http://www.360doc.com/content/19/1006/21/64064465_865205300.shtml。

容,项目履行中投资人也尽可能避免直接参与公司的经营管理、行使股东权利等,以尽可能使交易模式更符合债权投资的特点。

二、在投资协议中明确约定固定收益,并在实际履行中按约实际收取收益

固定收益是债权性投资的一项重要特点,若投资协议中明确约定股权受让方从公司或股东处获取固定收益,该收益不与被投资企业的经营业绩挂钩,且该等收益的支付也已经实际履行,往往是认定案涉法律关系为债权债务关系的要点。因此,金融机构在参与"名股实债"交易模式时,应注意在投资协议中明确约定股权受让方收取固定收益,并在实际履行中按照约定实际收取收益。

例如,最高人民法院(2019)最高法民终1532号民事判决书中认为:"根据《增资协议》第7.1条、第7.2条、第7.3条等条款的约定,本案中,国通公司签订上述协议的目的是通过向缤购城公司融通资金而收取相对固定的资金收益,这与一般意义上为获取具有或然性的长期股权收益而实施的增资入股行为并不相同。"进而将案涉款项认定为借款而非增资款。

三、在交易中设置多种担保措施作为增信措施

因担保必须依赖于主债权债务而存在,若不存在主债权债务,设立不动产抵押权等担保物权没有意义。因此,如果在"股权转让"交易中,投资人要求融资方提供股权质押、土地使用权抵押、股东保证担保等一定的担保作为增信措施,有利于法院推定融资方的真实目的是借款而非股权投资。

例如,重庆市高级人民法院(2014)渝高法民初字第00010号案件中,抵押权的设置也作为法院认定案涉法律关系为债权债务关系的因素之一:"关于新华信托公司与江峰房地产公司之间法律关系的性质问题。新华信托公司与江峰房地产公司签订的《合作协议》和《收益权转让合同》的实质均为借款合同……因《合作协议》中江峰房地产公司对新华信托公司不负有支付义务,该合同项下办理的在建商铺抵押和股权质押没有设定担保的主债权存在。江峰房地产公司庭审中主张《合作协议》的性质应为股权转让合同,这与当事人签订《合作协议》并办理相关担保财产的抵押、质押手续的意思表示不符。"

四、股权让与担保虽已由司法确认其债权增信效力,但仍具有被认定为股权投资而无法以债权人身份获得清偿的风险

《九民会议纪要》第71条"让与担保"规定,"债务人或者第三人与债权人订立合同,约定将财产形式上转让至债权人名下,债务人到期清偿债务,债权人将该财产返还给债务人或第三人，债务人到期没有清偿债务，债权人可以对财产拍卖、变卖、折价偿还债权的，人民法院应当认定合同有效。合同如果约定债务人到期没有清偿债务，财产归债权人所有的，人民法院应当认定该部分约定无效，但不影响合同其他部分的效力。

当事人根据上述合同约定，已经完成财产权利变动的公示方式转让至债权人名下，债务人到期没有清偿债务，债权人请求确认财产归其所有的，人民法院不予支持，但债权人请求参照法律关于担保物权的规定对财产拍卖、变卖、折价优先偿还其债权的，人民法院依法予以支持。债务人因到期没有清偿债务，请求对该财产拍卖、变卖、折价偿还所欠债权人合同项下债务的，人民法院亦应依法予以支持”。

当事人以股权让与担保形式提供担保的，在债务人到期没有清偿债务的情况下，可以对股权拍卖、变卖、折价清偿。因此，“名股实债”投资模式中，股权让与担保也是一种常见的有效的增信措施。

但需要注意的是，司法实践中亦有类似案例，在债务人进入破产清算程序后，法院出于“外观信赖利益保护”原则以及保护破产程序中其他债权人的考虑，可能会以当事人办理了股权变更登记为由将“名股实债”认定为股权投资性质，从而使投资人在破产程序中无法以债权人身份获得清偿。因此，在是否办理股权变更登记的情况下，投资人应结合股权价值、债务人债权债务情况综合考虑再行决定。

例如，湖州市吴兴区人民法院（2016）浙 0502 民初 1671 号案件中，法院认为：“首先在名实股东的问题上要区分内部关系和外部关系，对内部关系产生的股权权益争议纠纷，可以当事人之间的约定为依据，或是隐名股东，或是名股实债；而对外部关系上不适用内部约定，按照《中华人民共和国公司法》第 32 条第 3 款‘公司应当将股东的姓名或者名称及其出资额向公司登记机关登记，登记事项发生变更的，应当办理变更登记，未经登记或者变更登记的，不得对抗第三人’之规定，第三人不受当事人之间的内部约定约束，而是以当事人之间对外的公示为信赖依据。本案不是一般的借款合同纠纷或股权转让纠纷，而是港城置业破产清算案中衍生的诉讼，本案的处理结果涉及港城置业破产清算案的所有债权人的利益，应适用公司的外观主义原则。即港城置业所有债权人实际（相对于本案双方当事人而言）均系第三人，对港城置业公司的股东名册记载、管理机关登记所公示的内容,即新华信托为持有港城置业80%股份的股东身份,港城置业之外的第三人有合理信赖的理由。而港城置业的股东会决议仅代表港城置业在签订《合作协议》和《股权转让协议》前有向新华信托借款的单方面意向,最终双方未曾达成借款协议,而是新华信托受让了纪某生、丁某德持有的港城置业股权,与纪某生、丁某德之间发生了股权转让的事实。如果新华信托本意是向港城置业出借款项的,但从港城置业股东会决议来看其亦有向新华信托借款意向的,那么双方完全可以达成借款合同,并为确保借款的安全性,新华信托可以要求依法办理股权质押、土地使用权抵押、股东提供担保等法律规定的担保手续……故新华信托提出的‘名股实债’、‘让与担保’等主张,与本案事实并不相符,其要求在破产程序中获得债权人资格并行使相关优先权利并无现行法上的依据,故本院对其主张依法不予采纳。”

22

金融机构以增资方式投资后，是否一并获得了让与担保？

【简答】

1. 为了保障让与担保的设立，金融机构应当明确要求担保人作出提供担保的意思表示，并且在主债务违约前即完成担保财产权利变动的公示。

2. 在以股权为标的的让与担保中，融资方可以向金融机构发行股份的方式为自己的债务提供让与担保。

3. 回购条款的约定与否，不影响融资方已经向金融机构作出的事前归属型的让与担保意思表示，但是金融机构只能对该等股权行使优先受偿权。

【问题的提出】

股权让与担保是一种非典型的担保方式，近年越来越多地出现在金融机构开展资产管理业务的增信措施中。

以金融机构对融资方（目标公司）进行债权性质投资为例：为保障债权实现，金融机构要求融资方在提供不动产抵押、应收账款质押、股东（多为实际控制人）连带保证等方式之外，还将该股东所持有的融资方股权一并转让登记给金融机构。另外，金融机构往往认为，当其以增资方式向融资方投入资金后，同时获得了以融资方增资方式设定的让与担保。

在《最高人民法院关于审理民间借贷案件适用法律若干问题的规定》以及《九民会议纪要》出台后，股权让与担保，尤其是股东以其持有的融资方股权采取转让的方式为债权人设立担保，为司法实务所肯定的情况越来越多见。

但是，融资方可否以增资方式设立让与担保，尤其是在金融机构名股实债的交易结构中，若各方并未明确约定担保的合意，则在融资方或其关联方违约时，金融机构可否在要求融资方或其关联方回购新增股权之外，对该等股权行使股权让与担保之权利？这在司法实务中极易产生争议。

第一种观点认为，不同于受让融资方以股权方式设立的让与担保，在向融资方增资的过程中，尽管债务人可以认定为融资方，债权人或担保权利人可以认定为金融机构，但是融资方以及作为实际控制人的股东均并非适格的担保人，并且在回购条款中各方并未约定若债务人不履行债务，债权人有权对担保财产实现优先受偿权利，因此增资方式并不能为作为债权人的金融机构设立股权让与担保。

第二种观点则认为，与受让融资方股权方式设立让与担保相同，金融机构亦可以通过向融资方增资的方式，为自己的债权设立股权让与担保。

笔者支持第二种观点。

【法律分析意见】

一、为了保障让与担保的设立，金融机构应当明确要求担保人作出提供担保的意思表示，并且在主债务违约前即完成担保财产权利变动的公示

目前，在《民法典担保制度解释》出台后，根据主债务违约时间与担保权利人实现权利时间的先后顺序，以及担保权利人实现权利的不同方式，我国现行法律法规将让与担保分为如下几类：

> 一是事前处分清算型：主债务到期前，担保人将担保财产形式上转移到债权人名下；违约后，债权人以折价、拍卖或变卖的方式处分并清算担保财产。
>
> 二是事前归属型：主债务到期前，担保人将所谓担保财产形式上转移到债权人名下；违约后，债权人将不予返还担保财产。
>
> 三是事后归属型：主债务到期前，担保人仅与债权人签订关于所

谓担保财产权利转移的合同;违约后,担保人再将该财产的权利变动至债权人名下。

事前处分清算型让与担保是最为典型的让与担保,由《民法典担保制度解释》第68条第1款、《九民会议纪要》第71条第1款明确规定,只要金融机构按照相应规定与融资方或其关联方签订完毕相应协议并完成担保财产的权利变动公示,此类让与担保的合同行为效力及物权行为效力均不具有任何瑕疵。

事前归属型让与担保与流押、流质类似(其他权利类型可参照适用,下同),与第一类让与担保的区别在于此类让与担保的合同行为效力不存在瑕疵,但是由于违反了《民法典》第401条、第408条关于禁止流押、流质的规定,根据《民法典担保制度解释》第68条第2款的规定,关于所有权变动的物权行为无效。因此,在让与担保合同有效的情况下,即便金融机构不能取得标的财产的所有权,仍然可以按照事前处分清算型让与担保依法就标的财产优先受偿。①

事后归属型让与担保即所谓"后让与担保",②尽管有观点认为"后让与担保"并非严谨的法律概念,③但是在此类让与担保常出现的民间借贷交易中,仍可以参照适用《最高人民法院关于审理民间借贷案件适用法律若干问题的规定》第24条的规定来处理。④

---

① 有观点认为,双方在主债务履行期限届满达成以物抵债协议并完成了相应权利变动公示的,其性质属于设立完成的让与担保。"既然将此时的以物抵债协议认定为是一种担保,则抵债物是否完成相应的公示就至关重要。根据抵债物是否完成公示的不同,可将以物抵债的效力作出如下区分:……第二,已经完成公示,即动产已经交付债权人、不动产已经完成登记的,构成让与担保,应当参照本纪要第71条'让与担保'的相关规定处理,此处不赘。"最高人民法院民事审判第二庭编著:《〈全国法院民商事审判工作会议纪要〉理解与适用》,人民法院出版社2019年版,第45条释义。

② 参见杨立新:《后让与担保:一个正在形成的习惯法担保物权》,载《中国法学》2013年第3期。

③ "我们认为,'后让与担保'并非严谨的法律概念,当事人作出将标的物转移给债权人的约定时,标的物并未以交付或者登记的方式进行公示,不属于本条规定的让与担保。"最高人民法院民事审判第二庭编著:《〈全国法院民商事审判工作会议纪要〉理解与适用》,人民法院出版社2019年版,第71条释义。

④ 期前以物抵债协议在性质和功能上与作为后让与担保债权行为的买卖合同类似,双方签订以物抵债协议,类似于签订买卖合同作为原金钱债务的担保。"一是所谓的买卖合同实质上是借款合同的担保,法院应当按照民间借贷关系来审理,而不应按照所谓买卖合同来审理,从而明确了审理对象;二是买卖合同既然本质上属于担保,则出借人不得请求实际履行买卖合同,只能请求变价,从而较好地平衡了双方的权利义务关系;三是作为担保的买卖合同因未经公示,不具有物权效力,所以债权人不能对价款优先受偿。"最高人民法院民事审判第二庭编著:《〈全国法院民商事审判工作会议纪要〉理解与适用》,人民法院出版社2019年版,第45条释义。

因此,无论金融机构接受哪种类型的让与担保作为资产管理业务的增信措施,在交易结构的设计与实施中,最为重要的是,明确要求交易对手作出提供担保的意思表示,并且在主债务违约前即完成担保财产权利变动的公示。

二、在以股权为标的的让与担保中,融资方可以通过向金融机构发行股份的方式为自己的债务提供让与担保

毋庸置疑,股东在完成出资并记载于股东名册后便取得相应股权,该股东可以通过股权转让的方式将所持有的股权作为担保财产,为作为债权人的股权受让人设立让与担保。为了保障金融机构债权,具有实际控制人地位的股东往往以其所持有的融资方股权为金融机构设立让与担保,同时与金融机构就该等股权签订回购协议或条款。

有观点认为,不同于以受让股权方式设立的让与担保,在向融资方增资的过程中,融资方以及作为实际控制人的股东均并非适格的担保人。在此交易结构中,金融机构对融资方或股东享有债权,如果认定增资方式可以为金融机构设定让与担保,那么将无法解释何方作为担保人以新增股权为金融机构设立了担保财产。①

笔者认为,增资方式可以设立股权让与担保。

首先,《九民会议纪要》第 89 条第 2 款对于增资方式设立让与担保予以明确规定:"当事人在相关合同中同时约定采用信托公司受让目标公司股权、向目标公司增资方式并以相应股权担保债权实现的,应当认定在当事人之间成立让与担保法律关系。当事人之间的具体权利义务,根据本纪要第 71 条的规定加以确定。"

其次,发行股份与股权转让相同,均属于可以设立让与担保的有效合同行为。两者的不同之处是,在股权转让方式中,担保人为标的股权出让方;在发行股份中,担保人及担保财产的归属略微复杂,可以采取以下两种方式对增资协议进行合同解释:

---

① 尽管案涉交易并不涉及增资,但是对于担保人适格以及担保财产归属的认定,可以参见最高人民法院(2019)最高法民终 688 号民事判决书。法院认为:"……本案当事人签订《股权收购及转让协议》的目的并不在于担保债权。因为潘某义在协议签订时并不是东方蓝郡公司股权持有人,其不具备以该股权提供让与担保的条件和可能;而新伊公司作为东方蓝郡公司股权持有人和出让人,无论其真实的交易对象是四川信托还是潘某义,新伊公司的真实意思都是出让所持股权,而不是以股权转让担保债权。"

- 融资方以自己发行的新增股权为金融机构担保；
- 融资方股东以其所有、金融机构代持的新增股权为金融机构担保。

第一种解释采取与“目标公司回购自己股权”相同的解释进路，根据《公司法》第89条、第162条以及《九民会议纪要》第5条的规定，法律法规并未禁止公司在一定阶段持有本公司股权或股份。

在引入实际出资人与名义股东之后，第二种解释则将原“融资方向金融机构发行股份”的交易结构，解释为“融资方向原股东发行股份并由金融机构代持、代缴”的结构。

最后，在司法实务中，债权人或其关联方以增资方式向目标公司出借款项，并以此为该笔借款设立股权让与担保的交易结构得到了人民法院的认可。例如，最高人民法院(2018)最高法民终856号裁判文书中认定：

“台豫投资中心和大京江建设公司签订《增资扩股协议》的真实目的是保证陈某铭出借案涉款项资金安全，而非台豫投资中心投入资金取得大京江建设公司49.5%的股权。故虽然《增资扩股协议》具有增资扩股的外观，大京江建设公司49.5%的股权也已变更登记至台豫投资中心名下，但该增资扩股及股权变更系以担保债权实现为目的，相关权利义务内容及实际履行情况更符合让与担保的基本架构，其性质应认定为股权让与担保。豫森地产公司此项上诉理由缺乏事实及法律依据，一审法院对此认定正确，本院予以维持。”

三、回购条款的约定与否，不影响融资方已经向金融机构作出了事前归属型的让与担保意思表示，但是金融机构只能对该等股权行使优先受偿权

既然金融机构可以增资方式获得让与担保，那么，让与担保的有效设立与否，应当着重考察交易对手是否明确作出了处分清算型或归属型担保的意思表示，并且在主债务违约前是否完成了股权变动的公示方式。

对于增资方式设立的让与担保，主流观点认为增资完成后的工商变更登记可以认定为《民法典担保制度解释》第68条第1款、《九民会议纪要》第71条第

1 款规定的股权变动的公示要件，[①]但是交易各方并不一定会在增资协议或相关合作协议中明确约定，金融机构在融资方或其关联方违约时有权就登记在其名下的新增股权进行折价、拍卖或变卖。在此情况下，可否将具有“获取股权”意思表示的增资协议解释为至少以默示方式表达了事前归属型的让与担保意思表示？

笔者认为，该增资协议可以认定为包含了事前归属型的让与担保的意思表示。

结合金融机构的出借款项获取固定收益目的，增资方式的让与担保是为了保障其债权的优先受偿，所以即便各方并未在增资协议中明示，融资方向金融机构发行股份的行为本身也包含了担保而非风险投资的意思。根据“举重以明轻”的解释规则，至少可以认为各方通过默示方式在增资协议或相关合作协议中达成了事前归属型让与担保的合意。

如果金融机构未与融资方或其关联方达成关于新增股权回购的合意，那么可以认定增资协议即包含了事前归属型让与担保的意思表示；如果各方在签订增资协议的同时也达成了回购协议或回购条款，那么在新增股权并未被回购前，金融机构对于新增股权事实上的管领，仍可以推定为是金融机构依据增资协议对新增股权行使事前归属型让与担保的行为。

需要注意的是，此种类型的让与担保并不当然地发生金融机构成为融资方股东的股权变动效果，在债务人违约后，金融机构仍需要对其所持有的融资方新增股权，通过折价、拍卖或变卖的方式行使优先受偿权。[②]

---

① “让与担保合同是双方的真实意思表示，不违反法律、行政法规的强制性规定，依法应当认定合同有效。在已经完成股权变更登记的情况下，可以参照最相近的担保物权的规定，认定其具有物权效力。”贺小荣主编：《最高人民法院民事审判第二庭法官会议纪要——追寻裁判背后的法理》，人民法院出版社 2018 年版。

“让与担保参照适用最相类似的担保物权，面临的主要问题是，公示的是所有权或者股权变动，而实际上享有的却是担保物权，二者存在不一致的情形，而这恰是非典型担保和典型担保的区别之处。根据‘举重以明轻’的解释规则，将登记的所有权或者股权解释为担保物权，并不损害相对人的利益，因此参照适用在价值上是妥当的。”最高人民法院民事审判第二庭编著：《〈全国法院民商事审判工作会议纪要〉理解与适用》，人民法院出版社 2019 年版，第 71 条释义。

② 例如，最高人民法院（2019）最高法民终 133 号裁判摘要中认为，“签订股权让与担保协议并依约完成股权登记变更后，因借款人未能按期还款，当事人又约定对目标公司的股权及资产进行评估、抵销相应数额债权、确认此前的股权变更有效，并实际转移目标公司控制权的，应认定此时当事人就真实转让股权达成合意并已实际履行”。《最高人民法院公报》2020 年第 1 期（总第 279 期）。

23

债务人所持股权已为他人设定让与担保，债权人可否通过股东资格确认之诉确认股权由债务人持有，进而扩大责任财产范围？

【简答】

1. 债权人以自身名义作为原告提起股东资格确认之诉，请求人民法院依法确认债务人系目标公司股东，符合我国《民事诉讼法》第 122 条规定的起诉条件，人民法院依法应予受理。

2. 在债务人系股权让与担保法律关系实际股东的情况下，债权人取得确认债务人股东资格的生效判决后，可以申请拍卖变卖变价或者申请以物抵债；但是，仍需保障让与担保权利人的优先债权。

【问题的提出】

金融债权执行中，债务人责任财产的多寡与债权执行结果直接相关，因此，最大限度挖掘债务人责任财产是不良资产处置业务的重要工作之一。实践中，债务人转移、隐匿财产的情况十分多见，代理律师可通过向人民法院申请调查令的方式，收集债务人转移财产的证据，进而提起债权人撤销之诉追回债务人责任财产，因此，债权人撤销之诉也是金融债权执行中常见的衍生诉讼。

但是，如果债务人不是通过无偿转让财产方式逃避执行，而是在强制执行前将其实际持有股权通过股权代持或让与担保方式登记到他人名下，那么，人民法院将较难在执行程序中直接处置该财产。因此,债权人有必要另行提起股东资格确认之诉,通过诉讼方式确认债务人为目标公司实际股东,以生效判决圈定其责任财产后再行通过强制执行程序处置。但这一诉讼与我国法律规定的典型股东资格确认之诉存在较大差异,人民法院应否受理此种类型的股东资格确认之诉,如人民法院受理后作出确权判决,债权人在执行让与担保类股权时是否存在相关障碍,下面笔者试结合案例作出分析。

甲公司系乙公司债权人,乙公司以其持有的丙公司40%股权提供质押担保。借款到期后,乙公司无力偿还债务,甲公司依法向人民法院提起诉讼取得生效判决并随后向人民法院申请强制执行。经人民法院司法拍卖,甲公司通过以物抵债方式取得丙公司40%股权。后甲公司得知丁公司持有的丙公司60%股权实际为乙公司向丁公司提供的让与担保股权,乙公司才是丙公司60%股权的实际权利人。为此,甲公司拟提起股东资格确认之诉,请求人民法院确认乙公司实际为丙公司60%股权的权利人,进而通过强制执行以物抵债程序取得该60%股权,最终成为丙公司100%持股股东。

【法律分析意见】

一、债权人可以成为股东资格确认纠纷之诉的适格原告

《公司法解释(三)》第21条规定:“当事人向人民法院起诉请求确认其股东资格的,应当以公司为被告,与案件争议股权有利害关系的人作为第三人参加诉讼。”

《最高人民法院关于公司法解释(三)、清算纪要理解与适用》关于上述条文的理解是:股东资格确认之诉,是指股东与股东之间或者股东与公司之间就股权是否存在而引起的纠纷。当事人因是否具有股东资格发生争议,请求法院确认其股东资格的诉讼应为确认之诉。股东资格确认纠纷主要包括以下类型:1.瑕疵出资股东的股东资格确认纠纷;2.名义出资人与实际出资人的股东资格确认纠纷;3.共有股权股东资格确认之诉;4.因股权转让而产生的股东资格确认之诉。

从上述规定可知,我国公司法所规定的股东资格确认之诉以当事人主动发起积极的确认之诉为主要特征。实践中,以瑕疵出资股东、实际出资股东、股权继受股东主动发起诉讼,请求人民法院确认其股东资格为常见类型。本书所探

讨的债权人请求人民法院确认其债务人的股东资格显然与我国公司法所规定的股东资格确认之诉并不完全吻合，判断债权人能否成为股东资格确认之诉的适格原告需要从我国《民事诉讼法》第122条规定的起诉要件进行全面分析。

我国《民事诉讼法》第122条规定："起诉必须符合下列条件：（一）原告是与本案有直接利害关系的公民、法人和其他组织……"

所谓原告与本案有直接利害关系即原告提起民事诉讼应当具有诉的利益，也就是司法救济的必要性，否则不具备合法的起诉条件。在债务人将其名下股权为第三人提供让与担保且债务人为另案被执行人的情况下，债务人没有动力主动显名，如不赋予债权人通过主动提起股东资格确认之诉的方式确认债务人的股东资格，则意味着债权人的合法债权面临无法受偿的风险。从债权人自身利益保障角度，债务人股东资格的确定与否直接关系债权人合法债权的实现，显然债权人与债务人股东资格确认之诉存在直接的利害关系，有权提起此类诉讼。

上海市第二中级人民法院在《2016—2020年股东资格确认类案件审判白皮书》中亦指出："实际股东的债权人可以成为提起确认之诉的适格主体，确认实际股东享有股东资格，并且存在胜诉的可能。原因在于：第一，债权人撤销权之诉不足以充分保障实际股东债权人的利益。如果股权代持发生在债权之后，债务人通过代持的手段，无偿或者低价转移财产给名义股东，可以通过债权人撤销权之诉，实现权利救济。然而，如果股权代持关系发生在债权之前，那么债权人撤销权之诉将不再适用，实际股东的债权人可提起确认股东资格之诉。第二，股东资格客观上的状态。不论实际股东是否提起诉讼，实际股东是否享有股东资格的客观状态是确定的。如果股东资格客观上归属于实际股东，那么该股权理应成为清偿债权的责任财产，实际股东的债权人作为股东资格确认之诉的原告，存在直接利害关系。第三，实际股东缺乏确认股东资格的意愿。实际股东未清偿到期债权，无其他财产的，可以预见确认股东资格后，股权将被冻结、清偿债权，此时，实际股东缺乏显名的动力，而债权人已无其他救济渠道，因此，应当赋予实际股东的债权人确认实际股东享有股东资格的原告主体地位。"

由此可知，债权人具备提起股东资格确认之诉的适格原告条件。目前，笔者尚未发现债权人请求确认债务人股东资格的公开案例，究其原因在于取证困难。股权代持与让与担保均存在于债务人与第三人之间，具有较大的隐蔽性，债权人取证极为困难。例如，某案件中，债务人曾在全国中小企业股份转让系统发布让与担保交易公告，才使债权人发现相应线索，此经验可作为执行案件中发现债务人财产线索的参考。

同时，不可否认的是，在司法实践中，对于股东资格确认之诉的当事人认定存在不同意见，部分法院机械适用法律，将股东资格确认之诉的适格原告限定在主动请求自身股东资格的积极确认之诉原告范围内，从而导致此类诉讼不被人民法院受理或驳回起诉。

二、优先清偿问题

在债务人与第三人系让与担保法律关系的情况下，债权人确认债务人实际股东资格后，仍需解决优先债权清偿问题，方可通过拍卖变卖变价或以物抵债方式取得目标公司股权。

承前所述，债权人通过股东资格确认之诉仅能实现圈定债务人责任财产的目的，后续仍需通过执行程序实现债务人实际持有股权的司法处置。但由于债务人实际享有股东资格的股权已实际为第三人提供让与担保，在该让与担保真实有效的情况下，债权人通过司法方式处置该让与担保股权时依然面临第三人优先债权保护的问题。

《拍卖变卖规定》第 28 条第 1 款规定：“拍卖财产上原有的担保物权及其他优先受偿权，因拍卖而消灭，拍卖所得价款，应当优先清偿担保物权人及其他优先受偿权人的债权，但当事人另有约定的除外。”

依据上述规定，如债务人责任财产被拍卖或变卖，优先受偿权人应就拍卖、变卖价款优先受偿。同理，在债务人责任财产通过以物抵债方式抵偿给债权人时亦应保护优先受偿权人的利益。

24

债务人提供股权让与担保，债务人可否请求执行让与担保股权以清偿债务？

【简答】

1.《民法典担保制度解释》第 68 条沿袭了《九民会议纪要》第 71 条对“让与担保”的规定,债权人及债务人均有权依法请求人民法院就担保财产拍卖、变卖、折价偿还债务。

2. 金融债权执行程序中,如申请执行人与被执行人就相关股权的让与担保性质并无争议,双方均可请求执行法院就股权予以司法拍卖。

3. 如金融机构申请执行人提出名下股权构成股权信托、源自公司收购等实质性抗辩,不认可系债务人财产的。债务人仍需通过诉讼、仲裁程序确认相关股权的让与担保性质。债务人可同时积极主张超标的查封等执行异议,维护自身权利。

【问题的提出】

信托公司等金融机构向债务人提供融资的同时,往往会要求债务人将持有较多实体资产的项目公司的全部或绝大多数股权登记于其名下,移交项目公司控制权,并约定债务人后期有权溢价回购该部分股权。

上述交易安排即为对项目公司股权设置让与担保,将使金融机构债权实现获得较为充分的资产保障。如债务人到期不能履行债务,金融机构可将项目公司资产变价或直接处分项目公司股权。

《九民会议纪要》施行后,让与担保有了明确的法律适用依据,债权人及债务人均可请求人民法院就担保财产拍卖、变卖,以变价所得清偿债务。《民法典担保制度解释》亦沿袭了《九民会议纪要》有关让与担保的规定。

就债权人而言,行使让与担保权利可参照抵押权提起《民事诉讼法》"实现担保物权"这一特别程序实现,或者通过先提起诉讼,取得对让与担保财产拍卖、变卖之执行依据,再申请执行而实现。

但是,当案涉债权债务已进入执行程序后,债务人是否可径行请求执行法院执行让与担保财产?如无法直接执行,债务人应当如何最大限度维护自身权益?

【法律分析意见】

一、债务人可请求执行法院执行让与担保财产

《民法典担保制度解释》第68条沿袭了《九民会议纪要》第71条对"让与担保"的规定,债权人及债务人均有权依法请求人民法院就担保财产拍卖、变卖、折价偿还债务。《民法典担保制度解释》第68条规定:"债务人或者第三人与债权人约定将财产形式上转移至债权人名下,债务人不履行到期债务,债权人有权对财产折价或者以拍卖、变卖该财产所得价款偿还债务的,人民法院应当认定该约定有效。当事人已经完成财产权利变动的公示,债务人不履行到期债务,债权人请求参照民法典关于担保物权的有关规定就该财产优先受偿的,人民法院应予支持。债务人或者第三人与债权人约定将财产形式上转移至债权人名下,债务人不履行到期债务,财产归债权人所有的,人民法院应当认定该约定无效,但是不影响当事人有关提供担保的意思表示的效力。当事人已经完成财产权利变动的公示,债务人不履行到期债务,债权人请求对该财产享有所有权的,人民法院不予支持;债权人请求参照民法典关于担保物权的规定对财产折价或者以拍卖、变卖该财产所得的价款优先受偿的,人民法院应予支持;债务人履行债务后请求返还财产,或者请求对财产折价或者以拍卖、变卖所得的价款清偿债务的,人民法院应予支持。债务人与债权人约定将财产转移至债权人名下,在一定期间后再由债务人或者其指定的第三人以交易本金加上溢价款回购,债务人到期不履行回购义务,财产归债权人所有的,人民法院应当参照第二款规定处理。回购对象自始不存在的,人民法院应当依照民法典第一百四十六条第二款的规定,按照其实际构成的法律关系处理。”

上述条文沿袭了《九民会议纪要》第 71 条规定,并明确双方在订立流质条款后,其就相应财产提供担保的意思表示依旧有效。

另外,《民法典担保制度解释》进一步明确了实践中较为普遍的“溢价回购”条款应参照让与担保处理。此外,如回购对象自始不存在,则应参照《民法典》“以虚假的意思表示隐藏的民事法律行为的效力,依照有关法律规定处理”之规定,将相应民事法律行为按一般借款合同或其他实际成立的法律行为处理。

金融债权执行程序中,如申请执行人与被执行人就相关股权的让与担保性质并无争议,双方均可请求执行法院就股权予以司法拍卖。

根据《民法典担保制度解释》的规定,让与担保其担保权利的设定以“债务人或者第三人与债权人约定将财产形式上转移至债权人名下”为必要条件。

《最高人民法院关于人民法院强制执行股权若干问题的规定》第 4 条第 1 款规定:“人民法院可以冻结下列资料或者信息之一载明的属于被执行人的股权:(一)股权所在公司的章程、股东名册等资料;(二)公司登记机关的登记、备案信息;(三)国家企业信用信息公示系统的公示信息。”也就是说,人民法院强制执行程序中,对被执行人股权财产认定并查封的审查一般基于公司内部记载、工商部门登记、国家企业信息公示系统记录等三类信息,并不包括申请执行人与被执行人之间体现让与担保法律关系的交易文件。

债务违约情形发生后,申请执行人或被执行人可否请求执行法院根据《民法典担保制度解释》的规定,就让与担保股权直接予以评估拍卖,目前并无直接、明确的司法解释,但在债权债务双方就让与股权的担保性质并无争议的情况下,应可基于以下理由申请执行法院启动拍卖:

其一,《民法典》第 410 条规定,“抵押权人可以与抵押人协议以抵押财产折价或者以拍卖、变卖该抵押财产所得的价款优先受偿”,“抵押权人与抵押人未就抵押权实现方式达成协议的,抵押权人可以请求人民法院拍卖、变卖抵押财产”,即担保物权的实现方式可由当事人自由约定。案涉争议已进入执行程序后,法院就双方均无争议的担保财产,应当予以执行。

其二,案涉担保股权作为被执行人财产,对该财产的处置变现,应当纳入已有的执行程序予以处置,而非基于同一法律事实另行提起实现担保物权程序。

其三,《查封规定》第2条第3款规定:"对于第三人占有的动产或者登记在第三人名下的不动产、特定动产及其他财产权,第三人书面确认该财产属于被执行人的,人民法院可以查封、扣押、冻结。"也就是说,针对由第三人占有被执行人财产,第三人书面明确财产权属属于被执行人,人民法院可以将该财产作为被执行人的责任财产予以执行。而在申请执行人书面认可其名下所登记股权属于被执行人责任财产的情况下,人民法院亦应将该财产作为被执行人的责任财产予以执行。

二、债务人其他维权途径

如金融机构申请执行人提出名下股权构成股权信托、源自公司收购等实质性抗辩,不认可系债务人财产的,债务人仍需通过诉讼、仲裁程序确认相关股权的让与担保性质。债务人可同时积极主张超标的查封等执行异议,维护自身权利。

实践中,金融机构在取得债务人股权让与担保后,由于担保股权或标的公司资产的变现速度、变现价值与预期不符,基于快速、最大化实现债权的目的,金融机构往往希望法院查封、执行债务人其他可快速变现的资产。

故针对债务人主张执行让与担保股权的请求,金融机构申请执行人或将提出相关股权属于股权信托,或基于真实公司收购等实体抗辩理由,否定其让与担保性质。

《九民会议纪要》第89条第2款规定:"当事人在相关合同中同时约定采用信托公司受让目标公司股权、向目标公司增资方式并以相应股权担保债权实现的,应当认定在当事人之间成立让与担保法律关系。当事人之间的具体权利义务,根据本纪要第71条的规定加以确定。"根据上述规定,信托公司等金融机构所提出股权信托、公司并购等理由,审查后可能仍将被认定为让与担保,那么债务人应另行提起诉讼、仲裁程序确认,无法于现有执行程序中以异议程序解决。在此情况下,债务人于提起确认让与担保效力的诉讼、仲裁的同时,还应通过申请暂缓执行、提出超标的查封等执行异议维护自身权利。

随着2019年《善意文明执行意见》公布,执行程序中对执行效率与被执行人权益保障之间应当予以衡平。根据该意见第3条"被执行人有多项财产可供执行的,人民法院应选择对被执行人生产生活影响较小且方便执行的财产执行。在不影响执行效率和效果的前提下,被执行人请求人民法院先执行某项财产的,应当准许"之规定,被执行人在申请执行人不同意执行让与担保股权等财产时,应于提起诉讼、仲裁的同时,请求执行法院暂缓执行其他财产。

在让与担保财产取得执行依据后,由于股权仍登记于申请执行人名下且其有权优先受偿,债务人应当请求法院优先查封、执行相应股权,并解除明显超出执行标的的财产查封。

金融资管专题

25

金融资管平台按照“对赌协议”约定，诉请目标公司回购股权，能否获得司法支持？

【简答】

1. 在不存在法定无效事由的前提下，当“对赌协议”约定的回购条件成立时，金融资管平台有权要求目标公司按照事先约定的方式对其股权进行回购。

2. 在“对赌协议”有效的前提下，投资方要求目标公司实际履行回购股权义务的，人民法院须审查该约定能否实际履行，目标公司回购该股权是否符合《公司法》的有关规定，包括是否违反“股东不得抽逃出资”的规定，以及是否违反股权回购的程序性规定。

3. 目标公司已完成减资程序的，投资方可以要求目标公司回购其股权。目标公司尚未完成相应的减资程序，投资方即要求目标公司回购其股权的，人民法院不予支持。

【问题的提出】

“对赌协议”，又称估值调整协议，是指在投融资过程中，投融资双方基于目标公司发展的不确定性和双方信息的不对称性，通过约定某种交易模式达到对目标公司未来估值进行调整、降低投资方商业风险的目的而签订的协议。通常约定的估值调整模式有“股权回购”和“金钱补偿”两种，协议主体可能涉及投资方、股东及目标公司。就“股权回购”模式而言，通常会约定在满足一定条件时，由目标公司或者其股东对投资方持有的目标公司股权进行“回购”，即目标公司或股东以协议约定价款购买投资方持有的股权，最终使投资方顺利退出目标公司。

最高人民法院（2012）民提字第11号民事判决，认为“投资者与目标公司本身之间的补偿条款如果使投资者可以取得相对固定的收益，则该收益会脱离目标公司的经营业绩，直接或间接地损害公司利益和公司债权人利益，故应认定无效”。虽该案件本身诉请中并不涉及目标公司回购投资方股权的问题，仅是请求支付补偿款，但该裁判观点直接否定了投资方与目标公司之间“对赌”的效力，也直接确认了“对赌”失败后法院不支持投资方要求目标公司回购其股权的司法立场。此后很长一段时间，投资方与目标公司“对赌”的效力在司法实践中都被否认。

但2019年4月3日江苏省高级人民法院作出的（2019）苏民再62号民事判决（华工扬锻案），突破了最高人民法院通过海富世恒案确认的投资方与目标公司之间“对赌”无效的裁判规则，认为“案涉‘对赌协议’中关于股份回购的条款内容，是当事人特别设立的保护投资人利益的条款，属于缔约过程中当事人对投资合作商业风险的安排，系各方当事人的真实意思表示……华工公司、扬锻集团公司及扬锻集团公司全体股东关于华工公司上述投资收益的约定，不违反国家法律、行政法规的禁止性规定，不存在《中华人民共和国合同法》第五十二条规定的合同无效的情形，亦不属于合同法所规定的格式合同或者格式条款，不存在显失公平的问题……扬锻公司应按照协议约定履行股份回购义务，潘云虎等原扬锻集团公司股东应承担连带责任”。江苏省高级人民法院最终作出了与最高人民法院先前判例完全相反的裁判结论，认定案涉“对赌协议”有效，目标公司应当履行回购义务。引发了新一轮激烈的观点讨论与碰撞。

2019年11月8日施行的《九民会议纪要》正式对“对赌协议”的效力作出了评价，规定“对赌协议”条款具有法律效力，但同时对于“对赌协议”的履行也进行了一定的限制。目标公司回购投资方持有的本公司股权的问题，成为最大的争议焦点之一。

【法律分析意见】

一、投资方要求目标公司回购的约定一般有效

在不存在法定无效事由的前提下,“对赌协议”约定“当回购条件成立时,投资方有权要求目标公司按照事先约定的方式对其股权进行回购”的条款有效。

《九民会议纪要》第 5 条第 1 款规定:“投资方与目标公司订立的‘对赌协议’在不存在法定无效事由的情况下,目标公司仅以存在股权回购或者金钱补偿约定为由,主张‘对赌协议’无效的,人民法院不予支持……”

对该条规定的理解与适用同时指出:“对合同的效力,我们的总体态度是,尽量使合同有效。如果不损害国家利益、集体利益、他人利益,不违反法律、行政法规的效力性强制性规定,就应当认定有效。”①

根据上述规定及其理解与适用,最高人民法院已完全改变了“海富世恒案”的裁判观点,对于投资方与目标公司签订的“对赌协议”,如不存在法定无效事由,应当认定为有效;约定目标公司回购投资方持有的股权的,目标公司不能仅以存在股权回购的约定为由,主张“对赌协议”无效。

因此,只要是基于真实意思表示签订的不损害国家利益、集体利益、他人利益,不违反法律、行政法规的效力性强制性规定的“对赌协议”,均是有效的;协议中约定“当回购条件成立时,投资方有权要求目标公司按照事先约定的方式对其股权进行回购”的,也应当为有效条款。

二、投资方有权要求目标公司回购的条件

在协议有效的前提下,投资方要求目标公司实际履行回购股权义务的,人民法院需审查该约定能否实际履行,目标公司回购该股权是否符合《公司法》的有关规定,包括是否违反“股东不得抽逃出资”的规定,以及是否违反股权回购的程序性规定。

认定协议有效并不意味着协议一定能实际履行,如果实际履行股权回购条款将会造成违反法律规定后果,法院是否还应支持投资方要求目标公司回购其股权的诉讼请求呢?《九民会议纪要》对此作出了否定性规定,并且谨慎地设置

---

① 最高人民法院民事审判第二庭编著:《〈全国法院民商事审判工作会议纪要〉理解与适用》,人民法院出版社 2019 年版,第 115 - 116 页。

了法官裁量条款。

《九民会议纪要》第5条第1款规定:“……投资方主张实际履行的,人民法院应当审查是否符合公司法关于‘股东不得抽逃出资’及股份回购的强制性规定,判决是否支持其诉讼请求。”

1. 根据《公司法》的相关规定,法院在判断是否属于“股东抽逃出资”情形时审查的重点应当在于“是否损害公司权益”以及“是否经过法定程序”。

《公司法》第53条第1款规定:“公司成立后,股东不得抽逃出资。”

《公司法解释(三)》第12条规定:“公司成立后,公司、股东或者公司债权人以相关股东的行为符合下列情形之一且损害公司权益为由,请求认定该股东抽逃出资的,人民法院应予支持:(一)制作虚假财务会计报表虚增利润进行分配;(二)通过虚构债权债务关系将其出资转出;(三)利用关联交易将出资转出;(四)其他未经法定程序将出资抽回的行为。”

该规定的理解与适用同时指出:“根据本条规定,股东或公司实施上述行为时,只有在该行为对公司权益造成损害的情况下,才被认定为抽逃出资,从而追究行为人的责任。因此,损害公司权益是认定抽逃出资行为的必要条件。”①

投资方与目标公司设定的股权回购,如是合法有效的协议,则不大可能涉及虚增利润、虚构债权债务关系以及关联交易,可能违反的典型情形应是上述规定中的“其他未经法定程序将出资抽回的行为”。结合上述规定,法院在判断是否属于“股东抽逃出资”情形时审查的重点应当在于“是否损害公司权益”以及“是否经过法定程序”。

2. 根据《公司法》的相关规定,投资人要求目标公司回购其股份,不必然违反股份回购的强制性规定,但无论是有限责任公司还是股份有限公司,均必须通过履行减资程序依法进行股权回购。

《公司法》对于有限责任公司与股份有限公司关于股份回购的规定有所不同。

对于有限责任公司的股份回购,《公司法》第89条规定:“有下列情形之一的,对股东会该项决议投反对票的股东可以请求公司按照合理的价格收购其股

---

① 最高人民法院民事审判第二庭:《最高人民法院关于公司法解释(三)、清算纪要理解与适用》,人民法院出版社2011年版,第184-185页。

权:(一)公司连续五年不向股东分配利润,而公司该五年连续盈利,并且符合本法规定的分配利润条件;(二)公司合并、分立、转让主要财产的;(三)公司章程规定的营业期限届满或者章程规定的其他解散事由出现,股东会会议通过决议修改章程使公司存续的。自股东会会议决议通过之日起六十日内,股东与公司不能达成股权收购协议的,股东可以自股东会会议决议通过之日起九十日内向人民法院提起诉讼。公司的控股股东滥用股东权利,严重损害公司或者其他股东利益的,其他股东有权请求公司按照合理的价格收购其股权。公司因本条第一款、第三款规定的情形收购的本公司股权,应当在六个月内依法转让或者注销。"该条规定仅是对异议股东行使股权收购请求权的情形作出了规定,但是并未明文禁止股东与公司协商收购股权。

《公司法解释(二)》第 5 条规定:"人民法院审理解散公司诉讼案件,应当注重调解。当事人协商同意由公司或者股东收购股份,或者以减资等方式使公司存续,且不违反法律、行政法规强制性规定的,人民法院应予支持。……"《最高人民法院关于适用〈中华人民共和国公司法〉若干问题的规定(五)》亦明确了在解决有限责任公司股东重大分歧时,当事人可以协商由公司回购部分股东的股份。因此,公司法是允许有限责任公司的股东与公司协商回购其股权的。

但是,结合"股东不得抽逃出资"的原则性规定,为保障公司权益和债权人利益,回购股权应当履行减资程序。《九民会议纪要》第 5 条的理解与适用对此已进行明确,有限责任公司与股东也可以约定公司回购股东的股份,但依据《公司法》第 35 条关于"股东不得抽逃出资"的效力性强制性规定,公司必须先履行减少注册资本的义务,以保护公司债权人的利益。①

对于股份有限公司的股份回购,法律则将其限制在几种情形内。《公司法》第 162 条第 1 款规定:"公司不得收购本公司股份。但是,有下列情形之一的除外:(一)减少公司注册资本;(二)与持有本公司股份的其他公司合并;(三)将股份用于员工持股计划或者股权激励;(四)股东因对股东大会作出的公司合并、分立决议持异议,要求公司收购其股份;(五)将股份用于转换上市公司发行的可转换为股票的公司债券;(六)上市公司为维护公司价值及股东权益所必

① 参见最高人民法院民事审判第二庭:《〈全国法院民商事审判工作会议纪要〉理解与适用》,人民法院出版社 2019 年版,第 116 - 117 页。

需。”根据该条规定，不符合这六种情形的，股份有限公司不得回购其股份。投资人要求目标公司回购其股份，必须根据上述规定进行，其仅可能通过第一种“减少公司注册资本”的方式实际履行，该种履行方式同样需要遵循法定的减资程序。

三、投资方无权要求目标公司回购的条件

目标公司已完成减资程序的，投资方可以要求目标公司回购其股权。目标公司尚未完成相应的减资程序，投资方即要求目标公司回购其股权的，人民法院不予支持。

根据前文所述，“对赌协议”一般具有法律效力，但即使协议约定目标公司应当回购投资人的股权，其实际履行也需依照《公司法》的规定履行相应的减资程序。

《九民会议纪要》对此持十分严格的态度，将履行减资程序作为股权回购的必要前提条件予以明文规定。《九民会议纪要》第 5 条第 2 款规定：“……经审查，目标公司未完成减资程序的，人民法院应当驳回其诉讼请求。”虽然这一规定仍存在理论争议，但在有明文规定的情况下，司法实践中法院应当依法审查减资程序是否完成，未完成减资程序的，应当驳回投资人要求目标公司回购股权的诉请。

例如，2020 年 6 月 29 日，最高人民法院（2020）最高法民申 2957 号民事裁定书认定：“根据《中华人民共和国公司法》第三十五条、第一百四十二条的规定，投资方银海通投资中心与目标公司新疆西龙公司‘对赌’失败，请求新疆西龙公司回购股份，不得违反‘股东抽逃出资’的强制性规定。新疆西龙公司为股份有限公司，其回购股份属减少公司注册资本的情形，须经股东大会决议，并依据《中华人民共和国公司法》第一百七十七条的规定完成减资程序。现新疆西龙公司未完成前述程序，故原判决驳回银海通投资中心的诉讼请求并无不当，银海通投资中心的该再审申请理由不成立，本院不予支持。”直接以目标公司未完成减资程序为由，驳回了投资人要求目标公司回购其股份的诉请。

那么，投资人诉请法院判决目标公司履行减资程序能否得到法院支持呢？答案是否定的。《九民会议纪要》第 5 条规定的理解与适用指出：“一种观点认为，在投资方与目标公司签订‘对赌’协议时，目标公司就同意在对赌失败时，回购投资方的股权。而按照《公司法》第 142 条的规定，目标公司要回购股东的股权，必须履行减资程序。故可以这样解释，即目标公司股东会是同意为履行'对赌'协议而减资的。在此前提下，投资方可以向人民法院起诉请求目标公司履行减资程序。另一种观点则认为，公司减资程序属于公司自治事项，司法不宜介入。即使介入，也不能强制执行，社会效果不好。综合各种因素反复考虑，我们认为，司法不介入为宜。"①

因此，如果目标公司未主动履行减资程序，投资人与目标公司约定的对赌回购条款，实际上是无法履行、不能获得法院支持的。

① 最高人民法院民事审判第二庭编著：《〈全国法院民商事审判工作会议纪要〉理解与适用》，人民法院出版社2019年版，第119－120页。

26

金融资管平台通过司法拍卖程序以物抵债取得土地使用权后，拟改变土地用途，是否必须经过招标拍卖挂牌程序？

【简答】

改变土地用途是否应收回土地并重新进行招标拍卖挂牌（以下简称招拍挂）手续，目前缺乏统一且明确的标准，实践中大多以"一事一议"的方式处理。

【问题的提出】

某金融资管平台受让信托公司前手金融债权后，通过司法拍卖程序以物抵债，取得原由债务人持有的某地块的土地使用权。

该土地使用权原由债务人于1998年以出让方式取得，土地性质为工业用地，剩余使用年限约为16年。

某金融资管平台拟引入战略投资者共同成立项目公司，将该土地使用权作为该项目公司之股东出资，项目公司将该地块用于兴建农业科技孵化器、产业园区。那么，某金融资管平台或者说该项目公司改变土地用途，是否必须将该土地收储并重新通过招拍挂方式出让？如果必须重新招拍挂，那么某金融资管平台或者说该项目公司将面临竞买不确定性风险及重新缴纳土地出让金导致的成本过高问题。

【法律分析意见】

下面将主要分析在法律法规层面，改变土地用途应履行的手续有哪些，在实践层面，相关主管部门多以何种原因要求重新履行招拍挂手续以及未经批准擅自改变土地用途的法律后果是什么。

一、法律法规层面，改变土地用途应履行的手续①

（1）取得市、县人民政府城市规划行政主管部门的同意；

（2）取得原出让方的同意；

（3）报原批准用地的人民政府批准；

（4）签订国有建设用地使用权出让合同变更协议或者重新签订国有建设用地使用权出让合同；

（5）补缴国有建设用地使用权价款。

应当补缴的土地出让金额 = 批准改变时的新土地使用条件下土地使用权

---

① 《产业用地政策实施工作指引》（2019 年版）第 7 条规定：依据《土地管理法》《城市房地产管理法》的规定，建设单位应当按照国有建设用地使用权出让等有偿使用合同的约定或者国有建设用地划拨批准文件的规定使用土地。确需改变土地用途的，经有关人民政府自然资源主管部门同意，报原批准用地的人民政府批准。经批准改变土地用途的，签订国有建设用地使用权出让合同变更协议或者重新签订国有建设用地使用权出让合同，相应补缴国有建设用地使用权价款，按规定办理不动产登记。

《城市房地产管理法》第 18 条规定：土地使用者需要改变土地使用权出让合同约定的土地用途的，必须取得出让方和市、县人民政府城市规划行政主管部门的同意，签订土地使用权出让合同变更协议或者重新签订土地使用权出让合同，相应调整土地使用权出让金。

《土地管理法》第 56 条规定：建设单位使用国有土地的，应当按照土地使用权出让等有偿使用合同的约定或者土地使用权划拨批准文件的规定使用土地；确需改变该幅土地建设用途的，应当经有关人民政府自然资源主管部门同意，报原批准用地的人民政府批准。其中，在城市规划区内改变土地用途的，在报批前，应当先经有关城市规划行政主管部门同意。

《城镇国有土地使用权出让和转让暂行条例》第 18 条规定：土地使用者需要改变土地使用权出让合同规定的土地用途的，应当征得出让方同意并经土地管理部门和城市规划部门批准，依照本章的有关规定重新签订土地使用权出让合同，调整土地使用权出让金，并办理登记。

《协议出让国有土地使用权规范（试行）》第 8 条规定：出让土地改变用途等土地使用条件的处理。出让土地申请改变用途等土地使用条件，经出让方和规划管理部门同意，原土地使用权人可以与市、县国土资源管理部门签订《国有土地使用权出让合同变更协议》或重新签订《国有土地使用权出让合同》，调整国有土地使用权出让金，但《国有土地使用权出让合同》、法律、法规、行政规定等明确应当收回土地使用权重新公告出让的除外。原土地使用权人应当按照国有土地使用权出让合同变更协议或重新签订的国有土地使用权出让合同约定，及时补缴土地使用权出让金额，并按规定办理土地登记。调整国有土地使用权出让金额应当根据批准改变用途等土地使用条件时的土地市场价格水平，按下式确定：应当补缴的土地出让金额 = 批准改变时的新土地使用条件下土地使用权市场价格 - 批准改变时原土地使用条件下剩余年期土地使用权市场价格

市场价格－批准改变时原土地使用条件下剩余年期土地使用权市场价格。

二、实践层面，有关部门要求收回土地并重新履行招拍挂手续的原因

如前文分析，相关法律法规并没有规定申请改变土地用途，均须收回土地重新进行招拍挂的程序。实践中，有关部门之所以提出前述要求的原因如下：

（1）土地出让合同、经济开发区入园协议等相关合同中明确约定，改变土地用途应当解除合同，收回土地并重新出让。

（2）与相关主管部门的总体用地政策、发展战略规划严重不符。例如，部分经济开发区或园区存在优惠用地政策，以相对较低价格提供工业、仓储等产业用地，以降低入园企业项目建设成本，扶持产业发展。如果享受用地政策优惠的企业，尝试通过改变土地用途，将工业用地等拿地价格较低的土地变更为住宅、商业服务等高价值的用途进行开发，将与规划、建设、土地等行政主管部门在制定该区域的用地政策时的目标相矛盾。

三、未经批准，擅自变更土地用途的法律后果

1. 如何理解擅自改变土地用途？

所谓擅自改变土地用途，法律法规中并未明确规定。实践中一般需要根据土地出让合同、土地证等相关手续的具体内容加以判断，主要看土地出让合同、土地证等手续中规定的土地用途是否具体明确。如规定出让的土地地块要建设商品住宅，如果受让方未建设商品住宅，而建设经营性酒店，与相关文件约定不符，即视为擅自改变土地用途；如仅规定土地用途为商业用地，那么无论是建设商场还是建设酒店，抑或建设娱乐城，均不能认定擅自改变土地用途。

总之，是否构成擅自改变土地用途，关键取决于出让合同、土地证等文件中的规定是否具体明确。

2. 从土地出让合同角度看，未经出让方同意擅自变更土地用途的行为，构成严重违约，出让方可调整土地出让金或解除合同，市、县人民政府土地管理部门可根据情节给予警告、罚款直至无偿收回土地使用权。

根据《最高人民法院关于审理涉及国有土地使用权合同纠纷案件适用法律问题的解释》第 5 条、第 6 条的规定，未经出让方同意擅自变更土地用途，出让方请求调整土地出让金，或直接请求解除出让合同的，人民法院应予支持。

根据《城镇国有土地使用权出让和转让暂行条例》第 17 条的规定：“土地使用者应当按照土地使用权出让合同的规定和城市规划的要求，开发、利用、经营土地。未按合同规定的期限和条件开发、利用土地的,市、县人民政府土地管理部门应当予以纠正,并根据情节可以给予警告、罚款直至无偿收回土地使用权的处罚。”

3. 从行政审批角度看,根据《土地管理法》第 81 条的规定,不按照批准的用途使用国有土地的,由县级以上人民政府自然资源主管部门责令交还土地,处以罚款。

司法实践中需要注意的是,行政处罚与出让合同的解除往往是同步的,如果用地人被有关行政主管部门认定为擅自改变土地用途进而责令交还土地,即使未提到出让合同,该处罚也必然会对出让人和受让人之间的权利义务产生影响,使土地出让合同无法继续履行。

27

金融资管平台以股抵债，但股权已出质或冻结，如何完成变更登记？

【简答】

1. 转让方及受让方就目标公司股权的协议生效，目标公司对此知情且其他股东同意转让的，实体权益上，受让方直接取得股东资格。

2. 目标公司股权被原股东出质且尚未注销登记的，新股东可以通过强制执行的方式促使原股东及目标公司履行登记义务，或通过另行诉讼方式注销质押登记。

3. 目标公司股权被原股东债权人司法冻结的，新股东可以提出案外人异议。

4. 若通过上述方式仍无法完成变更登记，可以履行不能为由主张解除原股权转让协议并要求原股东赔偿，最终通过司法拍卖或抵债方式处置目标公司股权。

【问题的提出】

债务人的同一责任财产往往面临多个债权人或其他民事主体主张权利的情况，此时，不同权利将可能依照自身性质处于不同的效力顺位。例如，针对债务人名下股权，股权转让协议的受让方可以主张股东资格或变更登记的债权，股权出质合同的质权人可以主张实现股权质权即拍卖变卖受偿，一般债权人可以主张司法冻结进而拍卖变卖或抵债。根据债务人所处不同法律关系细节的不同,相应民事主体所享受权利的性质和效力也有所不同。

例如,b 目标公司股权被出质、冻结,股权转让协议的受让方即新股东应当如何完成变更登记?

2017 年 1 月,a 公司(原股东,本案被执行人)将其持有的 b 目标公司(股权所在公司)的 510 万元股权(该公司 51% 股权)出质给另案债权人 c 公司;主债权已通过借新还旧的方式续贷。

2017 年 4 月,d 公司(新股东,本案申请执行人)与 a 公司、b 目标公司签订了《股权转让合同》,约定由 a 公司将其持有的 b 目标公司 51% 的股权转让给 d 公司,以抵偿 a 公司对 d 公司的债务。该合同第 3 条约定,a 公司及其法定代表人在具备股权变更登记条件后积极协助 d 公司完成股权变更登记;第 5 条约定,在具备股权变更登记条件后,a 公司及其法定代表人未履行协助义务的,d 公司有权解除合同;第 6 条约定,相关争议由甲仲裁委员会裁决。

2017 年 5 月,a 公司法定代表人刘某向 d 公司承诺积极配合上述变更登记义务,造成损失的,承担赔偿责任。

2017 年 9 月,另案债权人 c 公司回函 d 公司,表示同意协助 d 公司办理 b 目标公司 51% 股权质押的注销手续,但 a 公司拒绝配合办理该部分股权的质权注销手续及工商变更登记。

2018 年 3 月,经 d 公司申请,甲仲裁委员会裁决 a 公司及 b 目标公司应当配合 d 公司办理股权过户的工商变更登记。

2019 年 5 月,d 公司向乙中级人民法院提出强制执行申请,要求将 a 公司持有的 b 目标公司 51% 的股权变更登记至 d 公司名下,11 月 5 日,乙中级人民法院以该部分股权已办理质押登记,不具备执行条件为由裁定终结执行。

2021 年 4 月,d 公司以 a 公司、刘某为被告,另案债权人 c 公司、b 目标公司为第三人,向乙中级人民法院提起诉讼要求:(1)排除 a 公司对 d 公司持有的 b 目标公司 51% 股权的妨害,注销该部分股权上设立的质押登记;(2)a 公司赔偿 d 公司经济损失 20573556 元;(3)刘某对前两项请求承担连带责任。

2021 年 8 月 2 日,乙中级人民法院以该争议系原股权转让协议产生,甲仲裁委员会已作出有既判力的仲裁裁决为由,裁定驳回起诉;2021 年 12 月 6 日,丁高级人民法院按照乙中级人民法院上述裁定的第 1 项理由,维持了原裁定。

2021 年 12 月 24 日，戊基层人民法院作出裁定，冻结了 a 公司持有的 b 目标公司 209.1 万元的股权数额（a 公司所持有 b 目标公司 20.91% 股权），申请执行人为另案债权人 ×。

【法律分析意见】

目前，d 公司拟完成对 b 目标公司 51% 股权变更登记的主要障碍在于：（1）该部分股权质押登记在另案债权人 c 公司名下；（2）a 公司拒不配合办理股东变更登记，同样拒不配合办理质押注销登记；（3）该部分股权中的一定比例股权已经被另案债权人 × 申请冻结。

一、实体权益分析

1. 工商变更登记并非股权变动的生效要件，受让方 d 公司已经具备 b 目标公司的持股 51% 股东的资格。

我国现行法律并未对有限责任公司股权变动的生效要件进行明确规定。《公司法》第 34 条仅规定：公司登记事项发生变更的，应当依法办理变更登记。公司登记事项未经登记或者未经变更登记，不得对抗善意第三人。根据该款规定，股权变动的变更登记具有一定的登记对抗效力，但是并不具备股权变动的登记生效效力。

公司法学界对有限责任公司股权变动的标准主要有三种学说，即"债权形式主义"、"纯粹意思主义"和"修正的意思主义"。第一种学说认为，股权变动的原因行为（以股权转让合同为主）不足以单独产生股权变动的法律效果，必须经过市场监督管理部门的登记；第二种学说认为，股权变动的原因行为（以股权转让合同为主）可以直接产生股权变动的法律效果，如股权转让合同生效即意味着受让人取得了目标公司股权；第三种学说认为，股权变动的法律效果除了需要原因行为的生效，还需要将这一法律事实对公司进行通知，如股权转让合同生效后受让人将载有其姓名或名称的股东名册在公司进行了置备，即认为在公司知道股东发生变动这一事实时，受让人取得了目标公司股权。

目前，第三种学说具备通说地位，并且已经为《九民会议纪要》所采纳，该纪要第 8 条规定，当事人之间转让有限责任公司股权，受让人以其姓名或者名称已记载于股东名册为由主张其已经取得股权的，人民法院依法予以支持。

目前实践中部分公司管理不规范，存在股东名册形同虚设甚至不设股东名册的情况。针对这一现实情况，考虑到股东名册记载变更的目的归根结底是公司正式认可股权转让的事实，审判实践中可以根据案件实际审理情况，认定股东名册是否变更。在不存在规范股东名册的情况下，有关的公司文件，如公司章程、会议纪要等，只要能够证明公司认可受让人为新股东的，都可以产生相应的效力。

据此，在有证据证明 b 目标公司在知晓受让方 d 公司已经以新股东名义行使权利，并且 b 目标公司的其他股东均已同意本次股权转让事宜的情况下，应当认为 d 公司已经具备了 b 目标公司的持股 51% 股东的资格。

2. 案涉股权虽然质押登记在另案债权人 c 公司名下，但是该质权已经因主债权的消灭而消灭，据此，另案债权人 c 公司有权确认质权消灭并要求 a 公司履行注销登记的质押合同附随义务；原质押人怠于履行注销登记义务的，d 公司有权以 b 目标公司股东身份请求另案债权人 c 公司和 a 公司履行注销登记的排除妨碍义务。

借新还旧是指债权人与债务人在旧的贷款尚未清偿的情况下，再次签订贷款合同，以新贷出的款项清偿部分或者全部旧的贷款。借新还旧实际所起到的作用就是贷款展期，但是与贷款展期所不同的是，借新还旧是通过消灭旧债设立新债的方式实现贷款展期的，性质上属于债务更新。由于旧贷已因借新还旧合同的签订而消灭，其上的担保自然随之消灭。

对此，《九民会议纪要》第 57 条明确规定，贷款到期后，借款人与贷款人订立新的借款合同，将新贷用于归还旧贷，旧贷因清偿而消灭，为旧贷设立的担保物权也随之消灭。贷款人以旧贷上的担保物权尚未进行涂销登记为由，主张对新贷行使担保物权的，人民法院不予支持。

综上所述，工商登记并非我国股权变动的生效要件，因此对于因主债权消灭而质权随之消灭这一工商记载与真实权利状态不符的情况，相关权利人均有权要求市场监督管理部门对原有股权质押登记进行涂销。

根据《股权出质登记办法》第 6 条的规定，申请股权出质设立登记、变更登记和注销登记，应当由出质人和质权人共同提出。在出质人 a 公司不配合的情况下，b 目标公司股权之上的质押登记无法通过工商登记的方式办理注销。

因此，在原质押合同项下，另案债权人 c 公司有权确认质权消灭并要求 a 公司履行注销登记的质押合同附随义务；若原质押人及质权人均怠于履行注销登记义务,则另案债权人 c 公司和 a 公司属于对质权标的新股东所享有股权的消极侵权行为,对此,d 公司有权根据《民法典》第 179 条的规定,请求另案债权人 c 公司和 a 公司履行注销登记的排除妨碍义务。

3. 尽管 b 目标公司仍登记在 a 公司名下,但是案涉股权应系 d 公司的财产,a 公司的债权人 × 对案涉股权强制执行给 d 公司造成损失的,d 公司有权以 b 目标公司股东身份请求 a 公司承担损害赔偿的侵权责任,a 公司法定代表人刘某怠于履行有关工商登记的行政义务的,构成共同侵权。

综上所述,尽管 b 目标公司仍登记在 a 公司名下,但是案涉股权应系 d 公司的财产。对于此种未向公司登记机关办理股权变更登记的情况,《公司法》明确规定不得对抗 b 目标公司的第三人,而《九民会议纪要》将范围限缩到了对此种"名实不符"情况不知情的相对人。

若 a 公司的债务人 × 对尚登记在 a 公司名下的案涉股权通过强制执行的方式获得清偿,则 d 公司对案涉股权的财产权益将会受到损害。

根据《公司登记管理条例》(已失效)的规定,公司申请变更登记,应当向公司登记机关提交公司法定代表人签署的变更登记申请书,公司变更登记事项涉及修改公司章程的,应当提交由公司法定代表人签署的修改后的公司章程或者公司章程修正案。在 b 目标公司及其法定代表人刘某不配合的情况下,案涉股权的变更登记无法通过申请的方式直接办理。

目前,现有证据足以证实 a 公司尚在其实际控制之下的 b 目标公司以及由 a 公司委派的 b 目标公司法定代表人刘某,均以拖延办理相关工商登记为方式人为地为 d 公司取得 b 目标公司的控制权制造障碍,因此该三方对案涉股权可能落入他人之手的损失具有共同故意或共同过失,应当承担相应的赔偿责任。

另外需要注意的是,b 公司法定代表人刘某向 d 公司作出的承诺函既具有一定的债务加入性质,也强化了刘某对其配合办理相关登记的注意义务,因此,刘某拒绝配合的消极侵权行为具有明显的故意。

4. 转让方 a 公司和 b 目标公司应当履行变更登记的合同义务,若变更登记的义务因股权质押、股权冻结等情况确实不能履行并影响原股权转让协议目的实现的,d 公司有权请求解除股权转让协议并要求 a 公司和 b 目标公司承担其他民事责任。

按照案涉股权转让协议,转让方 a 公司和 b 目标公司应当向 d 公司履行变更登记的合同义务,此种合同义务系非金钱债务。

根据《民法典》第 580 条的规定,若 a 公司和 b 目标公司变更登记的义务因股权质押、股权冻结而不能实际履行,则此种情形应当认定为该非金钱债务在法律上或者事实上的履行障碍,由于此种履行不能将直接导致案涉股权转让协议合同目的的落空,所以 d 公司可以要求解除该协议,并要求 a 公司和 b 目标公司承担其他民事责任,此时参照物权行为有因性,案涉股权自动复归于 a 公司名下。

案涉股权转让协议的特殊性在于其实质上属于 d 公司与 a 公司关于原借贷合同的变更,即双方约定 a 公司通过以股抵债方式清偿其对 d 公司的借款本息。如果该股权转让协议(以股抵债协议)解除,那么 d 公司仍对 a 公司享有相应金钱债权,d 公司仍可据此保全并执行 a 公司名下的 b 目标公司股权。

二、处理方案

1. d 公司可以通过获取 a 公司控制权的方式,直接要求 a 公司配合完成案涉股权质押注销登记以及股权变更登记。

在 a 公司的治理结构中,d 公司系 a 公司的控股股东,可以通过召开股东会的方式重新选定 a 公司的执行董事(总经理)及法定代表人,并进行变更登记及印鉴替换,以此取得对 a 公司的实际控制权。

如果 a 公司及其法定代表人不配合进行执行董事(总经理)、法定代表人及相应公司章程的变更登记和备案,并且拒不移交公司公章、证照、印鉴等重要财物,那么仍可寻求变更工商登记纠纷之诉、返还公司章证照之诉等民事或者行政救济途径。

2. d 公司可以通过执行监督或直接向乙中级人民法院申请的方式恢复执行,通过执行程序对 a 公司及其法定代表人采取强制措施的方式,或者由乙中级人民法院向市场监督管理部门明确协执内容的方式完成案涉股权变更登记。

发生法律效力的(2017)成仲案字第 1027 号裁决书已确认:a 公司应履行《股权转让合同》的交付义务,配合 d 公司办理股权过户的工商变更登记;b 目标公司配合 d 公司办理股权过户的工商变更登记。

d 公司据此于 2019 年 5 月 5 日向乙中级人民法院申请强制执行,乙中级人民法院执行过程中以案涉 51% 股权已办理质押登记暂不具备执行条件为由,裁定终结执行。

《民事诉讼法》第 268 条规定:“有下列情形之一的,人民法院裁定终结执行:(一)申请人撤销申请的;(二)据以执行的法律文书被撤销的;(三)作为被执行人的公民死亡,无遗产可供执行,又无义务承担人的;(四)追索赡养费、扶养费、抚养费案件的权利人死亡的;(五)作为被执行人的公民因生活困难无力偿还借款,无收入来源,又丧失劳动能力的;(六)人民法院认为应当终结执行的其他情形。”

案涉仲裁裁决不能执行的主要因素在于 a 公司拒不履行生效法律文书确认的交付股权和配合过户义务,乙中级人民法院以案涉股权办理质押为由裁定终结执行,不符合法律规定。因此,d 公司可以通过与乙中级人民法院加强沟通协调、上级督办、执行监督等多种方式,协调或申请恢复本案执行程序。

本案恢复执行后,可以综合运用执行强制措施,加大执行威慑,强制 a 公司及其法定代表人履行义务,或者协调乙中级人民法院函询仲裁庭释明裁决主文关于 a 公司履行交付股权和配合过户义务的具体内容后,由乙中级人民法院向市场监督管理部门明确协执内容,完成股权变更工商登记。

3. d 公司可以针对丁高级人民法院的民事裁定书向最高人民法院或丁高级人民法院申请再审,或者协调另案债权人 c 公司另行起诉 a 公司,要求 a 公司履行注销登记的质押合同附随义务。

d 公司曾向乙中级人民法院诉请排除 a 公司对 d 公司持有的 b 目标公司 51% 股权的妨害,注销该部分股权上设立的质押登记,但是乙中级人民法院以该争议系原股权转让协议产生,甲仲裁委员会已作出有既判力的仲裁裁决为由,裁定驳回起诉,后丁高级人民法院按照乙中级人民法院上述裁定的第 1 项理由,裁定维持了原裁定。

该案中,d 公司诉讼请求的基础案由系侵权纠纷,与原已经裁决的股权转让案件并非同一法律关系,丁高级人民法院及乙中级人民法院驳回 d 公司起诉的理由属于法律适用错误。据此,d 公司应当通过审判监督程序维护合法权益,或者可以协调另案债权人 c 公司另行起诉 a 公司履行注销登记的质押合同附随义务。

4. d 公司可以针对 a 公司债务人 × 针对案涉股权的冻结提出执行标的异议。异议若被驳回,则可以进一步提起案外人执行异议之诉,除诉请排除执行外，一并诉请确认 d 公司对 b 目标公司的股东资格；另外，d 公司可以通过承继 ×与 a 公司债权债务关系的方式排除影响，同时，向 a 公司主张因此多支付的款项。

参照《最高人民法院关于人民法院强制执行股权若干问题的规定》及其他法律规定，d 公司可以 b 目标公司新股东身份，就 a 公司债务人 × 针对案涉股权的冻结提出执行标的异议；若被驳回，可以进一步提起案外人执行异议之诉，除诉请排除执行外，一并诉请确认 d 公司对 b 目标公司的股东资格；若无法通过异议之诉保障合法权益，d 公司亦可以针对 a 公司及其法定代表人的消极侵权行为诉请承担赔偿责任。

另外，针对 × 及其他潜在 a 公司债权人可能对案涉股权采取的司法拍卖的情形，d 公司可以通过以下方式承继债权人对 a 公司的债权以排除影响：第一，与 × 债务协商由 d 公司代 a 公司偿还相关债务，或者直接受让 × 对 a 公司的债权；第二，参与该部分股权的司法拍卖，通过竞买方式“再次获得”案涉股权，此时，根据《拍卖变卖规定》第 28 条的规定，拍卖财产上原有的担保物权及其他优先受偿权，因拍卖而消灭。

d 公司在承继 a 公司其他债权人的债权之后，可以向 a 公司另行主张因此多付出的款项。

5. d 公司可以通过仲裁方式对 a 公司、b 目标公司申请解除案涉股权转让协议并承担其他民事责任，依据对 a 公司的金钱债权保全 a 公司名下财产，从而通过司法拍卖或抵债方式实现对案涉股权的获取。

鉴于案涉股权转让协议的争议解决方式为在甲仲裁委员会进行仲裁，因此，若通过上述方式仍不能消除变更登记的义务因股权质押、股权冻结等情况造成的履行障碍，则 d 公司只能通过仲裁方式申请解除该合同并申请 a 公司承担其他民事责任，并依据对 a 公司的金钱债权保全案涉股权。

尽管根据《拍卖变卖规定》第 28 条的规定，在司法拍卖或抵债裁定作出时，b 目标公司股权上的质权登记将自动涤除，但是需要注意的是，d 公司针对案涉股权的冻结可能会轮候于 × 等 a 公司其他债权人。为避免该情况的发生，d 公司仍需要通过上述方式承继其他债权人与 a 公司的债权债务关系。

另外，参照《最高人民法院关于适用〈中华人民共和国仲裁法〉若干问题的解释》第 9 条的规定，债权债务全部或者部分转让的，仲裁协议对受让人有效，但当事人另有约定、在受让债权债务时受让人明确反对或者不知有单独仲裁协议的除外。

如果将a公司法定代表人向d公司出具的承诺函认定为刘某对于a公司在案涉股权转让协议项下违约责任的债务加入,那么d公司可以一并对a公司法定代表人申请仲裁;相较而言,d公司向乙中级人民法院起诉a公司承担排除妨害的侵权责任时,一并提起的针对a公司法定代表人的违约责任诉请,不仅不属于必要的共同诉讼,同时在争议解决方式上存在一定瑕疵。

28

基金管理人未勤勉跟进底层资产状况导致损失，金融资管平台有哪些救济途径?

【简答】

1. 在基金管理人怠于履行对底层资产的审慎投资义务导致金融资管平台损失时，金融资管平台仅可针对基金管理人提起违约/侵权损害赔偿诉讼，若想直接对底层资产提起诉讼，存在一定难度。

2. 基金管理人违反审慎投资义务时，金融资管平台可以主张基金管理人承担赔偿责任，但应满足相应要件。

3. 除诉讼途径外，金融资管平台难以直接对底层资产行使权利，但可以通过更换基金管理人、向中国证券投资基金业协会投诉或举报的方式促使基金管理人履行审慎投资义务。

【问题的提出】

《资管新规》第 8 条第 3 款规定："金融机构未按照诚实信用、勤勉尽责原则切实履行受托管理职责，造成投资者损失的，应当依法向投资者承担赔偿责任。"据此，我国法律确立了在私募基金管理人未履行信义义务给投资者造成损失时，投资者可以请求赔偿的一般规则。

在实操中，如因基金管理人未勤勉跟进底层资产状况，导致金融资管平台亏损，金融资管平台能否提起诉讼？能否直接向底层资产提起诉讼？损失应如何认定与计算？是否存在其他解决途径？下面将对前述问题进行分析。

【法律分析意见】

一、金融资管平台的诉讼对象

一般而言，金融资管平台仅可针对基金管理人提起违约/侵权损害赔偿诉讼，若想直接对底层资产提起诉讼，存在一定难度。

根据《资管新规》第 8 条第 2 款第 9 项①的规定，基金管理人应以其名义代表金融资管平台行使诉讼权利。主流观点认为，私募基金系信托法律关系，信托法律关系有别于普通的委托代理关系，因此，金融资管平台无法根据《民法典》第 925 条②的规定直接对底层资产提起诉讼。

例如，北京市第二中级人民法院（2020）京 02 民终 11251 号案例中，就金融资管平台能否直接对底层项目公司起诉，法院认为“基金合同关系实质上属于信托合同关系……信托关系区别于普通的委托关系的本质特征，在于信托财产的独立性和管理人取得名义上的信托财产所有权。信托关系是由《中华人民共和国信托法》这一民事特别法加以调整的特殊的委托关系。根据特别法优于一般法的原则，基金关系应当适用《中华人民共和国信托法》，而不应适用《中华人民共和国合同法》中关于委托或者委托代理的相关规定”。

若金融资管平台意图直接对底层资产提起诉讼，可以尝试以下路径：

1. 在基金产品到期后，基金管理人根据合同约定对底层资产按原状分配。

在基金管理人向金融资管平台出具原状分配通知书并通知相关义务人后，金融资管平台与底层资产之间则产生直接法律关系。在北京市第三中级人民法院（2019）京 03 民初 612 号案例中，法院认为“中航信托公司以原状分配的方式，将其持有的上海能观合伙的有限合伙份额、债权、债务、担保权利及其他相关权益转移至上海并购合伙。因此，上海并购合伙具备原告的诉讼主体资格”。

2. 金融资管平台解除基金合同并取得相应权益后，直接向底层债务人

---

① 《资管新规》第 8 条第 2 款规定：“金融机构应当履行以下管理人职责：……（九）以管理人名义，代表投资者利益行使诉讼权利或者实施其他法律行为……”

② 《民法典》第 925 条规定：“受托人以自己的名义，在委托人的授权范围内与第三人订立的合同，第三人在订立合同时知道受托人与委托人之间的代理关系的，该合同直接约束委托人和第三人；但是，有确切证据证明该合同只约束受托人和第三人的除外。”

追偿。

在上海金融法院(2019)沪74民初2841号案例中,法院判决金融资管平台与基金管理人解除合同,且基金管理人应向金融资管平台返还“投资本金100,000,000元对应的丰圣—融驰稳健11号私募基金第7期的基金份额净值的对应权益”,包括股权收益权、相应回购请求权、相应支付违约金的权利,以及前述权利对应的职权等担保权利。此时,金融资管平台可以作为原告直接就底层债务起诉追偿。

二、基金管理人违反审慎投资义务时,金融资管平台主张基金管理人承担赔偿责任应满足三个要件

基金管理人违反审慎投资义务时,金融资管平台基于违约或侵权主张基金管理人承担赔偿责任,应满足以下三个要件:

第一,基金管理人违反法定审慎投资义务或基金合同约定的审慎投资义务。

首先,审慎投资义务系管理人应履行的法定义务之一。根据《证券投资基金法》第9条第1款[①]的规定,基金管理人对投资者负有两方面的信义义务:一为诚实信用义务,即基金管理人须以基金利益及其金融资管平台利益为最高行为准则,不得利用基金财产为自己或其他人牟取利益,《私募投资基金监督管理暂行办法》第23条[②]主要对基金管理人的诚实信用义务作出了规定;二为谨慎勤勉义务,即基金管理人应当尽到合理注意,充分运用自身的专业能力和经验,勤勉从事管理行为,包括适当性义务、谨慎投资义务、合规经营义务、信息披露义务等。

---

① 《证券投资基金法》第9条第1款规定:“基金管理人、基金托管人管理、运用基金财产,基金服务机构从事基金服务活动,应当恪尽职守,履行诚实信用、谨慎勤勉的义务。”

② 《私募投资基金监督管理暂行办法》第23条规定:“私募基金管理人、私募基金托管人、私募基金销售机构及其他私募服务机构及其从业人员从事私募基金业务,不得有以下行为:(一)将其固有财产或者他人财产混同于基金财产从事投资活动;(二)不公平地对待其管理的不同基金财产;(三)利用基金财产或者职务之便,为本人或者投资者以外的人牟取利益,进行利益输送;(四)侵占、挪用基金财产;(五)泄露因职务便利获取的未公开信息,利用该信息从事或者明示、暗示他人从事相关的交易活动;(六)从事损害基金财产和投资者利益的投资活动;(七)玩忽职守,不按照规定履行职责;(八)从事内幕交易、操纵交易价格及其他不正当交易活动;(九)法律、行政法规和中国证监会规定禁止的其他行为。”

根据《证券投资基金法》第 9 条第 2 款[①]的规定，基金管理人运用基金财产进行投资，应当遵守审慎经营规则。《资管新规》第 8 条第 1 款[②]亦对基金管理人的审慎投资义务进行了强调。

其次，基金合同中往往会对审慎投资义务进行更加明确的约定。例如在南京市中级人民法院（2018）苏 01 民终 5867 号案例中，合伙合同约定"合伙企业财产设置预警线，预警线为 0.8，当合伙企业财产净值触及 0.8 时，执行事务合伙人需通知全体合伙人，召集合伙人大会，决定是否继续操作，如果全体合伙人大会决定终止，则执行事务合伙人需按全体合伙人大会的决议出售全部股票，并办理退伙手续"。在基金合同更加明确、具体约定基金管理人的审慎投资义务的情况下，金融资管平台也可以关注是否存在基金管理人违约的事实。基金管理人的过错越大，金融资管平台获得赔偿的可能性越高。

最后，司法实践中对基金管理人违反审慎投资义务的认定。司法实践中，对于基金管理人是否尽到审慎投资义务主要是过程性评价，如投资决策程序是否合法、基金管理人是否建立风控机制、投资决策前是否采取多种方法收集资料和分析等。而在投资后，基金管理人是否勤勉地跟进标的项目状况也是衡量其是否尽到审慎投资义务的重要标准之一。上海金融法院（2019）沪 74 民初 2842 号案例中，法院认为基金管理人由于"未向基金的底层资产的相对人上科公司以诉讼之形式行使到期股权收益权回购之债权及相应的担保权利，属于怠于履行基金合同的管理人义务……"

第二，金融资管平台须举证证明其遭受的损失。

根据《九民会议纪要》第 75 条[③]的规定，金融资管平台应当对其遭受的损失承担举证责任。

---

① 《证券投资基金法》第 9 条第 2 款规定："基金管理人运用基金财产进行证券投资，应当遵守审慎经营规则，制定科学合理的投资策略和风险管理制度，有效防范和控制风险。"

② 《资管新规》第 8 条第 1 款规定："金融机构运用受托资金进行投资，应当遵守审慎经营规则，制定科学合理的投资策略和风险管理制度，有效防范和控制风险。"

③ 《九民会议纪要》第 75 条规定："【举证责任分配】在案件审理过程中，金融消费者应当对购买产品（或者接受服务）、遭受的损失等事实承担举证责任。卖方机构对其是否履行了适当性义务承担举证责任。卖方机构不能提供其已经建立了金融产品（或者服务）的风险评估及相应管理制度、对金融消费者的风险认知、风险偏好和风险承受能力进行了测试、向金融消费者告知产品（或者服务）的收益和主要风险因素等相关证据的，应当承担举证不能的法律后果。"

首先，金融资管平台应首先确认其是否实际受到损失。金融资管平台应在起诉前首先确认，是否存在损失，如基金管理人已通过和解等其他方式弥补底层资产的损失，或虽然底层资产存在损失，但由于目标基金的增信措施使得金融资管平台并未受到实际损失等。在金融资管平台未确认其实际受到损失前，建议不贸然起诉。

其次，目标基金是否清算，对于金融资管平台损失的认定存在影响。司法实践中存在部分法院认为基金未清算而导致金融资管平台损失无法确定，进而驳回金融资管平台的赔偿请求的情形。例如，上海黄浦区人民法院（2021）沪0101民初4625号案例中，法院认为“涉案基金未完成最终清算，原告损失尚无法确定，故其向被告主张全部本金及利息的诉请，本院不予支持”。

然而，基金清算结果并非认定投资损失的唯一依据。在北京市海淀区人民法院（2021）京0108民初14362号案例中，管理人以案涉基金尚未清算完毕，金融资管平台是否享有收益或损失尚未确定为由进行抗辩，法院并未支持上述抗辩意见。

最后，金融资管平台的损失计算。金融资管平台主要存在以下几种损失：(1)本金损失。在基金管理人违法或违约的前提下，金融资管平台的本金损失原则上均可以主张由基金管理人赔偿。但金融资管平台也应尽到减少损失的义务，在了解相关信息后及时采取赎回等措施避免损失的扩大，否则未及时赎回导致损失扩大的部分难以获得赔偿。(2)预期利益损失难以得到支持。由于《资管新规》第6条第2款[①]明确要求打破“刚性兑付”，若投资者主张基金合同约定的预期收益作为损失的一部分，那么则与禁止保收益承诺的监管要求相背离，因此司法实践中预期利益损失难以得到支持。(3)利息损失。一般而言，在本金损失得到支持时，人民法院亦会支持利息损失，但是利息的标准在司法实践中因各地法院及案情的不同而存在差异。笔者认为，原则上金融资管平台不得将基金合同记载的预期收益率作为计算利息损失的标准，理由同上。但是，《九民会议纪要》第77条规定了一项例外情形，若基金管理人作为卖方机构的行为构成欺诈，可以将基金合同记载的预期收益率作为计算利息损失的标准。

---

① 《资管新规》第6条第2款规定：“金融机构应当加强投资者教育，不断提高投资者的金融知识水平和风险意识，向投资者传递‘卖者尽责、买者自负’的理念，打破刚性兑付。”

(4)其他损失。若金融资管平台存在其他损失也可以一并主张,比如基金的认购费等。

第三,基金管理人违法或违约,与金融资管平台的损失之间存在因果关系。判断是否存在因果关系,即判断基金管理人如果遵守审慎投资义务,金融资管平台能否避免损失。因果关系的证明标准较高,一般要求具备基金管理人过错程度较高、关联性紧密等要素、条件。

三、金融资管平台促使基金管理人履行审慎义务的方式

除诉讼途径外,金融资管平台难以直接对底层资产行使权利,但可以通过更换基金管理人、向中国证券投资基金业协会投诉或举报的方式促使基金管理人履行审慎投资义务。

(一)基金份额持有人可通过基金份额持有人大会决定更换管理人

《中国基金业协会关于发布私募投资基金合同指引的通知》第28条第1款规定:"列明应当召开基金份额持有人大会的情形,并订明其他可能对基金份额持有人权利义务产生重大影响需要召开基金份额持有人大会的情形:……(三)决定更换基金管理人、基金托管人;……"

根据前述规定,基金合同应当对决定更换基金管理人并召开基金份额持有人大会的情形进行约定。实践中,金融资管平台可以根据基金合同的具体约定,查看召开基金份额持有人大会的前置条件、更换管理人决议应达到的份额比例、新管理人的选任条件以及新旧管理人的交接事宜等,并根据合同约定履行相应更换管理人的程序。

(二)向中国证券投资基金业协会投诉或举报

在基金管理人怠于履行对底层资产的审慎投资义务时,往往伴随着未完全履行信息披露义务,如未及时向金融资管平台披露底层资产的诉讼情况等。除主张赔偿外,根据《私募投资基金信息披露管理办法》第25条[①]的规定,金融资管平台可以选择向中国证券投资基金业协会投诉或举报,由其对基金管理人及主要负责人采取谈话提醒、书面警示、要求参加强制培训、行业内谴责、加入黑

① 《私募投资基金信息披露管理办法》第25条规定:"信息披露义务人违反本办法第五条、第九条、第十六条至第十八条的,投资者可以向中国基金业协会投诉或举报,中国基金业协会可以要求其限期改正。逾期未改正的,中国基金业协会可以视情节轻重对信息披露义务人及主要负责人采取谈话提醒、书面警示、要求参加强制培训、行业内谴责、加入黑名单等纪律处分。"

名单等纪律处分。

2022年3月15日,中国证券投资基金业协会作出中基协处分〔2022〕1号《纪律处分决定书》[①],深圳第二基金管理有限公司作为私募基金管理人,因变相向投资者承诺保本保收益、填报的基金募集方式与实际不符、未将涉及基金财产的诉讼、仲裁情况向全体投资者披露等违规事项而受到书面警示、要求限期整改、暂停受理基金产品备案6个月等纪律处分。

① 参见《纪律处分决定书》,载中国证券投资基金业协会网,https://www.amac.org.cn//selfdisciplinemeasures/cyry/hyjg/202203/P020220324652836075369.pdf。

29

金融机构能否因股权转让人遗漏债务，而向转让方主张违约责任？

【简答】

1. 金融机构在股权转让交易后发现目标公司存在转让方未披露的债务，只有当金融机构因为未披露债务遭受了实际的、直接的损失时，金融机构方可依据股权转让交易协议相应约定获得赔偿。

2. 若仅是因为目标公司在未披露债务项下实际履行了金钱或非金钱给付义务，金融机构很难在没有证据证明自身受损的情况下依据该约定获得相应赔偿。

3. 当目标公司在未披露债务项下实际履行了金钱或非金钱给付义务，并且同为交易文件签约主体时，目标公司可以向转让方主张相应赔偿。

【问题的提出】

金融机构在股权转让交易时，会从业务、财务及法务的角度对目标公司进行一定调查，在基本掌握目标公司股权价值信息的基础上，与转让方达成协议并最终完成该次股权转让交易。

不同于在尽职调查阶段对目标公司资产掌握的难度，金融机构在交割前，甚至在交易完成后的相当长的一段时间内，都无法全面了解目标公司的负债情况。为避免或减少上述未披露债务在金融机构完成股权转让交易之后造成的影响,金融机构除了在交易前的尽职调查阶段采取更为专业、审慎的调查方式,还会结合目标公司所处行业特点,在交易文本中提前对未披露债务的风险在交易各方之间进行分配。例如,一种较为常见的交易文本是:

> 股权转让交易完成后,受让方发现目标公司存在转让方在交易完成前未披露的债务,受让方或目标公司可以要求转让方就未披露债务对目标公司造成的全部损失进行赔偿。

当金融机构接手目标公司后发现目标公司的债务规模远超过交易前的预期时,金融机构是否可以依据该条约定顺利地获得相应赔偿呢?

【法律分析意见】

一、金融机构可依据《民法典》第583条关于损害赔偿的规定向转让方主张违约请求权

关于股权转让协议文本中"受让方或目标公司可以要求转让方就未披露债务对目标公司造成的全部损失进行赔偿"约定的法律性质,笔者认为金融机构依据该约定所主张的请求权基础是违约请求权,而转让方承担违约责任的方式为损害赔偿。

根据《民法典》第583条、第584条的规定,在股权转让交易中,转让方不履行如实披露目标公司债务的合同义务或者履行该义务不符合约定,造成金融机构损失的,损失赔偿额应当相当于因该违约行为所造成的损失,包括合同履行后可以获得的利益,即赔偿范围涵盖可得利益损失。

然而,在典型的收购目标公司部分或全部股权的交易中,即便受让方在股权转让交易完成后,发现目标公司存在转让方在交易完成前未披露的债务,目标公司主动履约或被强制执行的情况也很难解释为目标公司甚至受让方的损失,除非该等债务实际由受让方承担。

例如,在最高人民法院(2015)民一终字第82号案例中,中国房地产开发合肥有限公司在转让中国房地产开发合肥置业有限公司(后更名为安徽海亮房地产有限公司)股权的过程中,存在未披露及披露不实行为,导致受让方垫付了合肥"颐和花园"所欠工程款、泾县"阳光水岸"项目土地出让金等款项,因此判决

支持了受让方要求转让方承担相应赔偿责任的诉请。

又如,在最高人民法院(2016)最高法民终516号案例中,武汉市江夏区江南实业有限公司在转让江南春房地产开发有限公司股权的过程中,存在未如实披露目标公司债务2802余万元的问题,同时还存在未能提供可进入建设开发项目成本的票面金额为22137余万元的合法票据的问题(如不能提供,则应赔偿税款损失10,515万余元)。然而,针对该案中未披露债务,受让方并没有就上述争议的目标公司的债务进行实际清偿,其主张的损失并没有实际发生;针对发票成本问题,受让方主张的税款损失数额系单方计算未经税务部门确认,应待税务部门确认应缴应罚数额后另行主张损失。据此,最高人民法院驳回了受让方的上诉请求,维持了一审关于驳回该公司关于损失赔偿的反诉请求。

二、金融机构亦可视情况依据《民法典》第585条第1款关于违约金的规定向转让方主张违约请求权

金融机构亦可以在股权转让协议中与转让方达成以下约定:

> 股权转让交易完成后,受让方发现目标公司存在转让方在交易完成前未披露的债务,对目标公司可能造成重大不利影响,受让方有权要求转让方就有关事项进行补偿,补偿金额应相当于上述未披露债务可能导致目标公司损失的数额。

关于股权转让协议文本中"受让方有权要求转让方就有关事项进行补偿"的法律性质,笔者认为金融机构依据该约定所主张的请求权基础同样是违约请求权,但是转让方承担违约责任的方式为支付违约金。

根据《民法典》第585条的规定,在股权转让交易中,交易各方可以约定转让方未披露债务时应当根据违约情况向受让方支付一定数额的违约金,也可以约定因该违约行为产生的损失赔偿额的计算方法。

例如,天津市高级人民法院(2018)津民终214号案例中,法院即认为:"如标的公司国能新筑公司的资产、债务等存在重大事项未披露或存在遗漏,对标的公司可能造成重大不利影响,或可能影响产权转让价格的,万通公司有权要求中节能公司就有关事项进行补偿,补偿金额应相当于上述未披露或遗漏的资产、债务等事项可能导致的标的公司的损失数额。本案事实为,《资产评估报告》确实存在对国能新筑公司的公建部分资产、逾期交房问题、增项工程款问题存在遗漏、披露不实的情形,故一审认定中节能公司违约并判令其向万通公司承担赔偿(补偿)责任,并无不当……一审法院鉴于国能新筑公司因逾期交房实际支付的违约金10,176,937.86元,判决中节能公司向万通公司按照这一损失数额赔偿万通公司,亦无不妥……”

不过,笔者认为天津市高级人民法院在该案中作出的关于违约金损失赔偿全额支持的判决略有不妥。在类似于该案的违约金纠纷审理中,不能简单地将目标公司的未披露债务等同于受让方的实际损失。虽然该约定具有很强的反向激励作用,可敦促转让方在交易达成前便向受让方据实告知目标公司的全部情况,但是,根据《关于当前形势下审理民商事合同纠纷案件若干问题的指导意见》的精神,以及《民法典》确立的诚实信用原则、公平原则,我国现阶段的违约金性质是以补偿性为主、以惩罚性为辅。

因此,针对该“以惩罚性为主、以补偿性为辅”的交易文本,金融机构据此要求转让方承担违约责任的,不排除转让方根据《民法典》第585条第2款关于调减违约金的规定,请求人民法院或者仲裁机构对目标公司损失数额的违约金额予以适当减少。

三、目标公司可根据约定向转让方主张违约请求权,亦可以视实际情况向转让方主张侵权请求权;若出现请求权竞合,则目标公司应当择一行使

在股权转让交易中,当目标公司同为交易文件的当事方以及签约主体时,也会赋予向转让方主张因未披露债务遭受损失的赔偿权利。

另外,在典型的收购目标公司部分或全部股权的交易中,一些在交易后才浮现的目标公司债务往往与转让方及其关联方有着千丝万缕的联系。例如:在房地产行业的收购或并购中,项目公司在收到作为购房款的商业承兑汇票或银行承兑汇票后,可能径直将汇票背书给转让方而未在财务账簿中作相应记载;项目公司与转让方的关联方签订债务承担协议,约定原来由关联方作为借款人并实际用于项目公司的民间债务直接由项目公司代为偿还;项目公司对外销售房屋的购房款直接由转让方或其关联方收取。

上述情形均属于目标公司与转让方或其关联方之间的关联交易,其中,以各种交易形式后形成的转让方对项目公司的资金占用最为明显。根据《公司法》第22条的规定,目标公司的控股股东、实际控制人、董事、监事、高级管理人员不得利用其关联关系损害公司利益;违反前款规定,给目标公司造成损失的,应当承担赔偿责任。

据此，目标公司有权要求转让方承担资金返还或损害赔偿等的侵权责任；而上述关联交易形成的债务同时也属于目标公司未披露债务的，目标公司遭受的损失同样可以依据前述交易文本向转让方主张违约责任。此时，由于目标公司享有的违约请求权和侵权请求权因同一法律事实发生竞合，因此，目标公司应当择其一作为请求权基础向转让方主张权利。

通道类业务专题

30

信托合同委托人能否直接起诉信托贷款底层融资人？

【简答】

1. 信托合同委托人通过受让信托公司在信托贷款合同项下的全部债权，可以新债权人身份直接起诉融资人。

2. 信托合同委托人向信托公司主张终止信托、原状分配信托财产后，可以就原状分配后的未受偿部分起诉融资人。

3. 信托合同委托人可在信托计划设立时与融资人、信托公司签署三方协议，明确约定委托人在融资人违约时享有直接追索权。

【问题的提出】

贷款融资类信托业务作为信托公司一种重要的业务类型，通常以资金需求方即融资人的融资需求为业务起点，通过信托公司发行集合或单一信托计划，向委托人募集资金，信托公司作为受托人/管理人向融资人发放信托贷款，收取固定的利息作为投资回报。信托公司收取的贷款利息收入与委托人预期收益之间的差额形成信托公司的业务利润。

以单一资金信托为例，该业务模式中通常存在两个合同关系：一是信托计划设立时，委托人和信托公司（受托人）基于信托合同产生的信托合同关系；二是信托公司向融资人发放信托贷款时，二者基于信托贷款合同产生的贷款合同关系。

根据合同相对性原则，在融资人资金状况不佳，难以返还贷款本金和支付贷款利息时，作为受托人/管理人的信托公司可以基于其与融资人之间的信托贷款合同起诉融资人，要求其归还欠款并承担违约责任。但是，因诉讼费用做账困难、内部签报烦琐等，实践中信托公司可能不愿意启动法律追偿程序起诉违约融资人，此种情形下，信托合同的委托人作为信托财产的最终权利人，往往希望以自己的名义直接向融资人追索。由于信托贷款合同系由信托公司与融资人签订，发生纠纷时，信托合同委托人能否突破合同相对性的制约，直接起诉融资人要求偿付欠款本息，存在争议和法律障碍。

针对上述问题，司法实践中已逐渐形成一些可参考的操作模式，下面予以归纳并进行分析。

【法律分析意见】

一、信托合同委托人通过受让信托公司在信托贷款合同项下的全部债权，可以新债权人身份直接起诉融资人

信托合同委托人在与融资人无直接合同关系的情况下，通过受让信托公司的债权成为融资人新的债权人，获得诉权，具有较充分的法律依据。

《民法典》第545条规定："债权人可以将债权的全部或者部分转让给第三人，但是有下列情形之一的除外：（一）根据债权性质不得转让；（二）按照当事人约定不得转让；（三）依照法律规定不得转让。当事人约定非金钱债权不得转让的，不得对抗善意第三人。当事人约定金钱债权不得转让的，不得对抗第三人。"

根据上述债权转让的法律规定，信托合同委托人可以受让信托公司基于信托贷款合同享有的对融资人的债权，以新债权人身份直接起诉融资人。司法实践中，信托合同委托人直接起诉融资人多采用此种方式，如北京市第四中级人民法院审理的（2017）京04民初198号案例、（2018）京04民初47号案例等。

基于债权转让规定及司法实践裁判观点，信托合同委托人拟以此种债权受让方式获得诉权、起诉融资人的，需与信托公司签订债权转让合同，约定信托公司将信托贷款合同项下债权转让给委托人，同时应根据《民法典》第 546 条[①]的规定，将债权转让事宜通知融资人，否则该转让对融资人不发生效力。

二、在信托合同委托人也是受益人的情况下，信托合同委托人可向信托公司主张终止信托、原状分配信托财产，并在财产分配后就未受偿部分起诉融资人

信托财产原状分配，是指在信托法律关系中，受托人在向受益人分配信托利益时，以保持分配当时非现金形式信托财产的原状（如房产、股权、贷款债权）的方式向受益人分配，由受益人取得该原状形式的信托财产。关于原状分配的方式，《信托法》[②]和《信托公司管理办法》[③]原则性地规定由当事人在信托合同或其他书面文件中进行约定。《信托公司集合资金信托计划管理办法》第 32 条第 3 款则规定，采取维持信托终止时财产原状方式分配的，信托公司应于信托期满后的约定时间内，完成与受益人的财产转移手续。

根据《信托法》第 43 条的规定，受益人是在信托中享有信托受益权的人，委托人可以是受益人，也可以是同一信托的唯一受益人。

在信托合同委托人也是受益人的情况下，根据信托财产原状分配的相关规定及信托合同中关于原状分配的具体合同约定，该委托人可以通过信托财产原状分配的方式，在与信托公司终止信托、对信托财产进行清算并按原状获得分配之后，向融资人主张与信托财产有关的权利，如要求融资人偿还贷款本息等。

司法实践中已有相关案例体现了该种操作方式，如河南省高级人民法院（2016）豫民初 29 号案例中，法院认定："根据中原信托公司和北京政泉公司的回购合同，购买方即中原信托公司有权以书面形式通知回购方即北京政泉公司转让债权，但购买方即中原信托公司依据信托的信托合同向信托财产权利归属人即淮阳农信社转移剩余信托财产的行为不是债权转让行为，剩余信托财产转移后，回购方即北京政泉公司应当无条件向信托财产权利归属人即淮阳农信社继续履行义务。2016 年 6 月 16 日，淮阳农信社和中原信托公司签订补充协议，

---

① 《民法典》第 546 条规定："债权人转让债权，未通知债务人的，该转让对债务人不发生效力。债权转让的通知不得撤销，但是经受让人同意的除外。"

② 《信托法》第 9 条第 1 款规定："设立信托，其书面文件应当载明下列事项：……（五）受益人取得信托利益的形式、方法。"

③ 《信托公司管理办法》第 32 条第 1 款规定："以信托合同形式设立信托时，信托合同应当载明以下事项：……（八）信托利益的计算，向受益人交付信托利益的形式、方法……"

确认本案回购合同项下的财产权利及诉权,以维持信托终止时的财产原状的方式转移至淮阳农信社,并通知了北京政泉公司,故淮阳农信社作为信托财产归属人,有权提起本案诉讼。北京政泉公司主张淮阳农信社不具备本案诉讼主体资格的理由不能成立,本院不予支持。”

又如,四川省高级人民法院(2017)川民初66号案例中,法院认定:“基于系列合同的内容,案涉交易的实质为北川农村信用社出资1亿元,通过委托天风证券设立定向资产管理计划,天风证券接受北川农村信用社的指令将委托资产1亿元定向投资于山东信托成立的单一事务管理信托计划,信托资金1亿元定向用于购买可可钴业对科亨集团合法持有的1.8亿元的标的债权,……根据查明的事实,基于《资产管理合同》《单一事务管理信托合同》的安排,北川农村信用社已经通过层层受让财产返还利益,受让了本应由山东信托向可可钴业、科亨集团及担保人、抵押人主张权益的权利。……北川农村信用社有权要求担保人承担担保责任。”

三、信托计划设立时,信托合同委托人可与信托公司、融资人签署三方协议,明确约定融资人违约时,委托人无须经过受托人享有直接对融资人提起诉讼的权利

为保障信托合同委托人自身权利的完整性,信托计划设立时,委托人可通过与融资人、信托公司签署三方协议的方式,明确约定如果融资人违约,委托人有权不经过受托人直接对融资人提起诉讼,向融资人主张信托合同下的权利。在委托人与融资人签订协议的情况下,双方基于该协议建立了直接合同关系,则在融资人违约时,信托合同委托人可以基于该协议约定,以自身名义直接起诉融资人,要求融资人履行清偿义务。

司法实践中亦有相似案例认可上述模式,如四川省高级人民法院(2014)川民初字第119号案件中,涉案资管计划各方与融资人共同签订了协议书,明确约定了资管计划受益人有权直接向融资人提起诉讼。法院认定该约定有效,融资人在诉讼中以资管计划受益人没有诉讼主体资格为由进行抗辩,法院未予支持。①

---

① 参见杨征宇、卜祥瑞等编著:《金融机构资管业务法律纠纷解析》,法律出版社2017年版,第72页。

31

信托公司、证券公司等通道机构债权资产原状返还后，对金融机构的影响有哪些？

【简答】

1. 信托公司、证券公司等将债权资产向金融机构原状返还的，法院一般会认可金融机构的债权人地位和原告身份。

2. 在债权资产原状返还的过程中，应当通知债务人，否则债务人可能会以转让对其不发生效力为由进行抗辩，进而影响金融机构债权的实现。

3. 债权资产原状返还后，担保该债权资产的抵押权、质押权一并转让。抵押人以未进行变更登记为由拒绝承担担保责任的，法院不予支持。

4. 采取差补、回购等措施增信的，则要具体分析差补、回购等措施的性质是属于保证、债务加入还是构成独立合同。如属于保证，在没有另作约定的情况下，保证人在原保证范围内承担保证责任；如属于债务加入，债权人可直接要求加入人与原债务人承担同等清偿责任；如构成独立合同，在未能重新签订差补承诺协议的情况下，继受人无权要求差补、回购承诺人承担责任。

【问题的提出】

银行同业金融市场业务大部分是通过信托公司、证券公司等通道机构开展。考虑到监管政策、内部考核和声誉风险等，通道机构在业务出现风险后往往不愿意以其名义进行诉讼和风险处置，而是要求以债权资产的现状原状返还。此时可能会涉及以下三个方面的问题：

一是金融机构的债权人地位和原告主体地位是否会被法院认可？

二是在债权资产原状返还的过程中，是否需要向债务人进行债权转让通知，如果不通知是否会影响金融机构的债权人地位？

三是债权资产原状返还后，抵质押担保是否继续有效？是否需要进行变更登记？差补、回购等可能系向特定通道机构作出，债权资产原状返还后金融机构能否继受这些权利并提出诉讼主张？

【法律分析意见】

一、关于金融机构的债权人地位和原告主体地位是否会被法院认可的问题

以信托业务为例。关于信托业务到期后，信托公司将信托财产向金融机构原状返还的行为的性质，目前通说观点认为属于债权转让。理由如下：

信托到期后涉及的是对信托财产的处分，而此处的信托财产应包括狭义上的财产和财产性权利。由于信托业务的根本性终结，财产归属人即权利受让人受让的是财产或权利本身符合债权转让的构成要件。

《信托法》第 55 条规定："依照前条规定，信托财产的归属确定后，在该信托财产转移给权利归属人的过程中，信托视为存续，权利归属人视为受益人。"即便是在信托财产转移的过程中，也仅是将信托拟制为存续而非实际存续，故可以确定完成转移后必然是终止的。

综上所述，信托财产原状返还后，金融机构获得债权人地位，在债务人不能按期还款的情形下，可以向法院提起诉讼。通常情形下，法院会认可金融机构的债权人地位和原告主体地位，受理金融机构的起诉。

二、关于债权转让通知的问题

《民法典》第 546 条第 1 款规定："债权人转让债权，未通知债务人的，该转让对债务人不发生效力。"鉴于通道机构向金融机构原状返还债权资产的法律性质应界定为债权转让，故通道机构向金融机构原状返还债权资产的，应当通知债务人，否则债务人可能会以转让对其不发生效力为由进行抗辩，进而影响金融机构债权的实现。

三、关于增信措施的效力问题

(一)抵押、质押担保的情形

就此问题,司法实践中历来存有争议。一种观点认为,抵押权、质押权随主债权转移,需要办理转移登记,否则债权受让人不能取得担保物权,理由是不登记违反物权公示原则。另一种观点则认为,抵押权、质押权随主债权一并转让,无须办理转移登记,债权受让人即取得担保物权。

《九民会议纪要》采用了后一种观点,虽可为今后的审判提供指导性意见,但该纪要并非司法解释,不能作为裁判依据进行援引,仍存在执行时不被法院认可的风险。故基于现行法律、司法解释未作明确规定,建议金融机构应当为受让的信托公司的债权办理质押变更登记,以保障金融机构对该权利行使的无障碍。具体分析如下。

首先,关于债权转让,担保物权是否一并转让的问题,《民法典》第 547 条第 1 款规定:"债权人转让债权的,受让人取得与债权有关的从权利,但是该从权利专属于债权人自身的除外。"担保物权作为从属于债权的一项权利,随主债权的转让而转让。

《民法典》也对抵押权随主债权一并转让作了明确规定。第 407 条规定:"抵押权不得与债权分离而单独转让或者作为其他债权的担保。债权转让的,担保该债权的抵押权一并转让,但是法律另有规定或者当事人另有约定的除外。"

其次,就信托公司向金融机构原状返还而未作债权转让的,基于前述分析,原状返还后,金融机构享有信托公司对融资人的债权,故相应地,未作债权转让,也不影响抵押权、质押权随主债权一并转让给金融机构。

最后,关于抵押、质押权转让,但未作变更,是否影响权利行使的问题。以股票出质为例,《民法典》第 443 条第 1 款规定:"以基金份额、股权出质的,质权自办理出质登记时设立。"据此,法律明确规定股权/股票质权的设立以登记为要件。

《九民会议纪要》第 62 条"抵押权随主债权转让"规定:"抵押权是从属于主合同的从权利,根据'从随主'规则,债权转让的,除法律另有规定或者当事人另有约定外,担保该债权的抵押权一并转让。受让人向抵押人主张行使抵押权,抵押人以受让人不是抵押合同的当事人、未办理变更登记等为由提出抗辩的，人民法院不予支持。”据此，抵押权随主债权转让未作变更登记，不能成为抵押人拒绝履行担保义务的理由。质押权依据其性质，参照该处的规定。

除《九民会议纪要》外，此前亦有法院认为债权受让人未就股权质押变更登记，其仍对该股权享有优先受偿权，如陕西省高级人民法院（2015）陕民二初字第00001号案例，法院即认为：“《三方协议》成立并生效后，本案的债权及股权质押权即由兵工财务公司转移至北方光电公司，一并由北方光电公司享有。《合同法》第八十一条规定，‘债权人转让权利的，受让人取得与债权有关的从权利，但该从权利专属于债权人自身的除外’，北方光电公司依据《三方协议》的约定，在受让取得本案债权的同时，亦即受让取得了本案的股权质押权，成为股权质押合同的质权人，得依据《质押合同》及《三方协议》的约定享有对出质股权相应的权利，当债务人不履行到期债务或者发生当事人约定的实现质权的情形时，有权就质押的股权优先受偿。对于被告辩称的北方光电公司未进行股权质押变更登记不能行使质权优先权的抗辩理由，经查，依照《物权法》第二百二十六条关于‘以其他股权出质的，质权自工商行政管理部门出质登记时设立’的规定，本案质权自2012年12月26日登记设立，涉案的云南天达公司在华能石林光伏公司30%的股权自质押设立登记之日即被设立为质押标的，除非出现主债权消灭、质权实现、质权人放弃质权或法律规定的其他情形导致质权消灭的情形，该质权始终存续于被质押的股权之上为主债权的实现而担保。本案债权未予清结、质权没有实现，亦没有出现质权人放弃质权的情形，故在本案质权始终存续的情况下，原质权人兵工财务公司依法向北方光电公司转让质权，北方光电公司依法受让取得的质权必然具有我国物权法所规定的权利内容，应当享有就担保质押的股权优先受偿的权利。”

需要说明的是，虽然《九民会议纪要》规定了主债权转让，抵押权未变更登记仍发生转让效力，亦有裁判观点认为不作变更登记不影响抵押权、质押权的行使，但基于现行法律、司法解释未作明确规定，且原状返还亦并未由现行法律、司法解释明确认定为债权转让，故仍存在不作变更则权利行使不被支持的风险。

（二）第三人承诺差补、回购的情形

就该问题，首先需要讨论差补、回购承诺的法律性质。目前裁判实践中结合承诺的具体内容大致将承诺分为三类：一为属于保证；二为属于债务加入；三

为构成独立的合同。具体分析如下。

1.属于保证的情形。

《九民会议纪要》第91条规定:“信托合同之外的当事人提供第三方差额补足、代为履行到期回购义务、流动性支持等类似承诺文件作为增信措施,其内容符合法律关于保证的规定的,人民法院应当认定当事人之间成立保证合同关系。其内容不符合法律关于保证的规定的,依据承诺文件的具体内容确定相应的权利义务关系,并根据案件事实情况确定相应的民事责任。”据此,对于承诺符合保证规定的,应当认定成立保证合同关系;不符合的,则需具体判断。

对于符合保证规定的增信措施,根据《民法典》的规定,债权人转让权利并通知保证人的,在保证合同未作特别约定的情况下,保证人虽未变更保证合同,但仍在原保证担保的范围内对受让人承担保证责任。具体规定如下。

《民法典》第547条第1款规定:“债权人转让债权的,受让人取得与债权有关的从权利,但是该从权利专属于债权人自身的除外。”

第696条规定:“债权人转让全部或者部分债权,未通知保证人的,该转让对保证人不发生效力。保证人与债权人约定禁止债权转让,债权人未经保证人书面同意转让债权的,保证人对受让人不再承担保证责任。”

2.属于债务加入的情形。

债务加入又称并存的债务承担,是指原债务人不脱离原债务关系,第三人加入原存的债务关系中来,与原债务人共同承担对债权人的债务。《民法典》生效后,我国首次将债务加入的概念纳入法律规定中。《民法典》第552条规定:“第三人与债务人约定加入债务并通知债权人,或者第三人向债权人表示愿意加入债务,债权人未在合理期限内明确拒绝的,债权人可以请求第三人在其愿意承担的债务范围内和债务人承担连带债务。”

据此,在债务加入的情形下,加入的第三人承担与原债务人同等的清偿责任。因此,在增信措施属于债务加入的情况下,债权转让并不影响新加入的第三人的责任承担。

需要说明的是,实践中存在将保证和债务加入混淆的问题,而就二者的区分,以下两则最高人民法院的判例可以提供一定的参考意义。

在最高人民法院(2005)民二终字第200号案例中,最高人民法院认为:“保证系从合同,保证人是从债务人,是为他人债务负责;并存的债务承担系独立的合同,承担人是主债务人之一,是为自己的债务负责,也是单一债务人增加为二人以上的共同债务人。判断一个行为究竟是保证,还是并存的债务承担,应根据具体情况确定。如承担人承担债务的意思表示中有较为明显的保证含义,可以认定为保证;如果没有,则应当从保护债权人利益的立法目的出发,认定为并存的债务承担。”

此外,在最高人民法院(2014)民二终字第138号案例中,最高人民法院认为:“在双方约定不明的情况下,应结合合同目的、承担人与合同利益的关联程度综合考虑上述约定的性质。”

从上述两则判例可以看出,虽然最高人民法院没有直接给出认定债务加入的标准,但是总体上倾向于认为如果当事人没有明确约定,在第三人对债务履行存在履行利益时,宜认定为债务加入。

3. 属于独立合同的情形。

《民法典》生效前的裁判实践中,有部分法院认为第三人作出的差补、回购承诺属于该等增信方作出的支付承诺,相对于被补充之债具有独立性,应为独立合同,属于原《合同法》项下规定的无名合同。主债权转让的,受让人并不当然继受对差补承诺人的权利,除非差补承诺方承诺对债权受让人承担差补责任。

以最高人民法院(2019)最高法民终1524号案为例。在该案中,最高人民法院认为根据差补协议的内容,差补协议构成独立合同:关于《差补和受让协议》的效力问题,一审法院认为“从《差补和受让协议》内容来看,郭某泽依约受让安康的信托受益权,其取得案涉信托受益权的对价,是向安康支付信托本金及补足该本金收益不足年化13%的部分。在案涉《信托合同》《信托贷款合同》的背景下,《差补和受让协议》对于郭某泽受让信托受益权的对价及支付方式、违约责任的约定,对于《信托合同》《信托贷款合同》而言,显然具有一种分担风险,强化信托资产投资安全的增信作用。故安康与郭某泽签订的《差补和受让协议》既具有信托受益权转让的债权转让法律关系,又具有增信担保作用的差额补充法律关系,系无名合同。其中郭某泽对安康承担的安康从吉林信托获取的信托净收益不足信托本金年化13%部分的差额补充义务,属于郭某泽作出的支付承诺,相对于被补充之债权具有独立性。此与通常具有从属性、补充性的保证担保不同,客观上虽然具有增信担保的保障作用,有别于担保法意义上的保证担保行为。综上,郭某泽主张《差补和受让协议》实为担保合同,因主合同不存在,故《差补和受让协议》作为从合同亦应无效的理由不能成立,不予支持。案涉《差补和受让协议》是独立合同,系安康与郭某泽的真实意思表示,且不违反法律、行政法规的强制性规定,应属有效”。二审认为“该协议约定的是郭某泽补足安康年化 13% 的信托收益、支付信托贷款本金和受让安康的信托受益权,而非为仁建公司在案涉合同项下所负债务承担担保责任。《差补和受让协议》是双方当事人的真实意思表示,不违反法律、行政法规的强制性规定,合法有效”。

金融诉讼专题

32

主合同约定的争议解决方式，能否适用于关联增信合同？

【简答】

1. 在构成《民法典》“主从合同”关系的前提下，主从合同明确各自约定仲裁、诉讼的，主从合同应分别由仲裁委员会或相关法院管辖。

2. 主从合同分别约定不同的管辖法院，按照主合同约定确定管辖地法院，但适用“主合同管辖”应以“同时起诉主合同及从合同”为必要条件。

3. 主从合同分别约定了不同的仲裁机构，应当选择不同的仲裁机构管辖。

4. 主从合同未同时办理强制执行公证的，人民法院将不受理未办理强制执行公证合同的执行申请。

5. 主从合同虽均已办理强制执行公证，但可能因被执行人住所地不同、被执行财产所在地不同，最终仍需向不同法院申请执行。

6. 如增信合同与项目主合同具有同等法律性质，二者不构成“主从关系”，应当按照该增信合同自身约定确定管辖；如该增信合同未约定管辖，则应按照法定管辖规则确定管辖。

7. 金融机构应对各业务合同的争议解决条款进行一致性管理，最大化行使约定管辖的相关权利。

【问题的提出】

金融机构同一业务项目经常因涉及多重法律关系,而存在多方还款责任主体。如在业务主合同所约束的融资人之外,还可能存在担保人、共同还款承诺人、差补人、回购方等第三方增信主体。

因各方主体对争议解决的要求及谈判中所处的地位不同,故金融机构同一业务项目中订立的主合同、担保合同以及可能存在独立合同效力的“还款承诺书”“回购协议”等法律文本,往往对争议解决问题存在不同约定。前述各类合同可能分别约定了诉讼管辖、仲裁管辖、强制执行公证债权文书等不同争议解决方式,而同一类争议解决方式亦可能存在实际管辖地的区别。

在此情况下,金融机构能否以融资主合同约定的争议解决方式,解决与所有相关主体的纠纷?

【法律分析意见】

针对前述列举的各类不同情况,现就主合同争议解决方式能否扩大适用分别进行分析。

一、主从合同分别约定仲裁或诉讼

在各份法律文本构成《民法典》“主从合同”关系的前提下,无论是“主合同约定诉讼——从合同约定仲裁”,还是“主合同约定仲裁——从合同约定诉讼”的情形,最高人民法院的裁判观点是统一的,即合同关系的从属性并不影响权利人争议解决方式的独立适用。

例如,在最高人民法院(2016)最高法民辖终 122 号“方正东亚信托有限责任公司与北京政泉控股有限公司、盘古氏国际大酒店有限责任公司金融借款合同纠纷”案中,最高人民法院援引原《担保法解释》第 126 条的规定:“连带责任保证的债权人可以将债务人或者保证人作为被告提起诉讼,也可以将债务人和保证人作为共同被告提起诉讼”的规定,认为:“主合同和担保合同并非必须合并审理的情形,可以分别约定争议解决方式。”

《民法典》第 688 条第 2 款规定:“连带责任保证的债务人不履行到期债务或者发生当事人约定的情形时,债权人可以请求债务人履行债务,也可以请求保证人在其保证范围内承担保证责任”,亦沿袭了原《担保法解释》的相应规则。

因此，同一业务中主从合同各自明确约定适用仲裁、诉讼的，主从合同应分别由仲裁委员会或相关法院管辖。

二、主从合同分别约定不同的管辖法院

针对主从合同皆约定适用诉讼方式解决纠纷，但管辖法院约定存在差异的情况，原《担保法解释》第129条第2款明确提出“主合同和担保合同选择管辖的法院不一致的，应当根据主合同确定案件管辖”，即适用主合同管辖地法院。但结合前述“主合同和担保合同并非必须合并审理的情形”的裁判观点，适用“主合同管辖”应以“同时起诉主合同及从合同”为必要条件。

《民法典》生效后，原《担保法解释》已经失效，但根据最高人民法院相应意见，原《担保法解释》没有被《民法典》吸收、没有在《民法典担保制度解释》中规定的部分条文，其原理如果与新的法律和司法解释不矛盾，对《民法典》施行后的担保行为引起的民事纠纷案件，审理时还可以沿袭原来的审判思路。因此，原《担保法解释》上述管辖规则仍将适用。

三、主合同约定仲裁，从合同未约定仲裁或未约定同一仲裁机构

区别于前述诉讼管辖的相关约定，主合同的仲裁协议并不必然对从合同发生效力。根据《仲裁法》第4条“当事人采用仲裁方式解决纠纷，应当双方自愿，达成仲裁协议”的相关规定，各方自愿达成有效的仲裁协议是启动仲裁程序的必要前提，且仲裁协议仅能对缔约方产生约束。

《最高人民法院关于成都优邦文具有限公司、王国建申请撤销深圳仲裁委员会(2011)深仲裁字第601号仲裁裁决一案的请示的复函》亦指出：“案涉担保合同没有约定仲裁条款，仲裁庭关于主合同有仲裁条款，担保合同作为从合同应当受到主合同中仲裁条款约束的意见缺乏法律依据。”

因此，从合同缔约方如未作出受主合同仲裁协议约束的意思表示(如签订协议或认可参加仲裁)，则从合同所产生的相关争议无法适用仲裁解决。

如主从合同分别约定了不同的仲裁机构，则根据《仲裁法》第16条仲裁协议构成要件的相关规定，应认定主从合同中的仲裁协议各自具有独立的效力。结合前述“主合同和担保合同并非必须合并审理的情形”的相关观点，主合同与从合同应当选择不同的仲裁机构管辖。

四、主从合同未同时办理强制执行公证

《执行异议复议规定》第22条第1款规定：“公证债权文书对主债务和担保

债务同时赋予强制执行效力的，人民法院应予执行；仅对主债务赋予强制执行效力未涉及担保债务的，对担保债务的执行申请不予受理；仅对担保债务赋予强制执行效力未涉及主债务的，对主债务的执行申请不予受理。”

因此，主合同与从合同未同时办理强制执行公证的，人民法院将不受理未办理强制执行公证合同的执行申请。

五、主从合同均已办理强制执行公证

《公证执行规定》第 2 条规定：“公证债权文书执行案件，由被执行人住所地或者被执行的财产所在地人民法院管辖。前款规定案件的级别管辖，参照人民法院受理第一审民商事案件级别管辖的规定确定。”基于上述规定可知，公证债权文书执行的属地管辖严格限定于被执行人住所地及被执行人财产所在地。

因此，主从合同虽均已办理强制执行公证，但可能因被执行人住所地不同、被执行财产所在地不同，最终仍需向不同法院申请执行。

六、各合同之间不成立主从关系

《民法典》第 552 条规定：“第三人与债务人约定加入债务并通知债权人，或者第三人向债权人表示愿意加入债务，债权人未在合理期限内明确拒绝的，债权人可以请求第三人在其愿意承担的债务范围内和债务人承担连带债务”；第 697 条第 2 款规定：“第三人加入债务的，保证人的保证责任不受影响。”

根据前述规定，相关业务中增信方作为“共同还款承诺人”“差补人”“回购方”与债权人订立合同的，裁判机关或将认定其不属于保证人，而认定其因“债务加入”而具有主债务人地位。如增信合同亦将与项目主合同具有同等法律性质，二者不构成“主从关系”，则该增信合同亦不适用前述原《担保法解释》第 129 条规定确定诉讼管辖，应当按照该增信合同自身约定确定管辖；如该增信合同未约定管辖，则应按照法定管辖规则确定管辖。

如前所述，仅在主从合同关系成立且均适用诉讼管辖的情况下，主合同的诉讼管辖才具备参照性；而在主从合同适用仲裁，或各合同之间彼此构成独立合同的情况下，双方当事人之间的具体约定仍是确定争议解决方式的决定性因素。

为保障利益的有效实现，金融机构应对各业务合同的争议解决条款进行一致性管理，最大化行使约定管辖及订立仲裁协议的相关权利。

33

金融机构能否向股权转让方主张未披露债务所造成的损失？

【简答】

1. 金融机构在股权转让交易中因未披露债务遭受的损失，主要体现为已受让的目标公司股权价值的贬损，目标公司因自身债务而形成的财产支出并非金融机构作为股东所应承担的损失。

2. 针对目标公司股权价值的损失，金融机构可以要求转让方承担瑕疵担保责任，而当转让方要求金融机构支付剩余股转价款时，金融机构亦可抗辩减少应付款项。

【问题的提出】

金融机构在基本掌握评估目标公司股权价值的信息的基础上，与转让方达成交易，即股权转让交易。之所以对目标公司进行尽职调查，是因为公司估值是涉及公司股权的投资或交易中的核心因素，而对目标公司资产、负债等基本情况的准确掌握，是交易各方采用成本法等资产评估方法对目标公司价值进行评估的前提。

实践中，金融机构最为棘手的问题是无法全面了解目标公司的负债情况，尤其是从未通过资本市场公开发行过任何证券的目标公司，受限于较为薄弱的公司治理结构：一方面，转让方或者其聘任的管理层均没有充足的动力在金融机构正式入主目标公司之前，向金融机构提供完全准确、完整的财务信息；另一方面，目标公司在日常经营管理过程中可能存在未如实记录财务信息的情况，这将导致目标公司随时可能出现表外债务爆发的危险。这其中以目标公司通过民间借贷方式向转让方以外主体举债所形成的债务和目标公司为转让方或其关联方进行担保所形成的债务较为常见。

当金融机构在股权转让交易后发现目标公司存在转让方未披露的债务，只有金融机构因为未披露债务遭受了实际的、直接的损失时，方可依据股权转让交易协议相应的约定获得赔偿。

金融机构在股权转让交易中受到了何种程度上的财产权益损害？这种损害又应当通过何种途径受偿？下面将围绕这两个问题展开分析论述。

【法律分析意见】

一、金融机构在股权转让交易中受到的财产权益损害

金融机构在股权转让交易中因未披露债务遭受的损失，主要体现为已受让的目标公司股权价值的贬损，目标公司因自身债务而形成的财产支出并非金融机构作为股东所应承担的损失。

在股权转让交易中，作为受让方的金融机构与转让方对目标公司的定价方式会随着目标公司所处行业特点的不同而不同，但是，依据目标公司财务报表所记载的净资产进行作价的成本估值法，是在各种公司估值方法中最为基础或最为常见的一种。

以房地产行业为例。针对独立开发建设的住宅为主的非自持类项目，交易价格可以简单理解为在“项目公司资产减去项目公司负债”（项目公司净资产）价值上下区间内的定价。这就不难理解，无论是项目公司的资产还是负债在交易基准日后出现了较大的调整或变动，甚至出现了基准日前金融机构未曾预估的情况，那么项目公司的实际股权价值将在金融机构交割后与本次交易定价产生一定偏差。

如果项目公司出现大量交易前未向金融机构披露的债务，如为房地产开发前期提供的非金融机构来源的民间借贷、关联方资金拆借甚至资金占用，那么上述未披露债务将导致已经受让的项目公司股权价值实际远低于交易价格。

有观点认为，目标公司因其未披露债务而形成的财产支出，对其自身和受

让股权的金融机构而言都是实际或直接的损失。

笔者认为,这种观点混淆了目标公司自身债务、目标公司与股东财产相互独立以及目标公司股权价值三个不相关联的概念。我国民法语境中的"损失"暗含着由于其他民事主体的违约、侵权等存在一定不当或过错行为对己方造成的财产性损失甚至精神损害。具体到与未披露债务有关的"损失",无论转让方是否及时、全面地向受让方披露目标公司的债务,对于目标公司来讲,除转让方利用关联关系恶意迫使目标公司负担的债务,其余债务均是目标公司应当依法向其他主体履行的义务,不管目标公司主动履约或被其他主体强制执行,相应的财产性支出均很难定性为目标公司的损失;对于金融机构来讲,如前所述,由于目标公司为履约支出的财产并非损失,所以金融机构在既未实际垫付该支出又未对该支出承担任何连带责任的情况下,更加不存在任何财产性损失。

二、金融机构如何受偿

针对目标公司股权价值的损失,金融机构可以要求转让方承担瑕疵担保责任;而当转让方要求金融机构支付剩余股转价款时,金融机构亦可抗辩减少应付款项。

目标公司股权价值的损失在股权转让交易中主要体现为,金融机构在签订股权转让协议时以高于目标公司实际价值的合同价格获取对应股权。转让方的上述行为违背了其就目标公司股权承担的瑕疵担保责任。在非赠与性质的股权转让交易中,如果交易文件并未对转让方原因造成目标公司股权价值损失的情况具体约定,那么根据《民法典》第582条的规定,金融机构可以根据损失的性质以及损失的大小,合理选择要求转让方承担减少股转价款等的违约责任。

金融机构因转让方瑕疵担保责任享有的减价权,理论界与实务界认识不一,学理上主要有"形成权说"与"请求权说"两种观点。[①]

---

① "形成权说认为,减价属于合同的部分解除,而解除权无疑应属于形成权,减价依照权利人单方的意思表示即可使自己与他人之间的法律关系发生变动,不以出卖人的承诺为必要。减价是单方需受领的意思表示,由买受人向出卖人作出,减价的意思表示随到达而发生效力。近来,也有学者以合同变更而非合同部分解除为思想基础,来揭示减价权的形成权属性……""请求权说认为,如何减价并非债权人单方意思表示所能决定的事情,债权人主张减价要么需要与债务人达成协议,要么请求法官或仲裁机构确定,故非形成权,而属于一种请求权……"《司法解释理解与适用全集·合同卷2》,人民法院出版社2018年版,"最高人民法院关于审理买卖合同纠纷案件适用法律问题的解释(法释〔2012〕8号)第二十三条释义"。

最高人民法院认为，上述两种观点各有其道理，只是观察角度不同，因而结论各异。二者基于不同的视角，所作的结论各有一定的合理性。从审判实务角度看，无论是请求权说还是形成权说，行使减价权的程序和最终结果其实并无根本差异，可谓殊途同归。对实务操作来说，因我国并没有减价除斥期间的规定，不存在因减价性质认定的不同而分别选择诉讼时效和除斥期间的问题，无论减价为形成权还是请求权，减价具体实施的程序和结果并无不同。①

在《民法典》出台前，各级人民法院基本确立了"标的物瑕疵担保义务不仅存在于有体物的买卖合同中，该义务所对应的瑕疵履行违约责任对于股权转让合同亦应适用"的裁判规则。

例如，最高人民法院(2016)最高法民终455号等股权转让纠纷中，法院认为："就买卖合同而言，出卖人不仅负担交付标的物、转移所有权等基本义务，还应向买受人承担标的瑕疵担保义务，即若买卖标的上存有买受人不接受的瑕疵的，出卖人应当消除瑕疵以保证标的物的形式完整及法律上无障碍……而该义务所对应的商事责任即瑕疵担保责任，对于本案所涉以股权为标的的转让合同亦应适用。"

同样地，上海市高级人民法院(2019)沪民终32号中，法院亦认为："本案双方签订《股权转让协议》，据此成立股权转让法律关系。根据《合同法》第一百七十四条及《买卖合同司法解释》第四十五条之规定，股权转让合同可以参照适用《合同法》第一百四十八条所规定的买卖合同标的物瑕疵担保责任……金杨公司及杨浦水电公司所负有的瑕疵担保责任既包括股权本身，也隐含包括股权所指向的项目公司土地使用权。如果股权或土地使用权瑕疵属于股权转让前就已存在而金杨公司及杨浦水电公司故意隐瞒，则两公司应承担瑕疵担保责任。"

另外，相较于减价权的形成或请求性质，审判实务中更多考虑的情况是当金融机构被转让方主张继续履行支付股转价款义务时，是否可以直接依据减价

另外，也有学者提出新的解释进路，"一方面保留减价作为独立的救济手段，另一方面不再按照以解除权为基础进行构造。此时减价的逻辑基础在于合同变更，减价的实现方式主要是买受人请求出卖人作出法律行为（出卖人接受买受人提出的减价，或者出卖人提出对其有拘束力的减价），也可请求法院对合同作出变更（价款调整）"。武腾：《减价实现方式的重思与重构》，载《北方法学》2014年第3期。

① 参见《司法解释理解与适用全集·合同卷2》，人民法院出版社2018年版，"最高人民法院关于审理买卖合同纠纷案件适用法律问题的解释（法释〔2012〕8号）第二十三条释义"。

权拒绝履约（甚至退还部分款项），也就是说，金融机构可否直接根据《民法典》第582条向转让方主张抗辩权利？

答案是肯定的。减价主张虽然有给付内容，但其不具有新的给付内容，故应作为抗辩对待。参照《最高人民法院关于审理买卖合同纠纷案件适用法律问题的解释》第31条第1项的规定，转让方履行股权转让义务后诉请金融机构支付价款，金融机构以转让方违约在先为由提出异议的，金融机构主张转让方应当采取减少价款等补救措施的，属于提出抗辩。①

① 关于瑕疵担保责任中减价权的抗辩性质。

“减价抗辩（或反诉请求）原《合同法》第281条（《民法典》第801条）规定，因施工人的原因致使建设工程质量不符合约定的，发包人有权要求施工人在合理期限内无偿修理或者返工、改建。在实践中，有些工程已经完工交付，如果再行修理或者返工、改建将造成巨大的浪费，在此情况下则不再适宜适用修理、返工或改建的补正履行方式。对于发包人而言，其是否有权主张减价，并基于此向转承包人行使抗辩（或者反诉），实务中亦有争议。对此，根据《民法典》第808条的规定，建设工程施工合同没有规定的，适用承揽合同的规定，发包人可以根据原《合同法》第262条（《民法典》第781条）‘承揽人交付的工作成果不符合质量要求的，定作人可以要求承揽人承担修理、重作、减少报酬、赔偿损失等违约责任’的规定，适用减价的抗辩（反诉）。因此，在转承包人向发包人请求支付欠付工程款的纠纷中，发包人有权基于工程质量存在瑕疵，且存在不宜进行修理重建等补正履行的情形，提出减价抗辩（请求），发包人的此种减价抗辩（请求）可以对抗转承包人的工程价款支付请求。至于此种减价权需要以抗辩形式行使，还是需要以反诉形式行使，还是一种形成诉权，不无探讨空间。我们认为，可以抗辩形式行使，且一旦主张行使，在抗辩成立时该减价即产生对抗工程款请求的效力”。《转包法律关系中转承包人的权利行使界限》，载个人图书馆2021年10月26日，http://www.360doc.com/content/21/1026/16/70808058_1001379977.shtml。

34

劣后级委托人向管理人作出补足优先级委托人资管计划收益差额的承诺，是否有效？

【简答】

1. 参照《九民会议纪要》的相关规定，劣后级委托人向管理人作出的补足优先级委托人资管计划收益差额的承诺，系其基于投资盈利需求自愿作出的真实意思表示，不违反法律、行政法规强制性规定，该承诺合法有效。

2.《资管新规》等监管文件属于部门规章以下级别的规定，不属于合同无效所应依据的"法律、行政法规"，不应作为认定劣后级委托人差额补足承诺无效的依据。

3. 根据相关监管文件"新老划断"的过渡期安排，如资管计划在《私募运作暂行规定》《资管新规》颁布施行之前已订立，到期后即终止并清算，属于有效的存量业务，不应适用相关监管文件认定劣后级委托人作出的差额补足承诺无效。

【问题的提出】

金融机构从事资管业务的实践中，劣后级委托人基于其投资盈利的需求，签订协议承诺向优先级委托人补足资管计划收益的情况并不鲜见，而在协议签订的方式上，有时体现为劣后级委托人直接与优先级委托人签订差额补足协议，也有可能体现为劣后级委托人与资产管理人签订差额补足协议，约定劣后级委托人就优先级委托人资管计划的收益承担补足义务，相应差额补足金额向管理人支付。

就后一种协议签订方式而言，根据2016年7月14日发布的《私募运作暂行规定》、2018年4月27日发布的《资管新规》等行业监管文件关于资产管理计划不得直接或者间接对优先级份额认购者提供保本保收益安排的规定，资管计划中劣后级委托人向管理人作出补足优先级委托人资管计划收益差额承诺的，是否违背上述监管规定导致无效，在实践中存在一定争议。下面对此问题进行探讨。

【法律分析意见】

一、劣后级委托人向管理人作出补足差额的承诺有效

参照《九民会议纪要》的相关规定，劣后级委托人向管理人作出的补足优先级委托人资管计划收益差额的承诺，系劣后级委托人基于投资盈利需求自愿作出的真实意思表示，不违反法律、行政法规强制性规定，该承诺合法有效。

《资管新规》第2条规定"资产管理业务是指银行、信托、证券、基金、期货、保险资产管理机构、金融资产投资公司等金融机构接受投资者委托，对受托的投资者财产进行投资和管理的金融服务"。

信托、期货均属于典型的资产管理业务种类，以信托业务为例，《九民会议纪要》明确规定：劣后级受益人应当按照约定承担差额补足责任。

《九民会议纪要》第90条第1款规定："信托文件及相关合同将受益人区分为优先级受益人和劣后级受益人等不同类别，约定优先级受益人以其财产认购信托计划份额，在信托到期后，劣后级受益人负有对优先级受益人从信托财产获得利益与其投资本金及约定收益之间的差额承担补足义务，优先级受益人请求劣后级受益人按照约定承担责任的，人民法院依法予以支持。"第91条规定："信托合同之外的当事人提供第三方差额补足、代为履行到期回购义务、流动性支持等类似承诺文件作为增信措施，其内容符合法律关于保证的规定的，人民法院应当认定当事人之间成立保证合同关系。其内容不符合法律关于保证的规定的，依据承诺文件的具体内容确定相应的权利义务关系，并根据案件事实情况确定相应的民事责任。"

参照上述规定及结合最高人民法院民事审判第二庭关于《九民会议纪要》第90、91条的理解与适用,采用"优先/劣后"模式的结构化资管产品,全部资产一般被分为风险和收益截然不同的A、B两类份额,优先级委托人的收益源于资管计划的盈利,劣后级委托人在支付优先级委托人的固定收益后享有全部剩余盈利,并承担资管计划亏损的全部损失。该类资管计划模式的实质是劣后级委托人向优先级委托人融资,优先级委托人可以获得较低风险较为稳定的收益回报,劣后级委托人在承担较高风险的情况下,可以通过获取资金杠杆获得更丰厚的投资回报。

基于上述模式的融资性特点、"风险与收益成正比"的原则,劣后级委托人作出承诺,同意其负有对优先级委托人从资管计划实际取回的本金及收益与其投资本金及约定收益之间的差额承担补足义务,并向管理人支付,该意思表示是真实、自愿的,参照《九民会议纪要》的上述规定,此类约定应认定合法有效。

二、《私募运作暂行规定》《资管新规》不应作为认定合同无效的依据

《私募运作暂行规定》《资管新规》等规定均属于部门规章以下级别的规定,不属于合同无效所应依据的"法律、行政法规"。依据司法解释规定及参照最高人民法院的裁判观点,前述文件不应作为认定合同无效的依据。

原《最高人民法院关于适用〈中华人民共和国合同法〉若干问题的解释(一)》第4条规定:"合同法实施以后,人民法院确认合同无效,应当以全国人大及其常委会制定的法律和国务院制定的行政法规为依据,不得以地方性法规、行政规章为依据。"

最高人民法院、广东省高级人民法院等多份裁判观点亦明确,《私募运作暂行规定》等规范性文件不能作为认定差额补足约定无效的依据。

最高人民法院(2018)最高法民终667号判决书载明:"《证券公司集合资产管理业务实施细则》是中国证监会对证券公司集合资产管理业务活动进行自律管理和行业指导作出的细则性规定;《私募运作暂行规定》则是中国证监会为了进一步加强对证券期货经营机构私募资产管理业务的监管,规范市场行为,强化风险管控作出的相关规定,二者均属于部门规章。根据《最高人民法院关于适用〈中华人民共和国合同法〉若干问题的解释(一)》第四条:'合同法实施以后,人民法院确认合同无效,应当以全国人大及其常委会制定的法律和国务院制定的行政法规为依据,不得以地方性法规、行政规章为依据'的规定,《证券公司集合资产管理业务实施细则》《私募运作暂行规定》均不属于《中华人民共和国合同法》第五十二条第(五)项‘违反法律、行政法规的强制性规定’可以认定合同无效的情形。综上,中恒汇志公司主张《差额补足合同》因违反《证券法》《证券公司监督管理条例》《证券公司集合资产管理业务实施细则》《私募运作暂行规定》属于无效合同的上诉理由不能成立,本院不予支持。”

广东省深圳市中级人民法院(2017)粤03民终7851号判决书载明:“中国证券监督管理委员会会议提出的‘八条底线’监管要求与《资管细则》中有不得在销售资产管理计划时向投资者违规承诺保本保收益的规定,应当是出于金融管理方面的考虑,但这些规定亦系行政管理与行业自律的要求,如前所述,该规定并非法律、行政法规的强制性规定,因此即便融通公司对于优先级份额的投资者作出了保本保收益的承诺,也仅仅是违反了金融管理的要求,并不能据此认定当事人之间的合同无效。”

三、《私募运作暂行规定》《资管新规》关于“新老划断”的过渡安排

根据《私募运作暂行规定》《资管新规》等文件关于“新老划断”过渡安排的规定,如资管计划系在前述监管文件实施之前即已设立,属于依规定可以继续履行、到期后不得续期的存量业务,上述规定对本文所涉资管问题也并没有适用效力。

目前施行的《私募运作暂行规定》《资管新规》等文件均规定了过渡期,采用“新老划断”的差别化处置政策,允许存量业务合同继续履行,到期后予以清盘不再续期即可。

《私募运作暂行规定》“制定说明”规定:“为做好新旧规则衔接工作,确保私募资管业务平稳发展,《暂行规定》对结构化产品、保本产品、委托提供投资建议等方面条款实施‘新老划断’的过渡安排,相关存续资管产品不符合规定的,合同到期前杠杆倍数不得提高,不得新增净申购规模,合同到期后予以清盘,不得续期。”

《资管新规》第29条亦明确该文件适用的过渡期“为本意见发布之日起至2020年底”,且因2020年以来新冠疫情对金融带来的冲击,金融机构资产管理业务规范转型面临较大压力,为平稳推动《资管新规》实施,中国人民银行2020年7月31日发布《优化资管新规过渡期安排　引导资管业务平稳转型》公告,进一步明确:“资管新规过渡期延长至2021年底。”

最高人民法院的多份裁判案例亦明确，金融监管文件在资管计划设立及差补协议签订之后颁布实施的，对劣后级委托人签订的差额补足协议没有适用效力。

最高人民法院(2018)最高法民终667号判决书中，法院认定："虽然《资产管理合同》及《差额补足合同》中约定了中恒汇志公司为优先级A份额及中间级B份额资本本金安全及固定收益提供保障，不符合《私募运作暂行规定》……的规定，但该规定是在案涉集合计划设立及《差额补足合同》签订之后颁布实施，对《差额补足合同》没有适用效力。"

最高人民法院(2017)最高法民终478号判决书中，法院认定："本案《转让协议》系于2012年12月6日签订，所涉业务在上述金融监管文件出台之前即已存在。江苏信托公司提起本案诉讼，请求农行昆明分行履行《转让协议》并承担违约责任，属于清理存量业务。现行金融监管政策允许《转让协议》这一类的存量业务合同继续履行，有助于稳定相关市场预期，维护金融市场交易安全，也表明由此可能产生的金融风险处于可控制的范围之内，不构成合同法第五十二条规定的损害社会公共利益等合同无效的情形。"

因此，如资管计划在前述监管文件颁布施行之前即已订立，到期后即已终止并清算，属于有效的、到期后予以清盘的存量业务，根据《私募运作暂行规定》《资管新规》等文件关于"新老划断"的安排，该类资管计划也并不适用上述文件，不应据此认定劣后级委托人作出的相关差额补足承诺无效。

35

融资交易的收益、违约金之和超过年利率24%的，超出部分能否获得支持？

【简答】

1. 金融机构（资金融出方）主张的融资收益与违约金之和超过年利率24%的，超出部分一般难以得到法院的支持。

2. 最高人民法院于2020年对《关于审理民间借贷案件适用法律若干问题的规定》进行了修订，将民间借贷利率司法保护上限由年利率24%—36%调整为中国人民银行授权全国银行间同业拆借中心每月发布的贷款市场报价利率的4倍。今后，人民法院在审理金融借款案件时，可能会参照调整后的规定，对【融资收益 + 违约金】超过贷款市场报价利率4倍以上的部分不予支持。

【问题的提出】

银行同业金融市场业务中，在正常融资收益和融资违约金之外，普遍会对未能及时足额补仓等情形另行约定违约金，融资收益和各种违约金加起来可能会超过法定保护利率的上限，超过部分能否得到法院的支持？

例如，股票质押式回购交易中，上海证券交易所、中国证券登记结算公司于2013年发布的《股票质押式回购交易及登记结算业务办法（试行）》（已失效）规定，股票质押回购交易是指符合条件的资金融入方以所持有的股票或其他证券质押,向符合条件的资金融出方融入资金,并约定在未来返还资金、解除质押的交易。通常情况下,资金融出方与资金融入方签订业务协议,就融资收益、融资违约金、风险控制指标、补仓、回购及相应的违约责任等进行约定。资金融入方未能在出现应予补仓的情形时按时补仓的,应依约向资金融出方支付违约金,但此时,资金融出方所主张的融资收益、融资违约金和补仓违约金之和很可能已经超过年利率24%,此时就涉及对于超出年利率24%的部分能否得到支持的问题。

【法律分析意见】

一、根据《金融审判意见》的规定及审判实践,对于超出年利率24%的部分,法院一般不予支持

审判实践中,法院在审理金融借款类案件涉及利息和违约金等是否过高的认定标准和调整标准问题时,一般根据《金融审判意见》的意见进行认定。

《金融审判意见》规定:"……2. 严格依法规制高利贷,有效降低实体经济的融资成本。金融借款合同的借款人以贷款人同时主张的利息、复利、罚息、违约金和其他费用过高,显著背离实际损失为由,请求对总计超过年利率24%的部分予以调减的,应予支持,以有效降低实体经济的融资成本。规范和引导民间融资秩序,依法否定民间借贷纠纷案件中预扣本金或者利息、变相高息等规避民间借贷利率司法保护上限的合同条款效力。"

据此规定,如果资金融出方所主张的融资收益、融资违约金和补仓违约金等各项之和超过年利率24%,对于超出部分,法院一般不予支持。

如最高人民法院(2019)最高法民终19号案,反映出法官在利息、违约金的认定标准问题上即持有前述观点。该案中,最高人民法院经审理认为:"西湾置业公司上诉认为原审判决的重组收益、违约金合计超过年利率24%,应按照年利率24%确定本案债务利息。《最高人民法院关于审理民间借贷案件适用法律若干问题的规定》第三十条规定:'出借人与借款人既约定了逾期利率,又约定了违约金或者其他费用,出借人可以选择主张逾期利息、违约金或者其他费用,也可以一并主张,但总计超过年利率24%的部分,人民法院不予支持。'《最高人民法院关于进一步加强金融审判工作的若干意见》第二条第二款规定:'严格依法规制高利贷,有效降低实体经济的融资成本。金融借款合同的借款人以贷款人同时主张的利息、复利、罚息、违约金和其他费用过高，显著背离实际损失为由，请求对总计超过年利率24%的部分予以调减的，应予支持，以有效降低实体经济的融资成本。’据此，根据最高人民法院颁布的司法解释及司法政策，无论是民间借贷领域还是金融借款领域，出借人主张的逾期利息、违约金、其他费用等合计均不能超过年利率24%，对于超过年利率24%的部分，人民法院不予支持。具体到本案中，本案债权源于银行借款合同，华融福建分公司受让银行不良债权与债务人西湾置业公司重新订立的《债务重组协议》。华融福建分公司作为非银行金融机构依据《债务重组协议》向债务人主张利息、违约金等收益亦应受到上述司法解释及司法政策的规制，即主张的逾期利息、违约金及其他费用等合计均不能超过年利率24%。因此，原审法院依据《债务重组协议》判决西湾置业公司负担年利率26%的重组收益及按每日万分之五的违约金，明显违反上述规定，应予纠正。西湾置业公司关于应当按照年利率24%确定本案重组收益，不应判处违约金的主张具有事实和法律依据，应予支持。”

二、利率调整对判决的影响

2020年《最高人民法院关于审理民间借贷案件适用法律若干问题的规定》将法定保护利率上限调整为一年期贷款市场报价利率的4倍，可能会对之后的裁判带来影响。

通读《金融审判意见》可知，该意见关于年利率24%保护标准的规定源于2015年《最高人民法院关于审理民间借贷案件适用法律若干问题的规定》规定的年利率24%的司法保护上限。

2020年《最高人民法院关于审理民间借贷案件适用法律若干问题的规定》将对民间借贷中的利率司法保护上限调整为中国人民银行授权全国银行间同业拆借中心每月发布的一年期贷款市场报价利率的4倍，具体规定在该规定第26条："出借人请求借款人按照合同约定利率支付利息的，人民法院应予支持，但是双方约定的利率超过合同成立时一年期贷款市场报价利率四倍的除外。前款所称‘一年期贷款市场报价利率’，是指中国人民银行授权全国银行间同业拆借中心自2019年8月20日起每月发布的一年期贷款市场报价利率。”

鉴于2020年《最高人民法院关于审理民间借贷案件适用法律若干问题的规定》已于2020年8月正式施行，裁判实践中应该会依据修订后的标准认定金融案件中的利率保护上限。

36

金融纠纷诉讼中，当事人自认将产生哪些法律后果？

【简答】

1. 民事诉讼中自认的法律后果是，自认方非法定原因不得随意撤销或否认自认事实，须承担自认的不利法律后果。对方当事人对自认的事实无须承担举证证明义务。人民法院如无特殊情形应采用自认事实作为案件裁判基础。但是，诉讼外自认并不会直接产生前述法定免除对方当事人举证责任的法律效果，仅能作为一般证据，交由法官根据案件具体情况进行分析认定。

2. 民事自认的构成要件包含主体要件即案件当事人及其诉讼代理人，场合要件即在案件诉讼过程中，形式要件即通过明示或默示方式，对象要件即于己方不利的事实，合法性要件即涉及身份关系、国家利益、社会公共利益等应当由人民法院依职权调查的事实不适用自认等五个法定要件。

3. 自认可以产生于一审、二审、再审审理期间。但是，诉讼过程中，一方当事人于庭外通过口头等方式承认对方当事人主张的于己不利的事实的，不能构成自认。

4. 一方当事人于他案诉讼程序中承认于己不利的事实，不能视作对本案的民事自认进而免除对方当事人的举证义务，其本质属于诉讼外自认的一种，仍应结合对方当事人的其他证据予以综合评判。

【问题的提出】

民事自认制度是民事诉讼程序中常用的一项制度，对民事诉讼具有重要意义。我国最早通过立法形式建立民事自认制度是在2001年《民事证据规定》第8条。2015年及2022年《民诉法解释》第92条[①]对其进一步修改并细化了该制度的适用情形，扩充了自认主体及撤回自认等内容。此后，2019年修订的《民事证据规定》在吸收《民诉法解释》相关内容及精神的基础上，进行了一定修改与完善，具体条文体现在第3条至第9条。

《最高人民法院新民事诉讼证据规定理解与适用》一书将自认定义为当事人对不利于自己事实的承认，依据自认作出的场合，可以区分为诉讼中自认和诉讼外自认。《民事证据规定》及《民诉法解释》仅明确规定了诉讼中自认的免证效果，目的在于将自认方承认的于己不利的法律事实排除在诉讼案件争点焦点之外。因此，司法实践中所称的自认一般是指法律规定的诉讼中自认（本书如无特指，均指诉讼中自认）。

为便于金融机构掌握民事自认的法律后果及其适用的时空边界，下面将围绕以下问题进行简要梳理：(1)诉讼中自认与诉讼外自认的差异。(2)民事自认的构成要件。(3)二审、再审程序中，能否发生自认。(4)庭外自认的法律后果。(5)他案诉讼程序中的自认，能否视作对本案的自认。

【法律分析意见】

一、诉讼中自认与诉讼外自认

民事诉讼中自认的法律后果是，自认方非因法定原因不得随意撤销或否认自认事实，须承担自认的不利法律后果。对方当事人对自认的事实无须承担举证证明义务。人民法院如无特殊情形应采用自认事实为案件裁判基础。但是，诉讼外自认并不会直接产生前述法定免除对方当事人举证责任等法律效果，仅能作为一般证据，交由法官根据案件具体情况进行分析认定。

---

① 《民诉法解释》第92条规定："一方当事人在法庭审理中，或者在起诉状、答辩状、代理词等书面材料中，对于己不利的事实明确表示承认的，另一方当事人无需举证证明。对于涉及身份关系、国家利益、社会公共利益等应当由人民法院依职权调查的事实，不适用前款自认的规定。自认的事实与查明的事实不符的，人民法院不予确认。"

根据《民诉法解释》《民事证据规定》的相关规定可知，诉讼中自认一经作出，即对各方主体及人民法院产生以下拘束力：

1. 就自认方而言，自认方在作出自认后，非因法定原因不得随意撤销或否认其自认事实，自认方也不得在诉讼中提出与自认事实相互矛盾的主张，且自认后其必须承担于己不利的相关法律后果。

2. 就对方当事人而言，自认方自认后且自认事实未被撤销或否认的，则法定免除了对方当事人的证明责任。

3. 就人民法院而言，当事人自认的事实应排除在案件诉讼争点之外，双方当事人无须就自认事实进行质证与辩论。在无特殊情况下，人民法院应当将自认事实作为案件裁判审理的事实基础，无须对此事实另行审查，可予直接认定。

但是，在诉讼过程中，一方当事人于庭外通过口头等方式承认对方当事人主张的于己不利的事实的，不能构成自认。将自认圈定在诉讼过程中及庭审过程中，有助于保障当事人的辩论权与处分权，同时也能便于法院当场核实自认的真实性与合法性。庭外承认实质属于诉讼外自认的一种，并未经过法院的审理与认定，在无法核实其真实性与合法性的情况下，就赋予庭外承认免证的法律效果，无疑是剥夺了自认方的辩论权利，甚至可能侵害其处分权。因此，庭外承认实际为诉讼外自认，还需作为一项普通证据交由对方当事人质证以及法院审查认定。

最高人民法院（2022）最高法民终105号民事裁定书中认为："本案一审判决基于张某善、赵某国、赵某山在前述另案中关于其收到案涉煤矿份额已付转让款67160866元的自认，认定本案马某义、马某和已付转让款67160866元。根据《最高人民法院关于民事诉讼证据的若干规定》第三条第一款关于'在诉讼过程中，一方当事人陈述的于己不利的事实，或者对于己不利的事实明确表示承认的，另一方当事人无需举证证明'以及第二款关于'在证据交换、询问、调查过程中，或者在起诉状、答辩状、代理词等书面材料中，当事人明确承认于己不利的事实的，适用前款规定'的规定，当事人在本案诉讼过程中自认的事实，也即诉讼内自认的事实，另一方当事人无须举证证明。而当事人在本案诉讼之外另案自认的事实，不应适用《最高人民法院关于民事诉讼证据的若干规定》第三条的规定。就本案而言，出让方张某善、赵某国、赵某山与受让方马某义、马某和，就案涉煤矿份额转让协议项下马某义、马某和已支付转让款金额各执一词，且未能通过对账等方式达成一致，该事实尚处于真伪不明的状态。一审法院仅以张某善、赵某国、赵某山在另案中的自认为依据来确定本案所涉煤矿份额转让款金额，属于基本事实认定不清。”

从最高人民法院司法裁判观点来看，严格意义上，《民事证据规定》中所规定的自认应当发生在“诉讼过程中”的前提是在“本案”的诉讼过程中，当事人在另案发生的自认不构成诉讼中自认，而属于诉讼外自认。

因此，在另案中的自认在本案仅具有普通证据效力，不能直接免除对方当事人的举证义务，法院仍需根据对方当事人提供的案件其他证据，结合案件具体情况予以综合认定。

二、民事自认的构成要件

主体要件即案件当事人及其诉讼代理人，场合要件即在案件诉讼过程中，形式要件即通过明示或默示方式，对象要件即于己方不利的事实，合法性要件即涉及身份关系、国家利益、社会公共利益等应当由人民法院依职权调查的事实不适用自认等五个法定要件。

1. 主体要件。以往法律仅规定民事自认的主体仅能是当事人本人及具有当事人特别授权的诉讼代理人，但《民事证据规定》放宽了对诉讼代理人的授权条件，即诉讼代理人在除授权委托书明确排除的事项外，诉讼代理人的自认视为当事人的自认。

另外，诉讼代理人虽是自认的适格主体，但其自认的不利法律后果系由其代理的当事人承担，因此《民事证据规定》亦规定，当事人当场对诉讼代理人的自认明确否认的，不视为自认，对各方当事人均不产生拘束力。

2. 场合要件。《民诉法解释》第 92 条将自认的时间限定在法庭审理中，或者在起诉状、答辩状、代理词等书面材料中。而《民事证据规定》第 3 条将其扩大为“诉讼过程中”，包括证据交换、询问、调查过程中，或者在起诉状、答辩状、代理词等书面材料中。

3. 形式要件。民事自认的形式要件包括明示和默示两种。当事人明确表示的当然构成自认；但法律仍规定了默示自认，并将一方当事人对于另一方当事人主张的于己不利的事实既不承认也不否认，且经审判人员释明并询问后，仍不明确表示肯定或者否定的情况，拟制为对该事实自认，且效力与明示自认一致。

4. 对象要件。诉讼程序中，各诉讼主体自认的对象是对自认方不利的基础案件事实，而非案件适用的法律依据。自认的事实应当与法院查明的事实相符，否则人民法院不应予以确认。

5. 合法性要件。自认必须具备合法性要件，若自认事实涉及身份关系或者可能损害国家利益、社会公共利益等应当由人民法院依职权调查的事实，则不符合自认的基本要件。

三、自认的期间

自认可以产生于一审、二审、再审审理期间。但是，诉讼过程中，一方当事人于庭外通过口头等方式承认对方当事人主张的于己不利的事实的，不能构成自认。

《民诉法解释》和《民事证据规定》均未明确规定自认产生的审理阶段是否必须限定在一审阶段，以及自认的情形是否仅限于庭审过程中。笔者认为，自认可以产生于一审、二审、再审审理期间。

1. 从文义解释角度来看：《民诉法解释》与《民事证据规定》并未规定自认必须在一审诉讼过程中才能适用，二审、再审属于同一案件救济途径的沿袭，也可适用自认规则。另外，《民事证据规定》将自认扩大至"诉讼过程中"，主要是为了认可当事人在类似"证据交换、询问、调查过程中"等人民法院参与的相关程序中的承认于己不利的事实的免证效果，而非将庭外承认纳入自认范畴。因此，当事人在一审、二审、再审程序中，对法官作出的对于已不利事实的承认适用自认规则。

2. 从法律层级效力及新旧法律关系来看：《民诉法解释》与《民事证据规定》均系最高人民法院作出的司法解释，具有同等法律效力，最高人民法院在出台《民事证据规定》后，并未废止2015年《民诉法解释》中关于"法庭审理中"的规定，且2022年修正的《民诉法解释》继续沿用了"法庭审理中"一词，因此该条内容当然有效。

3. 从目的解释论角度来看：当事人普遍具有惧讼惜讼的心理，在起诉前已耗费大量时间与经济成本，人民法院作为当事人权利救济的"最后一道防线"，所设置的诉讼程序除了需要平衡双方当事人合法的实体权益以外，还需考量程序性权益、诉讼时间及金钱成本等。自认是立法者对自认事实举证证明必要性的否定,也是简化诉讼程序、缩短诉讼周期的一种方式,既可以降低当事人对无争议事实的举证成本,又能够节约司法资源,提高庭审诉讼效率。基于此目的,一审、二审、再审审理期间适用自认确有其必要性。

37

有追索权保理业务中，金融机构可否向应收账款债权人、债务人同时主张权利？

【简答】

1. 根据《民法典》的相关规定及“间接给付”的法理，金融机构可同时主张对应收账款债务人的求偿权及对债权人的追索权，要求债务人和债权人进行清偿，但必须以保理融资款本息及相关费用为限。

2. 司法实践中，金融机构多会同时起诉应收账款债权人及债务人，法院一般会基于必要共同诉讼的法律规定进行合并审理。

3. 金融机构同时起诉应收账款债权人及债务人的，法院一般会按照合同约定确认债权人和债务人承担责任的先后顺序，如合同未约定，则按照间接给付的法理，判令应收账款债务人承担第一顺位的还款责任，应收账款债权人承担补充责任。

【问题的提出】

《民法典》将保理合同作为典型合同进行规定，并在第 761 条对保理合同的定义作出规定：“保理合同是应收账款债权人将现有的或者将有的应收账款转让给保理人，保理人提供资金融通、应收账款管理或者催收、应收账款债务人付款担保等服务的合同。”

金融机构保理业务涉及金融机构（保理人）、债权人和债务人三方主体，其中,金融机构的主要义务是向债权人支付保理融资款,主要权利是可以向债务人在应收账款范围内主张清偿;债权人的主要权利是从保理商处获得保理融资款,主要义务是通知债务人向保理商支付应收账款;债务人的主要义务是向保理商确认应收账款以及在应收账款到期时向保理商清偿。

有追索权保理,是指保理人不承担为债务人核定信用额度和提供坏账担保的义务,仅提供包括融资在内的其他金融服务,在应收账款到期无法从债务人处收回时,保理人可以向债权人反转让应收账款,或要求债权人回购应收账款或归还融资,又称为"回购型保理"。在有追索权保理业务中,金融机构还享有向应收账款债权人在保理融资款范围内主张清偿的权利,而债权人相应负有清偿的义务。

在有追索权保理业务中,如果出现债务人不予清偿应收账款的情况,保理人为了降低无法收回或无法全部收回款项的风险,在提起诉讼时,绝大多数会考虑同时起诉应收账款债权人和债务人,向两方同时主张权利。

那么,在有追索权保理业务中,作为保理人的金融机构是否有权向应收账款债权人及债务人同时主张权利?法院受理后又会如何处理?下面将对此进行分析。

【法律分析意见】

一、保理人有权向应收账款债权人及债务人同时主张权利

根据《民法典》的相关规定及"间接给付"的法理,金融机构可同时主张对应收账款债务人的求偿权及对债权人的追索权,要求债务人和债权人进行清偿,但必须以保理融资款本息及相关费用为限。

《民法典》第766条规定:"当事人约定有追索权保理的,保理人可以向应收账款债权人主张返还保理融资款本息或者回购应收账款债权,也可以向应收账款债务人主张应收账款债权……"该条明确了保理人有权向应收账款债权人或债务人中的任一方主张权利,但并未明确是否能够同时主张。

该条的表述为"可以向……,也可以向……",表明该规定并不是强制性、禁止性的规定,而是赋予这种商事交易中常见行为相应的合法性,是一种权利的赋予,根据法律字面解释规则,金融机构依法可以选择分开行使这两种权利,当然也可以选择同时行使,而该种结论也可以由"间接给付"的法理予以印证。

间接给付是指为清偿债务而以他种给付代替原定给付的清偿，在新债务履行前，原债务并不消灭，出现新旧债并存的情况，只有当新债务履行且债权人的原债权因此得以实现后，原债务才同时消灭。

在有追索权保理业务中，“旧债”是应收账款债权人从保理人处获得融资而形成的债权，“新债”则是应收账款债权人为消灭“旧债”而将应收账款转让给金融机构形成的金融机构对应收账款债务人的债权。在应收账款获得清偿前，“旧债”始终与“新债”并存，则金融机构对应收账款债务人的求偿权及对债权人的追索权也是并存的，当然可以同时主张。

多个典型案例均认可了金融机构有权同时主张对应收账款债务人的求偿权及对债权人的追索权。例如，上海首例适用《民法典》审结的案件——上海市浦东新区人民法院（2020）沪0115民初59865号案中，上海市浦东新区人民法院即支持了金融机构同时要求应收账款债权人及债务人共同承担责任的诉请，并且判决应收账款债权人与债务人应当根据合同明确约定承担连带清偿责任。

同时，根据《民法典》第766条的规定，有追索权保理业务中，保理人向应收账款债务人主张应收账款债权，在扣除保理融资款本息和相关费用后有剩余的，剩余部分应当返还给应收账款债权人。

因此，金融机构可以同时主张对应收账款债务人的求偿权及对债权人的追索权，要求债务人和债权人共同进行清偿，但根据《民法典》第766条的规定，清偿总额不能超过保理融资款本息及相关费用。

二、保理人同时主张权利时法院的处理

司法实践中，金融机构多会同时起诉应收账款债权人及债务人，法院一般会基于必要共同诉讼的法律规定进行合并审理。

在有追索权保理业务中，金融机构与应收账款债权人的法律关系是基于借贷融资形成，而金融机构与应收账款债务人的法律关系则是基于债权转让形成，明显是两种不同的法律关系。一般来说，法院对于法律主体和法律关系均不相同的案件会分别立案审理，但是，考虑上述两种关系均是在保理法律关系范围之内，金融机构针对两个主体的诉讼主张本质上均是要求支付保理融资款项，给付目的相同，诉讼标的相同，司法实践中目前基本一致认为金融机构起诉应收账款债权人及债务人属于必要共同诉讼，应当合并审理。

例如，最高人民法院（2019）最高法民申6143号案中，法院认为：“虽然兴业银行福安支行基于不同的法律关系分别向多个债务人同时主张相关权利，但均在保理法律关系范围之内，目的是追回向立晟公司提供的保理融资款项。一、二审法院基于案涉诉讼标的共同性，根据《中华人民共和国民事诉讼法》第五十二条之规定，将本案合并审理，并无不当；且合并审理不仅不会损害当事人的合法权益，反而可以使各方当事人在同一诉讼中充分发表意见，避免债权人就同一债权双重受偿。"

再如，最高人民法院（2016）最高法民辖终38号案中，法院认为："建行钢城支行基于不同的原因分别向两个债务人主张不同的债权请求权，但最终给付目的只有一个，追索权之诉与应收账款债权之诉的诉讼标的是共同的，由于一方当事人为二人以上，发生诉的主体合并，属于必要共同诉讼，根据《中华人民共和国民事诉讼法》第五十二条之规定，法院应当合并审理。"

三、债权人和债务人承担责任的顺序

金融机构同时起诉应收账款债权人及债务人，法院一般会按照合同约定确认债权人和债务人承担责任的先后顺序，如合同未约定，则按照间接给付的法理，判令应收账款债务人承担第一顺位的还款责任，应收账款债权人承担补充责任。

《民法典》仅规定了保理人"可以"向应收账款债权人和债务人主张权利，但并未限制债权人和债务人承担责任的先后顺序。根据"当事人约定优先"的合同法原则，法院在处理时应当尊重各方在合同中的约定。例如，金融机构在合同中明确约定了应收账款债权人与债务人应当承担"连带责任"的，则金融机构有权主张应收账款债务人、债权人承担连带赔偿责任。前文提到的（2020）沪0115民初59865号案即是根据合同的明确约定，判令应收账款债务人、债权人向保理人承担连带赔偿责任。

对于合同未明确约定清偿顺序的，最高人民法院在对《民法典》第766条规定的理解与适用中给出了统一处理，保理人同时向应收账款债权人与债务人主张权利的，如果合同约定承担连带责任，则可按合同约定处理；如果合同未作约定，则应按照间接给付的法理，判令应收账款债务人承担第一顺位的还款责任，应收账款债权人承担补充责任。

这一处理方式采纳的是最高人民法院（2017）最高法民再164号案中的观点。该案中，法院认为，根据双方在《国内保理业务合同》中的约定和间接给付的法理，珠海华润银行本应先向江西燃料公司求偿，在未获清偿时，才能够向广州大优公司主张权利，追索权的功能相当于广州大优公司为江西燃料公司的债务清偿能力提供了担保，这一担保的功能与放弃先诉抗辩权的一般保证相当。参照原《担保法》关于一般保证的法律规定，江西燃料公司应当就其所负债务承担第一顺位的清偿责任，对其不能清偿的部分，由广州大优公司承担补充赔偿责任。

这种顺位的排序，不仅在法理上有据可循，也符合"保理融资的第一还款来源为债务人对应收账款的支付"这一行业共识。

因此，金融机构同时起诉应收账款债权人及债务人，合同有明确约定清偿顺序的，法院应按照合同约定处理；合同未约定的，则应判令应收账款债务人承担第一顺位的还款责任，应收账款债权人承担补充责任。

38

保理业务虚构应收账款，债务人能否拒绝向金融机构清偿债务？

【简答】

1. 债权人与债务人共同虚构应收账款，金融机构对此不“明知”而提供保理服务的，债务人应当向金融机构清偿债务。

2. 债权人与债务人共同虚构应收账款，金融机构对此“明知”而提供保理服务的，债务人有权以此抗辩，拒绝向金融机构清偿债务。

3. 债权人虚构应收账款与金融机构签订保理合同，债务人有证据证明其不知情的，债务人有权以此抗辩，拒绝向金融机构清偿债务。

【问题的提出】

保理业务是以债权人转让其应收账款为前提，集应收账款催收、管理、坏账担保及融资于一体的综合性金融服务。因为现实中的保理业务基本都具有融资性质，因此开展此项业务的金融机构（包括银行和商业保理公司）往往并不特别看重作为转让标的的应收账款是否合法以及是否真实存在，甚至部分金融机构还会基于业绩等利益驱动故意放松对应收账款真实性的审查标准，这使有融资需求的企业往往会以虚假的应收账款作为转让标的来获取金融机构的保理融资，导致司法实践中往往会出现金融机构以保理人身份向债务人追讨账款、债务人却以应收账款系虚构为由拒绝清偿债务的情形。

《民法典》出台以前,保理合同并非原《合同法》明文规定的一种典型合同,属于无名合同,对以虚构的应收账款建立的保理关系如何处理,立法上也无明确规定可依,司法实践仅能依靠原《合同法》对合同纠纷的原则性规定以及民法基础理论对案件进行分析处理。《民法典》的出台,不仅赋予了保理合同"有名合同"的身份,更是对保理合同纠纷的具体处理作出了相应规定。

《民法典》第 763 条规定:"应收账款债权人与债务人虚构应收账款作为转让标的,与保理人订立保理合同的,应收账款债务人不得以应收账款不存在为由对抗保理人,但是保理人明知虚构的除外。"该规定部分解决了虚构应收账款的处理问题,但仍不能完全回应实践中出现的诸多问题。

【法律分析意见】

一、债权人与债务人共同虚构应收账款,金融机构对此不"明知"而提供保理服务的,债务人应当向金融机构清偿债务

《民法典》第 763 条对债权人与债务人共同虚构应收账款的规定已较为明确,只要金融机构对虚构行为主观上不"明知",债务人均应按照保理合同的约定向作为保理人的金融机构清偿债务。

关于《民法典》第 763 条规定的理解与适用具体是:"根据民法基本原理,双方当事人通谋所为的虚伪意思表示,在当事人之间发生绝对无效的法律后果。但在虚伪表示的当事人与第三人之间,则应视该第三人是否知道或应当知道该虚伪意思表示而发生不同的法律后果,在保理人善意无过失的情况下,应收账款债务人应当依其承诺的数额向保理人承担责任,而不得以应收账款虚假的理由对抗保理人。"①

因此,应收账款系虚构时,债权人与债务人之间的合同关系当然无效,但债权人与保理人之间的保理合同并不当然无效。如保理人是善意,则债权人与债务人构成欺诈,保理合同应为可撤销合同;如保理人未撤销保理合同,基于保护善意第三人的立法理念,应认定保理合同有效,债务人应当依照保理合同的约定向保理人承担责任。

---

① 最高人民法院民法典贯彻实施工作领导小组:《中华人民共和国民法典合同编理解与适用(三)》,人民法院出版社 2020 年版,第 1775 页。

最高人民法院(2019)最高法民申2994号案印证了上述观点。该案中法院认为:"邦丰实业与中江集团间的基础合同虽系虚假,但无证据证明建行杨浦支行明知基础合同为虚假而与邦丰实业签订案涉《保理合同》,故在案涉《保理合同》未经撤销的情况下,仍具有法律拘束力。……中江集团与邦丰实业虚构债权债务,又向建行杨浦支行确认基础合同项下的债权债务关系,并进行付款承诺,具有明显的欺诈故意。若以建行杨浦支行未充分审核应收账款债权真实性,未发现中江集团的欺诈行为为由减少中江集团应承担的付款责任,有悖于诚实信用。"

二、债权人与债务人共同虚构应收账款,金融机构对此"明知"而提供保理服务的,债务人有权以此抗辩,拒绝向金融机构清偿债务

根据《民法典》第763条的规定,如金融机构对应收账款虚构的事实明知,而仍为债权人提供保理服务,则金融机构并非善意,应收账款债务人可以应收账款不存在为由对抗金融机构,即债务人可以拒绝向金融机构清偿债务。

实践中,适用该条认定债务人抗辩成立,必须以保理人知道虚构应收账款的事实为前提,且限定在"明知"的范围内,而不包括"应当知道"的情形。将债务人的抗辩事由限定为保理人"明知"应收账款虚构的情形,而排除"应当知道"的情形,这是"一种刻意选择的规范立场,意在使与应收账款债权人通谋造假的债务人承担不利的后果"①。

债务人以此进行抗辩的,金融机构并非没有救济途径。债权人与债务人共同虚构应收账款,保理人对此亦明知,则三方均是虚假的意思表示,根据《民法典》第146条"行为人与相对人以虚假的意思表示实施的民事法律行为无效。以虚假的意思表示隐藏的民事法律行为的效力,依照有关法律规定处理"的规定,保理合同无效。因保理合同大多具有融资性质,虚构应收账款主要目的是获取融资,实质上可能构成民间借贷关系,如构成借贷关系,则应按照借款合同确定案由并确定当事人之间的权利义务。这种情况下,虚假应收账款的债权人系借款人,金融机构实际为出借人,金融机构可以依照民间借贷关系向应收账款债权人主张相应权利。

---

① 最高人民法院民法典贯彻实施工作领导小组:《中华人民共和国民法典合同编理解与适用(三)》,人民法院出版社2020年版,第1775页。

《最高人民法院关于当前商事审判工作中的若干具体问题》“七、关于保理合同纠纷案件的审理问题”中亦明确规定，“实务中确实有部分保理商与交易相对人虚构基础合同，以保理之名行借贷之实。对此，应查明事实，从是否存在基础合同、保理商是否明知虚构基础合同、双方当事人之间实际的权利义务关系等方面审查和确定合同性质。如果确实是名为保理、实为借贷的，仍应当按照借款合同确定案由并据此确定当事人之间的权利义务”。

三、债权人虚构应收账款，债务人有证据证明其不知情的，债务人有权以此抗辩，拒绝向金融机构清偿债务

对于债务人未参与虚构应收账款、对虚构行为不知情的情形，《民法典》未进一步明文规定，但司法实践的处理态度基本一致：如债务人有证据证明其对债权人虚构应收账款的行为不知情，可以此主张抗辩，拒绝向金融机构清偿债务。这种处理方式的相关法理及理由主要包括以下几个方面。

首先，保理的基础是应收账款的转让，构成债权转让关系，债权转让以通知到达债务人为转让对债务人生效的要件。如债务人对应收账款不知情，则至少债权转让通知未到达债务人，债权转让并未对债务人生效，因此，债务人当然有权拒绝向受让人也就是金融机构清偿债务。

其次，因应收账款是债权人单方虚构，债务人本身对债权人享有抗辩权。根据《民法典》第 548 条“债务人接到债权转让通知后，债务人对让与人的抗辩，可以向受让人主张”的规定，债务人对债权人的抗辩，可以向作为受让人的保理人主张。据此，债务人可以自己对债权人并不负有债务为由主张抗辩，该抗辩对保理人同样生效，债务人可拒绝向受让人也就是金融机构清偿债务。

最后，即便债务人参与虚构债权，金融机构能够向债务人主张权利的前提也必须要求金融机构是善意的，要认定金融机构是善意的，必然要求债权人的行为制造了一定的权利外观，使金融机构认为应收账款是真实存在的，结合司法实践，形成合理的权利外观一般需要有债务人出具的确认书等文件。金融机构如连基本的审查和向债务人确认的工作都未进行就承接该保理业务，很难证明其是善意的。例如，在最高人民法院(2016)最高法民终 705 号案中，作为保理人的商业银行对于应收账款确认文件中债务人的公章与在应收账款保理业务三方协议中所盖的公章不一致，没有进行合理怀疑和必要调查，无法证明债务人同时使用两个公章，也没有提供其他证据直接证明应收账款的存在，最高人民法院据此没有支持保理人要求债务人给付应收账款的主张。

39

金融机构是否应承担其工作人员对外行为的法律后果?

【简答】

1. 如工作人员实施的行为属于其工作职权范围内的事项,构成职务代理行为,对金融机构发生效力,金融机构须就该工作人员的行为承担法律后果。

2. 如工作人员实施的行为超越其职权范围或未经金融机构有效授权,但行为人客观上形成了其具有代理权的表象,且相对人善意且无过失,构成表见代理,金融机构须就该工作人员的行为承担法律后果。

3. 如工作人员实施的行为超越其职权范围或未经金融机构有效授权,且不构成表见代理,如经金融机构追认,则对金融机构发生效力;未被追认的,不对金融机构发生效力,金融机构无须就该工作人员的行为承担法律后果。

【问题的提出】

金融机构开展经营活动时,常常由金融机构的工作人员以金融机构的名义与交易相对人签订合同,从事相关法律行为。上述行为产生纠纷时,金融机构往往以工作人员未经金融机构有效授权或者超越其授权范围等为由提出抗辩,主张金融机构不应承担法律后果;交易相对人则认为其与金融机构存在合同关系，系基于对金融机构的信赖才进行交易，发生纠纷时理应由金融机构承担相应法律责任。

因此，在金融领域实务纠纷中，金融机构工作人员对外从事行为的法律后果应由行为人还是金融机构承担，是一个常见的焦点问题。认定上述问题，往往又涉及职务代理、表见代理、无权代理等多个概念的区分和认定，下面进行详细分析。

【法律分析意见】

一、如工作人员实施的行为属于其工作职权范围内的事项，构成职务代理行为，金融机构须承担其工作人员行为的法律后果

职务代理，是指代理人根据其在法人或者非法人组织中所担任职务，依据其职权对外实施民事法律行为的代理。《民法典》第 170 条对"职务代理"的基本内涵及法律效果进行了明确的规定："执行法人或者非法人组织工作任务的人员，就其职权范围内的事项，以法人或者非法人组织的名义实施的民事法律行为，对法人或者非法人组织发生效力。法人或者非法人组织对执行其工作任务的人员职权范围的限制，不得对抗善意相对人。"

根据上述规定，如果金融机构的工作人员以金融机构的名义实施一定法律行为，该行为属于该工作人员职权范围内的事项，则该行为构成职务代理，发生与一般委托代理相同的效果，即对被代理人金融机构发生效力，金融机构应对工作人员实施的行为承担法律后果。

二、如工作人员实施的行为超越其职权范围或未经金融机构有效授权，但行为人客观上形成了其具有代理权的表象，相对人善意且无过失，构成表见代理，金融机构须承担其工作人员行为的法律后果

《民法典》第 172 条规定："行为人没有代理权、超越代理权或者代理权终止后，仍然实施代理行为，相对人有理由相信行为人有代理权的，代理行为有效。"

根据上述规定，表见代理是指行为人虽无代理权，但因具有足以使善意相对人客观上有充分正当理由相信其有代理权的表面特征，因而被代理人须承受行为人所实施行为的法律效果的制度。表见代理制度的设立，有利于保护善意相对人的合法权益，维护市场交易安全。

参见最高人民法院发布的《关于当前形势下审理民商事合同纠纷案件若干

问题的指导意见》第13条的规定，认定金融机构工作人员实施的行为是否构成表见代理，需从“行为人是否客观上形成具有代理权的表象”及“相对人是否主观上善意无过失”两方面进行判断，“合同相对人主张构成表见代理的，应当承担举证责任，不仅应当举证证明代理行为存在诸如合同书、公章、印鉴等有权代理的客观表象形式要素，而且应当证明其善意且无过失地相信行为人具有代理权”。

在(2008)民二终字第124号案①中，法院明确指出，在认定表见代理时，对于相对人主观善意的识别应有非常严格的要求，在相对方有过错的场合，无论该过错是故意还是过失，都不能适用表见代理制度：

“关于兴业银行广州分行上诉所称本案崔绍先的行为构成表见代理，本案授信合同和与之相关的一系列贷款合同为有效合同，深圳机场公司应依贷款合同返还贷款本息(包括罚息)的上诉请求。本院认为，表见代理是行为人没有代理权、超越代理权或者代理权终止后继续以代理人名义订立合同，而善意相对人客观上有充分的理由相信行为人具有代理权，则该代理行为有效，被代理人应按合同约定承担其与相对人之间的民事责任。但是，在相对方有过错的场合，不论该种过错是故意还是过失，无表见代理适用之余地。因本案基本授信合同及相关贷款合同，均为以合法的形式掩盖非法目的的无效合同，且兴业银行广州分行在本案所涉贷款过程中具有过错，故本案不适用合同法关于表见代理的规定，深圳机场公司和兴业银行广州分行应根据各自的过错程度承担相应的民事责任。”

《关于当前形势下审理民商事合同纠纷案件若干问题的指导意见》第14条对识别相对人主观上是否属于“善意且无过失”进一步列举了司法实务中有典型参考性的多个因素：

“人民法院在判断合同相对人主观上是否属于善意且无过失时，应当结合合同缔结与履行过程中的各种因素综合判断合同相对人是否尽到合理注意义务，此外还要考虑合同的缔结时间、以谁的名义签字、是否盖有相关印章及印章真伪、标的物的交付方式与地点、购买的材料、租赁的器材、所借款项的用途、建

---

① 参见兴业银行广州分行与深圳市机场股份有限公司借款合同纠纷案，载《最高人民法院公报》2009年第11期(总第157期)。

筑单位是否知道项目经理的行为、是否参与合同履行等各种因素,作出综合分析判断。”

结合上述规定,司法实践中,即便金融机构工作人员实施的行为超越其职权范围或未经金融机构有效授权,但在客观上形成了具有代理权的表象,如工作人员出示了金融机构公章、办理业务所用的印鉴、加盖金融机构公章的合同书等,相对人已尽到合理注意义务,主观上善意且无过失地相信该行为人具有代理权的,构成表见代理,该代理行为有效,金融机构仍须就其工作人员的行为承担法律后果。

三、工作人员实施的行为超越其职权范围或未经金融机构有效授权,且不构成表见代理的,如经金融机构追认,则对金融机构发生效力;未被追认的,不对金融机构发生效力,金融机构无须就该工作人员的行为承担法律后果,由行为人承担相应责任

《民法典》第 171 条规定:“行为人没有代理权、超越代理权或者代理权终止后,仍然实施代理行为,未经被代理人追认的,对被代理人不发生效力。相对人可以催告被代理人自收到通知之日起三十日内予以追认。被代理人未作表示的,视为拒绝追认。行为人实施的行为被追认前,善意相对人有撤销的权利。撤销应当以通知的方式作出。行为人实施的行为未被追认的,善意相对人有权请求行为人履行债务或者就其受到的损害请求行为人赔偿。但是,赔偿的范围不得超过被代理人追认时相对人所能获得的利益。相对人知道或者应当知道行为人无权代理的,相对人和行为人按照各自的过错承担责任。”

根据上述规定,金融机构工作人员没有代理权、超越代理权或者代理权终止后,仍然以金融机构名义实施某项行为时,属于无权代理。此种情况下,如不能构成表见代理,作为被代理人的金融机构享有追认或者拒绝追认的选择权,在金融机构追认之前,金融机构工作人员的行为处于效力待定状态,视金融机构是否追认对金融机构发生截然不同的法律后果,具体而言:

如工作人员的行为经过金融机构追认,无权代理性质发生改变,其所欠缺的代理权得到补足,转化为有权代理,效力溯及既往,无权代理行为自始有效,该代理行为的法律后果自然应由被代理人金融机构承担;

如工作人员的行为未经金融机构追认,则该无权代理行为对金融机构不发生效力。但需要注意的是,即使未被追认,该行为也不是归于无效,而仅是对被代理人金融机构不发生效力,该行为的有关法律后果及法律责任应当由实施该行为的工作人员承担,善意相对人有权请求行为人履行债务或者就其受到的损害请求行为人赔偿,但赔偿的范围不得超过金融机构追认时相对人所能获得的利益。

40

如何认定借新还旧案件中的担保责任?

【简答】

1. 借新还旧并非就原借款合同进行合同展期,而是合同当事人前后签订两份借贷合同,当事人之间产生先后两个法律关系,在借新还旧后,原借款合同即消灭。

2. 主合同当事人协议借新还旧,债权人请求旧贷的担保人承担担保责任的,人民法院不予支持;债权人请求新贷的担保人承担担保责任的,如果新贷与旧贷的担保人相同,则人民法院应予支持,新贷与旧贷的担保人不同,或者旧贷无担保新贷有担保的,除债权人有证据证明新贷的担保人提供担保时对以新贷偿还旧贷的事实知道或者应当知道的以外,人民法院不予支持。

3. 旧物保担保人同意为新贷提供担保,且尚未涂销登记的,可直接依据原登记就新贷向担保人继续行使担保物权,无须另行登记,且债权顺位仍以原登记时间确定。主合同当事人及物保担保人约定拟将旧登记的担保物作为新贷担保的,可另行签订相关补充协议。

【问题的提出】

借新还旧,又称以新贷还旧贷,其并非法律法规规定的专业名词,但在银行、金融行业中大量存在。最高人民法院在《〈全国法院民商事审判工作会议纪要〉理解与适用》里认为:“借新还旧是指债权人与债务人在旧的贷款尚未清偿的情况下，再次签订贷款合同，以新贷出的款项清偿部分或者全部旧的贷款。"①

四川省高级人民法院在（2018）川民再656号民事判决中就借新还旧的基本型进行定义，所谓借新还旧，是指债权人与债务人在旧的借款尚未清偿的情况下，再次签订借款合同，并以新借款项清偿部分或者全部旧借款的行为。一般情况下，借新还旧的条件包括：存在前后两个借款合同且两个借款合同的当事人相同，时间上顺序相连，借款金额基本相当，后一笔借款直接用于归还前一笔借款。

随着市场经济的发展，借新还旧凭借既可满足生产经营的需要，又可维护企业信用的优势，深受金融机构、中小企业的青睐。近年来，实践中开始出现"过桥贷""顶名贷"等涉及第三方主体而有别于基本型的模式，均有司法案例将其认定为借新还旧。因此，借新还旧司法案件持续增多，实践中也容易引发以下法律问题：

1. 借新还旧是就原借款合同的展期约定，还是指以新贷还旧贷后，原借款合同消灭，主合同当事人保留新的借款合同？

2. 借新还旧后，旧贷担保人对新贷是否应该承担担保责任，而新贷担保人又是否应该对旧贷承担担保责任？

3. 在旧物保担保人对新贷承担担保责任的情况下，担保顺位应如何认定？不动产等财产是否需要重新登记？

【法律分析意见】

一、借新还旧并非就原借款合同进行合同展期，而是合同当事人前后签订两份借贷合同，当事人之间产生先后两个法律关系，在借新还旧后，原借款合同即消灭

关于该问题，此前各地司法裁判观点不一，主要存在两种观点：

一种观点认为，新贷系旧贷通过新贷进行的展期行为，新贷与旧贷实为主合同当事人一致达成的同一债权债务关系，如最高人民法院（2008）民二终字第81号民事判决认为："借新还旧与贷款人用自有资金归还贷款，从而消灭原债权

---

① 最高人民法院民事审判第二庭编著：《〈全国法院民商事审判工作会议纪要〉理解与适用》，人民法院出版社2019年版，第354页。

债务的行为有着本质的区别。虽然新贷代替了旧贷，但贷款人与借款人之间的债权债务关系并未消除，客观上只是以新贷的形式延长了旧贷的还款期限，故借新还旧的贷款本质上是旧贷的一种特殊形式的展期。”

另一种观点则认为，主合同当事人前后签订两份合同系两个法律行为，故新贷与旧贷应分属两个独立的法律关系，以新贷还旧贷后，旧贷消灭，保留新贷。

由于近几年此类案件较多，争议较大，为统一裁判思路，规范法官自由裁量权，《九民会议纪要》第57条采纳了第二种观点，即贷款到期后，借款人与贷款人订立新的借款合同，将新贷用于归还旧贷，旧贷因清偿而消灭。《〈全国法院民商事审判工作会议纪要〉理解与适用》认为，借新还旧实际所起到的作用就是贷款展期，所不同的是，借新还旧是通过消灭旧债设立新债的方式实现贷款展期的，性质上属于债务更新，旧贷及其上的担保随之消灭。而贷款展期性质上属于履行期限的变更，前后两债属于同一个债。[①]

因此，现行裁判观点通说认为，合同展期仅是对合同履行期限的延长与变更，基础法律关系并未改变；而借新还旧实际上是在主合同当事人之间建立新的法律关系。

二、借新还旧中的担保人

主合同当事人协议借新还旧，债权人请求旧贷的担保人承担担保责任的，人民法院不予支持；债权人请求新贷的担保人承担担保责任的，如果新贷与旧贷的担保人相同，则人民法院应予支持；新贷与旧贷的担保人不同，或者旧贷无担保而新贷有担保的，除债权人有证据证明新贷的担保人提供担保时对以新贷偿还旧贷的事实知道或者应当知道的以外，人民法院不予支持。

《民法典担保制度解释》第16条第1款规定：“主合同当事人协议以新贷偿还旧贷，债权人请求旧贷的担保人承担担保责任的，人民法院不予支持；债权人请求新贷的担保人承担担保责任的，按照下列情形处理：（一）新贷与旧贷的担保人相同的，人民法院应予支持；（二）新贷与旧贷的担保人不同，或者旧贷无担保新贷有担保的，人民法院不予支持，但是债权人有证据证明新贷的担保人提

---

① 参见最高人民法院民事审判第二庭编著：《〈全国法院民商事审判工作会议纪要〉理解与适用》，人民法院出版社2019年版，第355-356页。

供担保时对以新贷偿还旧贷的事实知道或者应当知道的除外。”

《民法典担保制度解释》的观点是借新还旧中的旧贷担保人对新贷不承担担保责任。关于新贷担保人是否对旧贷承担担保责任问题,《民法典担保制度解释》以新旧贷担保人是否相同为划分条件,将其分为两种情形进行处理:一是新旧贷担保人相同的,新贷担保人对旧贷承担担保责任,无须特别证明新贷保证人对新贷偿还旧贷知情;二是新旧贷担保人不同或者旧贷无担保新贷有担保的,新贷担保人提供担保的前提是其知情权得到充分保护,即在其提供担保时,就已知主合同当事人借新还旧的事实。

因此,在主合同约定借新还旧的情况下,新贷担保人并非必然对新贷承担担保责任。

关于担保人的知情权问题,《中国人民银行关于借款合同有关法律问题的复函》(银办函〔1997〕320 号)、《中国人民银行关于借新还旧贷款中保证人责任问题的复函》(银条法〔2000〕2 号)、原《担保法解释》等均已明确规定,借新还旧中新贷担保人承担保证义务的前提条件是其对主合同系以新贷还旧贷的事实明确知悉。

三、旧物保担保人同意为新贷提供担保的处理

主合同当事人及新旧贷物保担保人约定借新还旧,新旧贷物保担保人仍然就新债权承担担保义务的,如果该担保物已经设有后顺位担保物权,重新办理登记则会导致丧失债权优先顺位利益,从而劣后于新贷发生前设定的后顺位担保物权人的后果。

为了稳定各方主体权利格局及交易秩序,促进公平交易,《九民会议纪要》第 57 条规定,贷款到期后,借款人与贷款人订立新的借款合同,将新贷用于归还旧贷,旧贷因清偿而消灭,为旧贷设立的担保物权也随之消灭。贷款人以旧贷上的担保物权尚未进行涂销登记为由,主张对新贷行使担保物权的,人民法院不予支持,但当事人约定继续为新贷提供担保的除外。

《民法典担保制度解释》第 16 条第 2 款沿袭了《九民会议纪要》的观点,认为“主合同当事人协议以新贷偿还旧贷,旧贷的物的担保人在登记尚未注销的情形下同意继续为新贷提供担保,在订立新的贷款合同前又以该担保财产为其他债权人设立担保物权,其他债权人主张其担保物权顺位优先于新贷债权人的,人民法院不予支持”。根据该条规定可知,旧物保担保人同意为新贷提供担保，且尚未涂销登记的，可直接依据原登记就新贷向担保人继续行使担保物权，无须另行登记，且债权顺位仍以原登记时间确定。

需要提醒的是，不动产等物的担保以登记为生效条件，倘若主合同当事人及物保担保人约定拟以旧登记之担保物作为新贷担保，可另行签订相关补充协议，切勿另行签署新的担保合同。

41

投资人签订"合伙合同"进行投资，是否必然构成民事合伙合同关系？

【简答】

投资人签订"合伙合同"，但投资人未实际参与经营、劳动，根据法律事实的具体细节，该法律关系可能被认定为民事合伙合同关系或者民间借贷关系。

【问题的提出】

张三是京城第一美食店和京城第二美食店的老板，李四和张三计划合作京城第二美食店朝阳分店餐饮项目，双方签订合作协议书，约定由张三出场地和品牌，李四出资 10 万元（占投资额的 17%）并全面负责餐厅运营。

2021 年 9 月，张三将京城第一美食店所在的部分场地作为京城第二美食店朝阳分店的运营场地，李四则与朋友甲、乙、丙磋商并分别签订了合作协议书，约定各方共负盈亏，允许甲、乙、丙合作一年后退出。后，甲、乙、丙分别将投资款转账给了张三。

京城第二美食店朝阳分店开张不久，在新冠疫情影响下亏损严重，因此甲、乙、丙纷纷要求退出。

2022 年 4 月，张三、李四以及甲、乙、丙签订退股协议，张三承诺：

（1）无条件于 2022 年 8 月 30 日前将甲、乙、丙的原出资金额全部退还。

(2)张三逾期退还款项的,需承担违约金2万元/天和滞纳金2万元/天。

(3)张三全额退款以后,与甲、乙、丙的合作关系正式终止。

【法律分析意见】

一、张三、李四以及甲、乙、丙之间的法律关系——民事合伙合同关系或者民间借贷关系

目前,关于民事合伙的规定集中在《民法典》第二十七章,第967条即是对于民事合伙的定义,“合伙合同是两个以上合伙人为了共同的事业目的,订立的共享利益、共担风险的协议”。

关于合伙人是否应当共同参与该民事合伙的经营、劳动,上述规定并未明确。因而,在司法实践中,投资人是否参与过经营或提供过劳动并不一定作为构成合伙关系的必要条件。

例如,四川省德阳市中级人民法院(2021)川06民终583号民事判决书中,法院认为:“合伙合同纠纷适用于民事合伙,即个人合伙,其法律特征包括以下几个方面:1.合伙人为自然人;2.以合伙协议为成立前提;3.合伙人必须共同出资;4.合伙人必须由合伙人合伙经营,共同劳动;5.合伙人必须分享收益。”

但是,参照《最高人民法院关于贯彻执行〈中华人民共和国民法通则〉若干问题的意见(试行)》(已失效)第46条的规定,“公民按照协议提供资金或者实物,并约定参与合伙盈余分配,但不参与合伙经营、劳动的,或者提供技术性劳务而不提供资金、实物,但约定参与盈余分配的,视为合伙人”,如果某一民事合伙的投资人按相关协议提供资金或实物,并约定参与合伙盈余分配,尽管该投资人不参与合伙经营、劳动,但是依然存在被认定为合伙人的可能。

一种可能的观点是:

首先,根据张三与李四所签订的合作协议书,李四出资10万元,占投资额的17%,由李四负责经营管理运营一切事宜,双方共享项目红利、共担项目亏损,张三与李四属于合伙合同关系,该合伙合同的对象即京城第二美食店朝阳分店。

其次,根据李四与甲、乙、丙所签订的合作协议书,由李四与各出资人双方共享项目红利、共担项目亏损,出资人不参与经营管理。根据《民法典》第970条的规定,“合伙事务由全体合伙人共同执行”,因此,李四有权代表京城第二美食店朝阳分店对外签订合同，张三、李四与甲、乙、丙亦构成合伙合同关系。

因此，京城第二美食店朝阳分店由张三、李四以及三位出资人构成的合伙共同运营管理，张三的“场地 + 品牌”出资，以及李四、甲、乙、丙的货币出资共同构成合伙财产。

另一种可能的观点是：

张三与李四属于合伙合同关系，但是李四与甲、乙、丙所签订的合作协议书存在被认定为民间借贷合同的可能。

根据《民法典》第 667 条的规定，“借款合同是借款人向贷款人借款，到期返还借款并支付利息的合同”，以及《最高人民法院关于审理民间借贷案件适用法律若干问题的规定》第 1 条第 1 款的规定，“民间借贷，是指自然人、法人和非法人组织之间进行资金融通的行为”。

尽管李四与甲、乙、丙所签订的合作协议书中约定各方共享收益、共担风险，但是鉴于出资人并未参与经营管理，且京城第二美食店朝阳分店由于亏损，从未分过红，不排除该合作协议书被认定为民间借贷合同的可能，据此可能认定甲、乙、丙与张三、李四共同构成民间借贷关系。

因此，根据《民法典》第 973 条的规定，“合伙人对合伙债务承担连带责任。清偿合伙债务超过自己应当承担份额的合伙人，有权向其他合伙人追偿”，甲、乙、丙有权要求张三、李四共同偿还合作协议书项下的借款。

二、退股协议的法律效果

尽管退股协议约定了张三同意取消与甲、乙、丙的合作意向，并约定了向甲、乙、丙的退款金额。但是结合合作协议书的法律性质，各方在退股协议中作出的意思表示，既有可能被解释为终止合伙合同并分割合伙财产的合意，也有可能被解释为解除民间借贷合同的合意。

1. 合伙关系情境下

根据《民法典》第 969 条的规定，“合伙人的出资、因合伙事务依法取得的收益和其他财产，属于合伙财产。合伙合同终止前，合伙人不得请求分割合伙财产”，经签署退股协议，合作各方达成了共同终止由两份合作协议书组成的合伙合同的一致意见。

同时，根据《民法典》第 304 条第 1 款的规定，“共有人可以协商确定分割方式。达不成协议，共有的不动产或者动产可以分割且不会因分割减损价值的，应当对实物予以分割；难以分割或者因分割会减损价值的，应当对折价或者拍卖、变卖取得的价款予以分割”，合作各方应当对京城第二美食店朝阳分店项下的合伙财产进行清算，按比例分割合伙财产。

退股协议中直接约定应退款金额，未提及项目亏损情况及应先经清算再退股等事宜。在各方合作关系认定为合伙合同的情况下，退股协议中约定的是“无条件于2022年8月30日前将甲、乙、丙的原出资金额全部退还”，无清算或亏损的约定。

根据《民法典》第978条的规定，“合伙合同终止后，合伙财产在支付因终止而产生的费用以及清偿合伙债务后有剩余的，依据本法第九百七十二条的规定进行分配”，以及第972条的规定，“合伙的利润分配和亏损分担，按照合伙合同的约定办理；合伙合同没有约定或者约定不明确的，由合伙人协商决定；协商不成的，由合伙人按照实缴出资比例分配、分担；无法确定出资比例的，由合伙人平均分配、分担”。

因此，合作方应按照项目盈亏情况进行清算，再按照出资比例向退股方分割剩余的合作项目财产。

2. 民间借贷关系情境下

综上所述，若李四与甲、乙、丙所签订的合作协议书被认定为民间借贷关系，则各方通过退股协议协商一致解除了甲、乙、丙与包括张三以及李四所组成合伙之间的民间借贷合同，甲、乙、丙仍有权要求张三或李四承担还款义务。

退股协议约定，若张三逾期（超过2022年8月30日）退还上述款项，则张三须承担违约金2万元/天和滞纳金2万元/天。

依据《民法典》第585条的规定，约定的违约金过分高于造成的损失的，人民法院或者仲裁机构可以根据当事人的请求予以适当减少。依据《全国法院贯彻实施民法典工作会议纪要》的规定，约定的违约金超过根据《民法典》第584条规定确定的损失的30%的，一般可以认定为《民法典》第585条第2款规定的“过分高于造成的损失”。

42

贷款银行与经办银行不一致，债务人或保证人是否承担清偿责任？

【简答】

1. 合同具有相对性，除非保证人知晓并认可经办银行与借款人之间的借贷法律关系在其担保的范围内，否则保证人仅就贷款银行与借款人之间的借贷关系承担保证责任。

2. 在“总对总”授信模式下，由银行总行与企业集团总部对接并签署授信协议，协调全国各分行或支行为企业集团提供授信服务。即使经办银行与“总对总”授信协议贷款银行不一致，保证人亦应承担保证责任。

【问题的提出】

银行在实际经营中贷款审批权、决策权多集中在分行、总行等上级银行，而具体的贷款管理及贷款发放工作多集中在基层支行，因此，实践中由上级银行与借款人签订借款合同后，转由下级银行负责实际发放贷款的情况并不少见。在保证人仅与上级（或下级）银行签订了保证合同、金融贷款出现不良的情况，下级（或上级）银行提起诉讼要求借款人偿还贷款的同时，其往往一并起诉保证人，此种情况下保证人是否承担保证责任易引发争议。

此外，近年来银行总行为提高效率，发挥其经营主责任人营销的核心作用，通过指定其下属分行或支行与大型企业集团总部签订授信协议的方式，整体解决大型企业集团二级公司额度授信问题。也就是在授信协议中明确载明授予企业集团总部的授信额度中部分系分配给其下属某二级公司,该二级公司可直接享受银行授信额度,而无须再次经过授信审批。实践中,多数银行存在禁止跨区域贷款的内部规定,因此,在企业集团下属二级公司分布在全国不同省市的情况下,二级公司授信额度的获取往往通过与企业所在地的分行或支行签订授信协议并由该分行或支行直接向其发放贷款的方式实现。“总对总”授信协议项下的保证条款保证范围能否涵盖上述二级公司授信贷款问题,亦容易引发争议。

【法律分析意见】

针对上述问题,主要存在以下两种不同的处理意见:

一种观点认为,根据我国《商业银行法》第 22 条第 1 款的规定,“商业银行对其分支机构实行全行统一核算,统一调度资金,分级管理的财物制度”。由于银行特殊的管理体制,经办银行虽与贷款银行名义不同,但其发放贷款的行为可视为贷款银行履行向借款人出借款项义务的行为(或二者存在隶属关系,可作为共同原告),且签约主体、贷款发放主体仅是在银行系统内发生了变更,并未因此而加重保证人的责任,保证人不应因此而免于承担保证责任。同时,禁止跨区域放贷是银行审慎经营、防控风险的重要举措,“总对总”授信模式下必然涉及跨区域贷款问题,在此情况下如认为保证人可以贷款银行与经办银行不一致而免责,无异于要求银行背离审慎经营原则或加重银行的风险防控负担,不利于银行持续稳健经营。

司法实践中,银行分行和支行作为共同原告起诉保证人,裁判机关判决保证人向二原告承担保证责任,而不严格区分权利主体的案例较为多见。例如,广州市白云区人民法院在中国建设银行股份有限公司广东省分行、中国建设银行股份有限公司广州白云支行与广州市康建房地产开发有限公司保证合同纠纷案判决书[(2017)粤 0111 民初 7738 号]中认为:“原告建行广东省分行是《楼宇按揭合作协议》的一方当事人,原告建行白云支行是建行广东省分行的下属机构,也是借款的经办单位,同时被告亦向原告建行白云支行表示愿意承担保证责任,故两原告均可作为本案的适格原告”,并最终判决保证人向二原告承担保证责任。

另一种观点认为,银行分支机构虽不具有独立的民事主体地位,但均各自领取了经营许可证、金融许可证和营业执照,可以以自己的名义从事民事活动,对外签订协议,当纠纷发生时,可优先以自身财产偿还债务,因此,不宜将各分支机构的行为混同对待。银行分级管理的特殊管理体制不应成为动摇合同相对性根基的例外情形,因此,在未告知保证人且经其同意的情况下,保证人免责。

最高人民法院在中国建设银行有限公司芜湖万春路支行、安徽宝翔建设集团有限责任公司金融借款合同纠纷再审审查与审判监督民事裁定书[(2019)最高法民申 2138 号]中指出:“合同具有相对性,合同当事人基于合同关系可以相互提出合同上的请求,非合同关系的第三人不能依据合同向合同当事人提出合同上的请求,合同当事人无权为第三人设定合同上的权利义务,也不能向该第三人提出合同上的请求,除非法律、司法解释有明确规定……建行芜湖分行、建行万春路支行均为中国建设银行股份有限公司的分支机构,在授权范围内依法开展业务,其民事责任由总行承担。但在业务经营上,建行芜湖分行、建行万春路支行均以自己的名义从事民事活动,是相对独立的民事主体,各自民事活动中产生的法律关系不具有同一性,未经法定程序亦不能替代行使各自权利。”

笔者认可第二种观点,理由如下:

1. 合同相对性乃债权属性的当然原则,当事人应当按照约定履行自己的义务,不得擅自变更或者解除合同。合同相对性非法律明确规定,不宜随意突破。而且因贷款银行与经办银行不一致可能导致的脱保问题完全可以通过银行完善保证合同的方式加以解决,此亦可倒逼银行规范自身经营行为。同时,(2019)最高法民申 2138 号再审审查与审判监督民事裁定书亦坚持了合同相对性这一观点,这一裁判无论在作出的层级还是在时效性方面,均代表了审判实践中对这一问题的导向。关于经办银行能否以禁止银行跨区域贷款为由对抗保证人免责主张问题,经查询商业银行法律法规,国家并未出台法律或部门规章明令禁止跨区域贷款,这一规定往往出自银行金融机构的内部规定或行业规定,显然银行内部规定无法构成有效的对外抗辩。

2. 针对“总对总”授信协议这一针对企业集团贷款的特殊贷款模式,笔者认为“总对总”授信协议属概括性框架协议,具体实施依赖于总行内各分支机构、企业集团及其下属二级公司根据具体业务需要另行签订相关协议。保证人虽然仅就银行总行总授信协议项下全部金融借款作出承担保证责任的意思表示，但各分支机构实质为总行的组成部分，该保证意思表示当然及于各分支机构。故保证人应当对总行下属分支机构为其所在地的企业集团二级公司发放贷款承担保证责任。

值得注意的是，实践中“总对总”授信协议在签订时存在由银行总行指定其下属分行或支行作为签约主体与企业集团签订授信协议的情况，在未明确该协议的性质是“总对总”协议，且保证人签订保证合同的相对方仅为该分行或支行，或保证人单方出具的保证承诺书的相对方无法直接认定为银行总行的情况下，存在保证人以实际经办银行与企业集团下属二级公司的借款不在其保证范围内主张免责的风险。

需要额外说明的是，银行分支机构具备民事诉讼主体资格，可以以自身名义参加民事诉讼程序。《民事诉讼法》第 51 条第 1 款规定：“公民、法人和其他组织可以作为民事诉讼的当事人。”银行分支机构是非法人组织，即属于“其他组织”范畴，可以独立作为民事诉讼的当事人。此外，早在 1995 年《中国人民银行关于对商业银行分支机构民事责任问题的复函》中也明确指出：“专业银行（商业银行）、保险公司设在各地的分支机构虽不具备法人资格，但属于‘其他组织’，具有诉讼主体资格，可以作为民事诉讼的当事人参加诉讼。商业银行的分支机构在总行授权范围内开展业务时，与其他公民、法人和其他组织发生纠纷引起民事诉讼的，应以分支机构作为诉讼主体，而不应以其总行作为诉讼主体。”

综上所述，鉴于实践情况的复杂性与银行内控合规的特殊要求，贷款银行与经办银行不一致的情况尚不能完全杜绝。为及时回收不良债权，金融机构可完善合同条款规避上述潜在法律风险，通过在保证合同格式条款中或保证人单方承诺格式范本中以加粗方式或特别提示方式增设该种情况下保证人亦应承担保证责任的约定，从而在事前进行风险防控。该等格式条款的有效释明，亦应充分考虑。

笔者认为，广东省广州市越秀区人民法院（2019）粤 0104 民初 26298 号中，建设银行股份有限公司广东省分行有关借款合同的特别条款设置值得借鉴：“由建行广州越秀支行作为经办银行……本合同项下贷款发放后，贷款人将本合同项下的债权及抵押权交由经办单位越秀支行行使。经办单位有权以自己的名义负责本合同的实际履行(全部或部分)、债务催收、提起诉讼/仲裁、申请执行。贷款人对前款所述事项不再另行通知借款人。借款人已知悉、同意贷款人上述行为,并无异议。”

43

贷款展期有哪些法律效果?

【简答】

1. 根据最高人民法院相关规定,贷款展期是对原贷款合同贷款期限的变更,而非新的贷款。

2. 原贷款存在保证担保的,贷款展期未经保证人同意,保证人仅在原贷款合同约定或者法律规定的期间内继续为展期后的贷款承担保证责任,承担的保证范围则需视债务是否加重分别处理。债务加重的,保证人不对加重的部分承担保证责任。

3. 原贷款存在第三人提供的物权担保的,如未征得第三人同意而进行展期,则贷款人就担保物有限受偿的范围仅能以原合同约定的范围为限。抵押权的行使期间也应以原合同约定的清偿债务期限计算,超过原合同诉讼时效的,抵押权人可以此抗辩。

【问题的提出】

《民法典》第 678 条规定:“借款人可以在还款期限届满前向贷款人申请展期;贷款人同意的,可以展期。”

在经济活动中,贷款展期是一种比较常见的现象,尤其是受经济大环境的影响,借款人不能如期还款的现象普遍存在,贷款展期的应用也越来越普遍。

2020 年 3 月 1 日,原中国银行保险监督管理委员会、中国人民银行、国家发展和改革委员会、工业和信息化部、财政部联合发布了《关于对中小微企业贷款实施临时性延期还本付息的通知》,“对于2020年1月25日以来到期的困难中小微企业(含小微企业主、个体工商户)贷款本金,银行业金融机构应根据企业延期还本申请,结合企业受疫情影响情况和经营状况,通过贷款展期、续贷等方式,给予企业一定期限的临时性延期还本安排”,明确了银行业金融机构应给予企业临时性延期还本安排,贷款展期就是一种重要的延期还本的方式。

司法实践中,贷款展期的性质和展期后原担保效力如何认定是常见的问题,因此对其进行系统性梳理和分析非常具有实践意义。

【法律分析意见】

一、贷款展期是对原贷款合同期限的变更,而非新的贷款

最高人民法院在2000年2月13日颁布的《关于展期贷款超过原贷款期限的效力问题的答复》中明确:“展期贷款性质上是对原贷款合同期限的变更。”

根据上述规定,贷款展期是对原贷款合同期限的变更,而非形成新的贷款,司法实践中也基本统一地作此种处理。这意味着贷款展期不形成新的基础法律关系,而是对原有债权债务关系的一种变更或补充。

上述答复明确回应了关于贷款展期合同的效力问题:“确认合同是否有效,应当依据我国的法律和行政法规,只要展期贷款合同是双方当事人在平等、自愿基础上真实的意思表示,并不违背法律和行政法规的禁止性规定,就应当认定有效。”因此,应严格依照法律规定确认贷款展期合同效力。只要是借贷双方平等、自愿作出意思表示,且不违反法律和行政法规的禁止性规定,贷款展期合同即应认定为有效。

二、原贷款存在保证担保,贷款展期未经保证人同意的,保证人仅在原贷款合同约定或者法律规定的期间内继续为展期后的贷款承担保证责任,但承担的保证范围则需视债务是否加重分别处理

《民法典》第695条规定:“债权人和债务人未经保证人书面同意,协商变更主债权债务合同内容,减轻债务的,保证人仍对变更后的债务承担保证责任;加重债务的,保证人对加重的部分不承担保证责任。债权人和债务人变更主债权债务合同的履行期限,未经保证人书面同意的,保证期间不受影响。”

贷款展期是对贷款期限的变更,上述规定也明确了变更履行期限未经保证

人同意的，不影响保证期间。因此，根据上述规定，对贷款进行展期应征得保证人同意，如未征得保证人同意而进行展期，保证人仍应承担保证责任，但仅依照原贷款合同约定的保证期间承担保证责任。

在实践中，贷款期限的延展会导致债务人支付的利息、逾期罚息等的改变，如原来的合同约定了逾期罚息，而按照逾期计算产生的罚息金额高于展期期间的利息，则实质上未造成债务的加重，根据前述规定，保证人应对变更后的债务承担保证责任；反之，若原合同未约定逾期罚息或约定的逾期罚息金额高于展期后的利息，则保证人对加重的这部分利息差额不应承担保证责任。

如最高人民法院（2016）最高法民终655号案中，法院认为，贷款双方协议改变还款计划，实际延长了借款人的贷款使用时间，放宽了还款期限，减轻了借款人的还款压力，以及随之可能产生的逾期还款罚息和复利，属于主合同变动减轻贷款人债务的情形，保证人仍应承担保证责任。

三、贷款展期中的抵押权

原贷款存在第三人提供的物权担保的，如未征得第三人同意而进行展期，则贷款人就担保物优先受偿的范围仅能以原合同约定的范围为限。抵押权的行使期间也应以原合同约定的清偿债务期限计算，超过原合同诉讼时效的，抵押权人可以此抗辩。

《民法典》第393条规定："有下列情形之一的，担保物权消灭：（一）主债权消灭；（二）担保物权实现；（三）债权人放弃担保物权；（四）法律规定担保物权消灭的其他情形。"因此，担保物权的消灭需要符合法定事由，而贷款期限的变更并不属于担保物权消灭的法定事由，因此，贷款展期不能直接导致担保物权消灭。

《民法典担保制度解释》第20条规定："人民法院在审理第三人提供的物的担保纠纷案件时，可以适用民法典第六百九十五条第一款、第六百九十六条第一款、第六百九十七条第二款、第六百九十九条、第七百条、第七百零一条、第七百零二条等关于保证合同的规定。"因此，第三人提供的物的担保的效力应与保证合同的处理一致，对贷款进行展期应征得担保人同意，如未征得其同意而进行展期，则担保人对债务加重的部分不应承担责任。债权人就担保物优先受偿时，受偿范围受到原合同约定范围的限制，不应包含加重的部分。

《民法典担保制度解释》第44条第1款规定："主债权诉讼时效期间届满

后，抵押权人主张行使抵押权的，人民法院不予支持；抵押人以主债权诉讼时效期间届满为由，主张不承担担保责任的，人民法院应予支持。主债权诉讼时效期间届满前，债权人仅对债务人提起诉讼，经人民法院判决或者调解后未在民事诉讼法规定的申请执行时效期间内对债务人申请强制执行，其向抵押人主张行使抵押权的，人民法院不予支持。”

根据上述规定，抵押权的行使期间受到主债权诉讼时效的限制，借款人与贷款人达成一致对贷款进行展期的，主债权诉讼时效当然有所延长，如依据展期后的诉讼时效限制抵押权行使期间，则抵押权行使期间也会延长，实质上加重了第三人提供的抵押物用于清偿债权的担保期限，这也是一种债务的加重。根据前文分析，未征得第三人同意的，不能加重第三人的债务负担，应依照原合同的还款期限判断诉讼时效，对抵押权行使期间进行限制。原合同约定的债权诉讼时效届满后，抵押人以主债权诉讼时效期间届满为由，主张不承担担保责任的，人民法院应予支持。

贷款展期是对原贷款合同中贷款期限的变更，原合同的担保仍然有效。但如贷款展期未征得保证人同意，则保证人仅依照原贷款合同约定的期间承担保证责任，且对因展期而加重的债务部分不承担保证责任；如存在第三人提供的物的担保，贷款展期亦应征得担保人同意，如未征得担保人同意，债权人仅能在原合同约定的债权范围内就担保物优先受偿，对因展期而加重的债务不能优先受偿，且债权人应在原债权诉讼时效期间内要求就担保物优先受偿，否则担保人可以债权人未在诉讼时效期间内行使抵押权为由进行抗辩。

因此，借款人与贷款人达成一致进行贷款展期的，最好征得保证人或提供物的担保的第三人的同意。如未能征得同意，一定要在原合同约定的保证期间或原合同的诉讼时效内行使权利，否则可能无法有效行使权利，导致权益受损。

执行程序专题

44

执行程序中，金融机构如何把握关键节点以提升财产查控处置质效？

【简答】

1. 利用财产线索接转中心，将财产线索高效快捷提交执行法官，以便法院核实后第一时间采取查控措施。

2. 把控关键节点，提升沟通效率，通过与执行法官的良性互动，实现被执行人财产查控处置工作稳妥有序开展。

3. 用好用足执行措施，穷尽执行手段，通过与执行法官的良好配合，实现对被执行人财产的充分调查和高效处置，最大化实现债权清收回款。

【问题的提出】

不良债权的清收处置，是金融机构展业经营中的一项重要工作。申请人民法院强制执行，是金融机构实现债权清收的主要途径。执行过程中，金融机构如能与执行法院实现良性互动和有力配合，将大力提升对被执行人财产的查控和处置质效，从而高效、最大化实现债权清收。

然而，执行实务中，部分金融机构及其委托代理人对执行规范体系、司法政策以及执行法官工作模式、思维模式缺乏必要认知，部分执行法院存在办案人员不足、执行力量有限的问题，导致金融机构和执行法官在案件实际执行过程中，较少形成良性互动和相互配合的局面。

为进一步提高执行工作财产查控处置质效，强化对执行权运行的制约监督，依法保护当事人、利害关系人的合法权益，服务保障市场化法治化国际化营商环境，北京市高级人民法院发布《财产查控处置意见》，对执行过程中，财产查控处置工作涉及的相关法律、司法解释和规范性文件作了梳理和细化，为执行实践提供具体明确的指引规则，具有较强的针对性。

【法律分析意见】

一、利用财产线索接转中心，将财产线索高效快捷提交执行法官，以便法院核实后第一时间采取查控措施

设立财产线索接转中心，是《财产查控处置意见》的一大创新和亮点，旨在为当事人提供财产线索提供便利，解决实践中权利人发现财产线索但无法与执行法官及时取得联系予以查控的痛点。

根据《财产查控处置意见》的规定，法院指定专人负责登记受理申请执行人或案外人提供的财产线索，提供方式多样，包括现场提交书面材料、邮寄、电子邮件、电话等。

《财产查控处置意见》同时规定，申请执行人或案外人通过其他方式向执行法官提交财产线索的，执行法官应当在收到财产线索之时起 24 小时内向财产线索接转中心登记备案。

实务中，金融机构债权人应善于运用财产线索接转中心登记受理财产线索的机制确保执行法院第一时间进行核实和查控。对于暂未有相应接转机制的法院，也应积极通过中国移动微法院小程序、智慧执行 App、“12368”专线、电话、短信等方式向执行法官提交财产线索，做到全程留痕，防止单纯邮寄财产线索后未能及时与执行法官取得联系而贻误查控时机。

二、把控关键节点，提升沟通效率，通过与执行法官的良性互动，实现被执行人财产查控处置工作稳妥有序开展

《财产查控处置意见》系统梳理了执行过程中的各个关键节点，金融机构债权人应结合执行工作规范指引，在关键节点，与执行法官沟通相应的执行进展情况。

（一）立案后 7 个工作日内，通过网络执行查控系统发起线上财产调查

依照《财产查控处置意见》相关规定，执行部门收到立案部门移送的案卷材

料后,应当在 7 个工作日内通过网络查询系统发起对被执行人的财产查询工作。

金融机构债权人可在执行立案之后 10 日左右,与执行法官沟通网络查询情况,查询范围是否涵盖“总对总”系统、“点对点”系统所有已开通线上查询的财产项目。

(二)30 日内启动确定财产处置参考价程序;10 日内发布网络司法拍卖公告

依照法律规定,已采取查控措施的财产,如需要拍卖、变卖,执行法院依法应当在 30 日内启动确定财产处置参考价程序;在参考价确定后异议期满或异议依法处理完毕后 10 日内,执行法院应发布网络司法拍卖公告。因此,金融机构债权人可视情况,在期限内沟通督促执行法官及时启动当事人议价、定向询价、网络询价、委托评估等程序,确定财产处置参考价并在法定期限内发布网拍公告。

(三)每次流拍后,10 日内询问申请执行人或其他执行债权人是否接受以物抵债;不接受的,流拍之日起 30 日内再次发布第二次拍卖或者变卖公告

关于流拍后的以物抵债,实践中有观点认为,以物抵债必须发生在第二次拍卖流拍后,主要依据是《最高人民法院关于人民法院网络司法拍卖若干问题的规定》关于第一次拍卖流拍后应当在 30 日内在同一网络司法拍卖平台再次拍卖的规定。但实际上,法律并不禁止第一次拍卖流拍后,申请执行人或其他债权人提出以流拍价抵债。《财产查控处置意见》第 10 条第 1 款即规定:“拍卖财产每次流拍后,执行部门应当于十日内询问申请执行人或其他执行债权人是否接受以物抵债。不接受以物抵债的,执行部门应当于流拍之日起三十日内在同一网络司法拍卖平台再次发布拍卖或者变卖公告。”如出现第一次拍卖流拍情况,金融机构债权人可在 10 日内提出以物抵债请求,或者在 30 日内督促执行法官启动第二次拍卖程序。

(四)拍卖、变卖成交或者流拍抵债的,于裁定送达后 15 日内将财产移交买受人或者承受人

拍卖成交或者以流拍的财产抵债的,人民法院应当作出裁定,并于价款或者需要补交的差价全额交付后 10 日内,送达买受人或者承受人。执行部门裁定拍卖、变卖成交或者以流拍的财产抵债后,除有依法不能移交的情形外,应当

于裁定送达后15日内,将拍卖的财产移交买受人或者承受人。

金融机构债权人可据此在相应时点督促执行法院开展相应执行工作,确保财产处置工作稳妥有序推进。

三、紧扣财产线索,穷尽执行手段,实现对被执行人财产的充分调查和高效处置,最大化实现债权清收回款

《财产查控处置意见》在涉及财产调查、财产处置等诸多关键环节,均提出明确的规范意见。在案件执行过程中,金融机构债权人可充分借鉴相关规定,与执行法官协商执行策略,尽可能在债权清收中用好用足执行措施,穷尽执行手段,从而最大化实现回款。

(一)用好用足财产调查手段

执行法院通过执行查控网络查询被执行人名下财产成为当下查找财产线索的主要手段。实践中,第一,应注意核查是否已对所有已开通查询功能的财产项目进行查询。具体而言,通过全国网络执行查控系统发起"总对总"查询,查询范围应当包括被执行人在全国范围内的不动产、存款、金融理财产品、船舶、车辆、证券、网络资金等16类25项信息;通过执行办案系统发起"点对点"查询,可以实现对本省辖区身份和财产信息的有效查控。第二,对于线上查询未反馈结果的,依照《财产查控处置意见》的规定,执行法院应当在3个工作日内对财产线索开展线下调查,发现财产的应当立即采取控制措施。第三,如财产线索在外地,也可申请执行法官通过执行事项委托平台发起委托。

(二)拓展轮候财产处置思路

实践中对于轮候查封的财产,执行法院除保持查控状态,一般不予处置。但《财产查控处置意见》明确规定,轮候查封的财产符合《最高人民法院关于首先查封法院与优先债权执行法院处分查封财产有关问题的批复》规定的,执行部门应当及时向首先查封法院发送商请移送函。因此,对于执行法院已轮候查冻的财产,金融机构债权人可积极推动执行法院通过商请首先查封法院移送或者参与分配、协助提取执行款等方式进行处置。

(三)巧妙选择财产处置参考价的确定方式

《财产查控处置意见》提出执行部门应当根据不同财产的特点,探索财产分类分级定价模式,可以采取当事人议价、定向询价、网络询价、委托评估等方式,切实提高确定财产处置参考价效率。执行部门应当积极促成双方当事人就参考价达成一致意见,当事人议价不能或者不成的,除法律、行政法规规定必须进行委托评估的,处置房产或者机动车,可以优先采用定向询价或者网络询价的方式确定参考价;估值在1万元以下的财产,可以优先采用合议庭参照市场价值的方式确定参考价。

(四)凸显执行强制性,推进财产交付工作

《财产查控处置意见》强调,被执行人或者第三人占有拍卖财产应当移交而拒不移交的,强制执行,并要求执行法院积极采用训诫、罚款、司法拘留,追究拒不执行判决、裁定罪等方式推进不动产腾退交付工作。

45

执行程序中，金融机构如何合理适用终结本次程序制度？

【简答】

1.《北京市高级人民法院关于进一步规范终结本次执行程序案件办理的工作指引（试行）》（以下简称《终本工作指引》），在《最高人民法院关于严格规范终结本次执行程序的规定（试行）》（以下简称《终本规定》）的基础上，增加了“执行依据确定被执行人承担金钱给付义务”的条件，删除了“自执行案件立案之日起已超过三个月”的规定，并就其他适用条件进行了补充。

2.《终本工作指引》在《终本规定》的基础上，明确强调终本前原则上应当约谈申请执行人，同时就约谈的方式、约谈的例外情形等问题进行详细规定。

3. 案件终本后，北京市各法院财产线索接转中心指定专人负责登记受理申请执行人或案外人提供的财产线索。经核查属实的，应及时恢复执行。

4. 北京市高级人民法院将终本案件纳入日常工作考核标准，要求全市各法院建立自查工作机制，并将终本程序案件的办理质量作为一项重要考核内容。北京市高级人民法院将通过评查、巡查、抽查等多种方式，加强对全市法院终本案件的督导检查。对于违规终本，情节严重的，可以启动“一案双查”，依纪依法追究相关人员的责任。

【问题的提出】

2015 年《民诉法解释》以司法解释形式确认了终本程序,但未对具体适用标准、实际操作程序以及后续案件管理等系列问题予以明确。

为解决上述问题,最高人民法院于 2016 年 10 月 29 日出台了《终本规定》。2021 年 10 月 20 日,北京市高级人民法院根据法律、司法解释的有关规定,并结合执行工作实际执行情况,发布了《终本工作指引》,进一步规范与细化了终本程序。

【法律分析意见】

一、《终本工作指引》在《终本规定》基础上的"增删补"

《终本工作指引》在《终本规定》的基础上,增加了"执行依据确定被执行人承担金钱给付义务"的条件,删除了"自执行案件立案之日起已超过三个月"的规定,并就其他适用条件进行了补充规定。

(一)《终本规定》未限制终本程序适用的案件类型,而《终本工作指引》基于执行实践,将执行案件分为以下三种不同情形,并给予不同处理

1."执行依据确定被执行人承担金钱给付义务"的方可适用终本程序。《终本工作指引》对《终本规定》进行了限缩。

2.执行依据仅确定被执行人承担交付特定物、作出行为等义务,可以适用终本程序:该非金钱给付义务确因客观原因暂时不具备执行条件的,可以适用《民事诉讼法》第 257 条(现为第 268 条)第 6 项终结执行的相关规定。在终结执行后,前述客观原因消除的,人民法院应当依职权或者依申请恢复执行。

3.执行依据既确定被执行人承担金钱给付义务,又确定其承担交付特定物、作出行为等其他义务的,只能对金钱给付义务部分适用终本程序。

(二)《终本规定》颁布之后,最高人民法院又下发了有关通知,取消了案件终本必须立案执行超过 3 个月的硬性要求,故《终本工作指引》中删去了"自执行案件立案之日起已超过三个月"这一适用条件

《终本规定》要求拟终本的案件必须已执行立案超过 3 个月。2018 年 5 月 28 日,最高人民法院下发《关于进一步规范近期执行工作相关问题的通知》,规定执行案件只要严格按照《终本规定》程序标准和实质标准完成必要的执行措

施的，可不受3个月期限的限制。《终本工作指引》充分落实了最高人民法院文件精神，规定只要符合终本其他条件的，无须机械坚持3个月的期限规定。

（三）《终本工作指引》就其他适用条件进行了以下补充规定

1. 对于被执行人报告的财产情况，强调了人民法院有权根据案件实际情况对相应财产及时采取查封、扣押、冻结等措施。

2. 就“已穷尽财产调查措施”这一适用条件进行了补充规定，认为通过网络执行查控系统查询的，人民法院除查询被执行人的存款、车辆及其他交通运输工具、不动产、有价证券外，应穷尽查询被执行人所有已开通查询功能的财产项目；对于无法通过网络执行查控系统查询的财产，要求应到被执行人的住所地或者可能隐匿、转移财产所在地进行必要调查，但申请执行人书面认可该地无财产的除外。

3. 执行案件拟作终本处理时，距离上一次作出财产调查措施超过3个月的，应再次进行调查：

（1）距离完成通过网络执行查控系统查询被执行人的存款、车辆及其他交通运输工具、不动产、有价证券等所有已开通查询功能的财产项目的调查已经超过3个月的，应当在终本前再次进行调查。

（2）对于无法通过网络执行查控系统查询而需到被执行人的住所地或者可能隐匿、转移财产所在地进行必要调查，执行法院或者其他法院在6个月内已经进行调查且无新的明确线索的，可以不再调查，但应当将此前调查结果入卷。

4. 就“被执行人下落不明的，已依法予以查找”这一适用条件进行了界定：对必须参与执行程序但下落不明的被执行人，人民法院已到其住所、工作单位等地或者通过其户籍地派出所或居民委员会、村民委员会等基层组织进行查找；申请执行人或者他人提供被执行人下落线索的，人民法院应当及时核实。

特别强调：被执行人故意隐匿行踪、逃避执行的，应当依法采取罚款、拘留等强制措施；构成犯罪的，依法启动刑事责任追究程序。

5. 关于“发现的财产不能处置”，《终本工作指引》除承继了《终本规定》第1、2种情形外，另细化补充了第3～7种情形：

（1）被执行人的财产经法定程序拍卖、变卖未成交，申请执行人不接受抵债或者依法不能交付其抵债，又不能对该财产采取强制管理等其他执行措施的；

（2）人民法院在登记机关查封的被执行人车辆、船舶等财产，未能实际扣押的；

(3)轮候查封被执行人的财产，已经向首先查封法院发出参与分配申请或者冻结变价款的裁定及协助执行通知；

(4)案外人已就被执行人的财产提起案外人异议之诉，但人民法院裁定准许继续处分的除外；

(5)被执行人的财产处置后，因债权人或者被执行人提起分配方案异议之诉，争议部分案款无法发放的；

(6)存在《拍卖变卖规定》规定的“无益拍卖”情形，且申请执行人未申请继续拍卖的；

(7)财产客观不能处置的其他情形。

二、《终本工作指引》关于约谈的规定

《终本工作指引》在《终本规定》的基础上，明确强调终本前原则上应当约谈申请执行人，同时就约谈的方式、约谈的例外情形等问题进行详细规定。

1.《终本工作指引》明确规定终本前应约谈申请执行人，告知其案件执行情况、采取的财产调查措施、被执行人的财产情况、终本程序的依据及法律后果等信息，并听取其对终本的意见。

但是，执行内容仅为追缴诉讼费或罚款的案件、行政非诉执行案件、刑事财产刑执行案件、申请执行人申请终本的，终本前可不再征求申请执行人意见。

2. 关于约谈方式，《终本工作指引》规定应当优先采用当面或者视频方式，不具备条件的，可以通过电话、短信、微信、电子邮件等方式告知相关情况并听取意见。人民法院应当如实记录终本前约谈的时间、方式、内容以及申请执行人对终本的意见，并将记录入卷。

此外，北京市高级人民法院根据《终本工作指引》制定了终本约谈笔录模板。

3. 终本约谈后，申请执行人同意的，即本案以终本方式结案，终本裁定送达申请执行人后，人民法院7日内将相关案件信息准确录入最高人民法院建立的终本案件信息库，并通过该信息库统一向社会公布。

申请执行人不同意终本的，人民法院应当对其意见和理由进行审查，经审查，其意见和理由不成立的，可以裁定终本；意见和理由成立，案件不符合终本条件的，应当继续执行。

人民法院裁定终本前，应当组成合议庭审查核实并经院长批准，但是申请执行人签字确认被执行人无财产可供执行的除外。

4. 人民法院作出终本裁定并送达当事人后，当事人、利害关系人认为终本程序违反法律规定的，可以提出执行异议。人民法院应当依照《民事诉讼法》第225条（现为第236条）的规定进行审查。异议成立的，可以撤销终本裁定，责令恢复执行。

三、案件终本后，北京市各法院财产线索接转中心指定专人负责登记受理申请执行人或案外人提供的财产线索。经核查属实的，应及时恢复执行

《终本工作指引》在案件终本之后的财产线索提供上，创新提出设立财产线索接转中心，由该中心指定专人负责登记受理申请执行人或案外人提供的财产线索，并由该中心统一登记后移送执行法官核查处理。

对于发现被执行人财产属实的，应当及时恢复执行；不立即采取执行措施可能导致财产被转移、隐匿、出卖或者毁损的，可以先采取查封、扣押、冻结等控制性措施，再办理恢复执行手续。

终本后恢复执行的，无须再次发出执行通知、报告财产令和限制消费令。

四、终本案件纳入日常工作考核标准

北京市高级人民法院将终本案件纳入日常工作考核标准，要求全市各法院建立自查工作机制，并将终本案件的办理质量作为一项重要考核内容。北京市高级人民法院将通过评查、巡查、抽查等多种方式，加强对全市法院办理终本案件的督导检查，对于违规终本，情节严重的，可以启动“一案双查”，依纪依法追究相关人员的责任。

1. 北京市高级人民法院要求全市各法院建立自查工作机制，每年至少对终本案件自查一次，自查情况需形成书面报告，及时上报备查。

2. 全市各法院在自查中发现终本案件办理不符合规范要求的，应责令承办人限期纠正；确有财产可供执行的，及时恢复执行。

3. 全市各法院应当将终本案件的办理质量作为一项重要考核内容，考核结果作为执行人员评先、评优的重要参考。

4. 北京市高级人民法院通过评查、巡查、抽查等多种方式，加强对全市法院办理终本案件的督导检查。发现违规终本，情节较轻的，责令相关法院限期纠正；情节较重的，在全市法院予以严肃通报；存在未开展任何工作或者未依法处置财产即终本等严重情节的，启动“一案双查”，依纪依法追究相关人员的责任。

46

执行程序中，金融机构作为轮候查封债权人如何维护自身权益？

【简答】

1. 轮候查封情况下，首封债权人从查封物变价款受偿后，查封物的剩余部分具有正式查封的效力，轮候查封债权人有权利就该部分主张相应权利。

2. 轮候查封对于首封法院具有约束力，首封法院在已知存在轮候查封的情况下，不能将清偿首封债权人后的剩余部分径行返还被执行人，亦不能由首封债权人和被执行人自行或协商处理，只能交由轮候查封法院处理。轮候查封法院案件仍处诉讼阶段的，应由首封法院予以留存，待审判确定后依法处理。

3. 首封法院在明知拍卖标的物存在轮候查封的情况下，违反前述义务，径行将剩余变价款退还被执行人的，构成执行错误，轮候查封债权人有权向首封法院提出书面异议。首封法院该执行错误行为导致轮候查封债权无法受偿的，轮候查封债权人有权依据相关法律规定，要求首封法院承担赔偿责任。

【问题的提出】

近年来，不少企业遭受经济下行、全球疫情影响等多重打击，债务清偿能力受到极大影响。金融机构作为债权人,除自力救济外,持公证债权文书等执行依据向人民法院申请强制执行的现象日益普遍。

执行中,人民法院就债务人财产进行查封、扣押、冻结时,经常面临债务人财产早已存在首封、甚至多轮在先查封问题。此种情形下,金融机构作为轮候查封债权人,除想方设法查找财产线索、通过公权力控制并执行债务人财产,甚至提防债务人通过各种途径转移财产、规避执行外,还要谨防首封法院作出可能侵害轮候查封债权人合法利益的行为。

鉴于法律及司法解释对于轮候查封的具体操作并无详细规定,部分法院未能准确掌握和运用轮候查封制度,且各地法院做法未完全统一,容易引发具体执行诸多问题。为此,2022 年 4 月 14 日,最高人民法院下发了《关于正确处理轮候查封效力相关问题的通知》(法〔2022〕107 号,以下简称《107 号通知》),就轮候查封制度的法律效力、首封法院对轮候查封债权应尽的义务以及违反该义务的法律后果进行特别规定。

《107 号通知》虽非司法解释,各级法院无法在司法裁判文书中直接作为裁判的依据,但各级法院均应依据《107 号通知》的精神进行执行、裁判。《107 号通知》正式条文只有 3 条,篇幅虽短,对轮候查封债权人的合法利益的保护却起到至关重要的作用,实实在在解决了人民法院在执行过程中面临的以下法律问题。

1. 轮候查封是否具有正式查封的法律效力?产生法律效力的财产范围如何认定?

2. 轮候查封是否对首封法院具有约束力?该约束力如何体现?

3. 首封法院在明知存有轮候查封的情况下,能否径行处置查封物及该物上变价款?

【法律分析意见】

一、轮候查封在首封债权人受偿后有正式查封的效力

《107 号通知》第 1 条规定:“轮候查封具有确保轮候查封债权人能够取得首封债权人从查封物变价款受偿后剩余部分的作用。首封法院对查封物处置变现后,首封债权人受偿后变价款有剩余的,该剩余价款属于轮候查封物的替代物,轮候查封的效力应当及于该替代物,即对于查封物变价款中多于首封债

权人应得数额部分有正式查封的效力。轮候查封债权人对该剩余价款有权主张相应权利。”

关于《107 号通知》提到的轮候查封的法律效力问题，最高人民法院在 2004 年 10 月 26 日发布的《查封规定》第 26 条第 1 款已规定，查封、扣押、冻结解除的，登记在先的轮候查封、扣押、冻结即自动生效。该条规定意味着在首封法院未解除查封、扣押、冻结措施前，轮候查封行为并未实际生效。

2007 年 9 月 11 日《最高人民法院关于查封法院全部处分标的物后轮候查封的效力问题的批复》（法函〔2007〕100 号）中，进一步明确了人民法院对已查封、扣押、冻结的全部财产进行处分后，该财产上的轮候查封自始未产生查封、扣押、冻结的效力。

《107 号通知》并未完全改变上述观点，而是在保留了原有精神的基础上进一步区分了首封及轮候查封的作用范围：

1. 首封的作用范围不变，依旧在其债权范围内对查封物具有正式查封效力；首封债权人有权申请首封法院处置查封物，从而实现自身债权。

2. 轮候查封的作用范围，确定为首封债权人从查封物变价款受偿后，轮候查封债权人对受偿后的剩余部分具有权利。《107 号通知》将抵押物价值具象为物上变价款，在该变价款用于清偿首封债权人债权后，其剩余价款属于轮候查封物的替代物，轮候查封的效力及于该替代物。

二、轮候查封对首封法院具有约束力

轮候查封对于首封法院具有约束力，首封法院在已知存在轮候查封的情况下，不能将清偿首封债权人后的剩余部分径行返还被执行人，亦不能由首封债权人和被执行人自行或协商处理，只能交由轮候查封法院处理。轮候查封法院案件仍处于诉讼阶段的，应由首封法院予以留存，待审判确定后依法处理。

《107 号通知》开宗明义地指出，轮候查封制度对防止债务人转移财产规避执行，维护轮候查封债权人合法权益的重要现实作用，强调了轮候查封制度的直接目的是确保首封法院与轮候法院在查封处置同一财产上，必须做到有序衔接，并明确轮候查封对于首封处置法院具有约束力，首封法院应承担相应法律义务。

1. 首封法院在所处置的查封物存在其他法院轮候查封的情况下，对于查封物变价款清偿首封债权人后的剩余变价款，不能径行返还被执行人。

2. 针对上述查封物剩余变价款，首封债权人和被执行人无权自行或协商处理。

3. 首封法院有义务将相关处置情况告知变价款处置前已知的轮候查封法院，并将剩余变价款移交给轮候查封法院，由轮候查封法院依法处理。轮候查封债权人及代理律师在与执行法院主张相关权益的同时，也应积极沟通首封法院，了解查封物财产处置情况。

4. 轮候查封法院案件尚在诉讼程序中的，应由首封法院予以留存，待审判结果确定后依法处理。

三、轮候查封情形下，首封法院不能径行处置查封物及该物上变价款

首封法院在明知拍卖标的物存在轮候查封的情况下，违反前述义务，径行将剩余变价款退还被执行人的，构成执行错误，轮候查封债权人有权向首封法院提出书面异议。首封法院该执行错误行为导致轮候债权无法受偿的，轮候查封债权人有权依据相关法律规定，要求首封法院承担赔偿责任。

《107 号通知》就首封法院违反上述义务的法律后果进行了专门规定，重点就首封法院在明知拍卖标的物存在轮候查封的情况下，违反前述义务，径行将剩余变价款退还被执行人的行为定性为执行错误。

针对首封法院执行错误行为，轮候查封债权人可依据《民事诉讼法》第 236 条的规定以及《最高人民法院关于人民法院办理执行异议和复议案件若干问题的规定》第 5 条第 1 款等相关规定，向首封法院提出书面异议，要求首封法院予以纠正。

因首封法院该项执行错误行为导致轮候债权无法受偿的，轮候查封债权人有权结合国家赔偿制度，依据《国家赔偿法》《最高人民法院关于审理涉执行司法赔偿案件适用法律若干问题的解释》《最高人民法院关于审理民事、行政诉讼中司法赔偿案件适用法律若干问题的解释》等规定，要求首封法院承担相应赔偿责任。

47

金融机构参与司法拍卖，税费如何承担？

【简答】

1. 不动产司法拍卖中，根据现有的税法规定，被执行人（原产权人、卖方）应当承担的税费一般为增值税、城市维护建设税、印花税、土地增值税、个人（企业）所得税等；买受人（产权受让人、买方）应当承担的税费一般为契税、印花税。

2. 此前大部分、目前小部分，“买方包税”：部分法院在司法拍卖中发布“包税条款”，由买受人承担全部的税费。该部分法院认为，如买受人清楚包税条款的存在，仍参加拍卖并签署成交确认书，属于买受人与被执行人就税费承担达成的商业约定，该约定并非对法定纳税义务主体的变更，不违反法律法规的强制性规定，也不违反税收法定原则。

3. 目前大部分，“各担各税”：近年来，国家税务总局及最高人民法院明确提出禁止在拍卖公告中载明“由买受人承担全部税费”等内容，绝大部分法院在司法拍卖中已抛弃“包税条款”，由买受人与被执行人“各担各税”。

4. 以物抵债后的税费承担，“申请执行人代为缴付”：不动产拍卖所产生应由被执行人支付的税费，由申请执行人（产权受让人、买方）代被执行人缴付；抵债金额，扣减已垫付之原应由被执行人承担的税费。

【问题的提出】

司法拍卖中涉及的税费负担，是实践中存在争议的问题之一。一段时期以来,不动产司法拍卖变卖中的税费有买受人承担、买受人预先垫付再行凭票退、按法律行政法规规定各自承担等各种方式。因而,关于税费承担的执行异议案大量产生。

《最高人民法院关于人民法院网络司法拍卖若干问题的规定》第 30 条规定:“因网络司法拍卖本身形成的税费,应当依照相关法律、行政法规的规定,由相应主体承担;没有规定或者规定不明的,人民法院可以根据法律原则和案件实际情况确定税费承担的相关主体、数额。”该条只是一项原则性规定,具体的税费承担主体依然需要根据相关法律、行政法规来确定。

【法律分析意见】

一、不动产司法拍卖中,根据现有的税法规定,被执行人(原产权人、卖方)应当承担的税费一般为增值税、城市维护建设税、印花税、土地增值税、个人(企业)所得税等;买受人(产权受让人、买方)应当承担的税费一般为契税、印花税

(一)被执行人应承担的税费

1. 增值税

《增值税暂行条例》第 1 条规定:“在中华人民共和国境内销售货物或者加工、修理修配劳务(以下简称劳务),销售服务、无形资产、不动产以及进口货物的单位和个人,为增值税的纳税人,应当依照本条例缴纳增值税。”被执行人作为不动产的所有权人,视为销售方,是该项税费的纳税人。

2. 城市维护建设税

《中华人民共和国城市维护建设税法》第 1 条规定:“在中华人民共和国境内缴纳增值税、消费税的单位和个人,为城市维护建设税的纳税人,应当依照本法规定缴纳城市维护建设税。”第 2 条规定:“城市维护建设税以纳税人依法实际缴纳的增值税、消费税税额为计税依据。城市维护建设税的计税依据应当按照规定扣除期末留抵退税退还的增值税税额。城市维护建设税计税依据的具体确定办法,由国务院依据本法和有关税收法律、行政法规规定,报全国人民代表大会常务委员会备案。”

依据上述规定,当不动产拍卖中产生城市维护建设税时,其纳税人同增值税纳税人,也即被执行人。

3. 印花税

《印花税法》第 2 条规定："本法所称应税凭证，是指本法所附《印花税税目税率表》列明的合同、产权转移书据和营业账簿。"第 5 条规定："第五条 印花税的计税依据如下：（一）应税合同的计税依据，为合同所列的金额，不包括列明的增值税税款；（二）应税产权转移书据的计税依据，为产权转移书据所列的金额，不包括列明的增值税税款；（三）应税营业账簿的计税依据，为账簿记载的实收资本（股本）、资本公积合计金额；（四）证券交易的计税依据，为成交金额。"第 6 条规定："应税合同、产权转移书据未列明金额的，印花税的计税依据按照实际结算的金额确定。计税依据按照前款规定仍不能确定的，按照书立合同、产权转移书据时的市场价格确定；依法应当执行政府定价或者政府指导价的，按照国家有关规定确定。"因此，涉及被执行人的部分由其承担。

4. 土地增值税

《土地增值税暂行条例》第 2 条规定："转让国有土地使用权、地上的建筑物及其附着物（以下简称转让房地产）并取得收入的单位和个人，为土地增值税的纳税义务人（以下简称纳税人），应当依照本条例缴纳土地增值税。"《土地增值税暂行条例实施细则》第 2 条规定："条例第二条所称的转让国有土地使用权、地上的建筑物及其附着物并取得收入，是指以出售或者其他方式有偿转让房地产的行为。不包括以继承、赠与方式无偿转让房地产的行为。"因此，被执行人作为转让方，应当承担该税费。

5. 个人（企业）所得税

依据《个人所得税法》第 1 条规定："在中国境内有住所，或者无住所而一个纳税年度内在中国境内居住累计满一百八十三天的个人，为居民个人。居民个人从中国境内和境外取得的所得，依照本法规定缴纳个人所得税。在中国境内无住所又不居住，或者无住所而一个纳税年度内在中国境内居住累计不满一百八十三天的个人，为非居民个人。非居民个人从中国境内取得的所得，依照本法规定缴纳个人所得税。纳税年度，自公历一月一日起至十二月三十一日止。"第 2 条第 1 款第 8 项规定："下列各项个人所得，应当缴纳个人所得税：（八）财产转让所得。"《企业所得税法》第 1 条第 1 款规定："在中华人民共和国境内，企业和其他取得收入的组织（以下统称企业）为企业所得税的纳税人，依照本法的规定缴纳企业所得税。"第 6 条规定："企业以货币形式和非货币形式从各种来源取得的收入,为收入总额。包括:……(三)转让财产收入……"

不动产经司法拍卖所得款项为被执行人财产,只是将被强制分配于申请执行人,故根据被执行人的身份,相应征收个人所得税或企业所得税。

6. 教育费附加以及地方教育附加

《征收教育费附加的暂行规定》第2条规定:"凡缴纳消费税、增值税、营业税的单位和个人,除按照《国务院关于筹措农村学校办学经费的通知》(国发〔1984〕174号文)的规定,缴纳农村教育事业费附加的单位外,都应当依照本规定缴纳教育费附加。"

《财政部关于统一地方教育附加政策有关问题的通知》第1条规定:"统一开征地方教育附加。尚未开征地方教育附加的省份,省级财政部门应按照《教育法》的规定,根据本地区实际情况尽快研究制定开征地方教育附加的方案,报省级人民政府同意后,由省级人民政府于2010年12月31日前报财政部审批。"第2条规定:"统一地方教育附加征收标准。地方教育附加征收标准统一为单位和个人(包括外商投资企业、外国企业及外籍个人)实际缴纳的增值税、营业税和消费税税额的2%。已经财政部审批且征收标准低于2%的省份,应将地方教育附加的征收标准调整为2%,调整征收标准的方案由省级人民政府于2010年12月31日前报财政部审批。"

(二)买受人应当承担的税费

1. 契税

《契税法》第1条规定:"在中华人民共和国境内转移土地、房屋权属,承受的单位和个人为契税的纳税人,应当依照本法规定缴纳契税。"第2条规定:"本法所称转移土地、房屋权属,是指下列行为:(一)土地使用权出让;(二)土地使用权转让,包括出售、赠与、互换;(三)房屋买卖、赠与、互换。前款第二项土地使用权转让,不包括土地承包经营权和土地经营权的转移。以作价投资(入股)、偿还债务、划转、奖励等方式转移土地、房屋权属的,应当依照本法规定征收契税。"

2. 印花税

不动产网络司法拍卖成交后必然出现书立、领受凭证的程序,涉及买受人部分,买受人也需要承担相应的印花税。

二、"买方包税"

此前大部分、目前小部分,"买方包税":部分法院在司法拍卖中发布"包税条款",由买受人承担全部的税费。该部分法院认为,如买受人清楚包税条款的存在,仍参加拍卖并签署成交确认书,属于买受人与被执行人就税费承担达成的商业约定,该约定并非对法定纳税义务主体的变更,不违反法律法规的强制性规定,也不违反税收法定原则。

不动产司法拍卖中,部分法院在拍卖公告中公示"过户产生的各种税费均由买受人承担"。该部分法院认为,在此前提下,买受人最终以最高价竞得拍卖标的,即表明了买受人同意并接受了这样的税费负担方式。

这种税费承担方式的优点是税务机关可以从买受人处征到全部税款,顺利为买受人开具完税证明,买受人便可在尽可能短的时间内办理过户登记,拿到房产证。

上述做法虽然违背"税收法定原则",但司法实践中,不少法院仍然沿用了"包税条款"。例如,厦门市湖里区人民法院在 2022 年 8 月 9 日发布的拍卖公告中载明"本拍卖标的物拍卖成交后所涉及的买卖双方所需承担的一切税、费(包括但不限于所得税、营业税、土地增值税、契税、过户手续费、印花税、权证费、水利基金费、出让金以及房产及土地交易中规定缴纳的各种费用)以及可能存在其他欠费均由买受人承担"。北京市东城区人民法院在 2023 年某次拍卖的公告中载明"所有涉及的税费及办理权证所需费用均由买受人负担,应承担的税费最终以税务机关核定为准,有关税费的具体情况请自行咨询税务等机关,本院不负责答复"。

部分法院在拍卖公告中载明由买受人承担税费,主要理由是:税法为公法,规范的是征税机关与纳税人之间的关系;而"包税条款"是当事人之间关于由谁最终承担税费的私法约定,本质是合同交易价格的一部分,因此两者并不冲突;"包税条款"的存在,并不影响征税机关要求法定的纳税义务人交纳税款;《最高人民法院关于人民法院网络司法拍卖若干问题的规定》第 30 条并未禁止当事人之间通过私法约定改变最终的税务负担人。

该部分法院的深层次理念为:由买受人承担税费,既能保证税务机关顺利收取税费,也能保证执行案件申请执行人更多受偿债权;同时,买受人竞拍前可通过拍卖公告进行成本测算,再决定是否参加竞拍,买受人预期经济利益亦不会受损。

三、“各担各税”

目前大部分，“各担各税”：近年来，国家税务总局及最高人民法院明确提出禁止在拍卖公告中载明“由买受人承担全部税费”等内容，绝大部分法院在司法拍卖中已抛弃“包税条款”，由买受人与被执行人各担各税。

2017 年 1 月 1 日施行的《最高人民法院关于人民法院网络司法拍卖若干问题的规定》，早已对财产处置环节的税费负担问题作出了明确规定，其中第 30 条规定：“因网络司法拍卖本身形成的税费，应当依照相关法律、行政法规的规定，由相应主体承担；没有规定或者规定不明的，人民法院可以根据法律原则和案件实际情况确定税费承担的相关主体、数额。”

2020 年 10 月 19 日，国家税务总局《对十三届全国人大三次会议第 8471 号建议的答复》载明：“一、关于取消不动产司法拍卖公告中由买方承担税费的转嫁条款，统一改为“税费各自承担”的建议。您提出的拍卖不动产的税费按照规定由“买卖双方各自负担”的建议，是一种较为合理的做法……我局和最高人民法院赞同您关于税费承担方面的建议，最高人民法院将进一步向各级法院提出工作要求：一是要求各级法院尽最大可能完善拍卖公告内容，充分、全面向买受人披露标的物瑕疵等各方面情况，包括以显著提示方式明确税费的种类、税率、金额等；二是要求各级法院严格落实司法解释关于税费依法由相应主体承担的规定，严格禁止在拍卖公告中要求买受人概括承担全部税费，以提升拍卖实效，更好地维护各方当事人合法权益。”

2022 年 5 月 25 日，最高人民法院印发《关于进一步规范网络司法拍卖房产有关问题的通知》（法明传〔2022〕297 号）中，明确提出“切实将交易税费依法各自承担落实到位”“禁止在拍卖公告中载明‘当次交易税费由买受人概括承担’或类似内容”。

关于“包税条款”的效力，最高人民法院认为：“载明由买受人概括承担全部税费的事项无效。原因主要有二：一是根据税收法定原则，纳税义务人的身份不能因拍卖公告的载明条款而发生转移；二是《国家税务总局关于人民法院强制执行被执行人财产有关税收问题的复函》第四条明确要求‘鉴于人民法院实际控制纳税人因强制执行活动而被拍卖、变卖财产的收入，根据《中华人民共和国税收征收管理法》第五条的规定，人民法院应当协助税务机关依法优先从该收入中征收税款’。意思就是执行程序中产生的税款应由被执行人承担，并应优先从拍卖、变卖财产的收入中扣除。”①

根据《最高人民法院关于人民法院网络司法拍卖若干问题的规定》第30条的规定，买受人与被执行人各自担负应交税款，存在最大问题在于大部分税费应由被执行人缴纳，而被执行人又往往不具备偿债能力。这种做法存在一个现实问题，即由于被执行人不会主动履行纳税义务，这就导致税务机关不会为买受人开具完税证明，这势必会影响买受人办理房屋的过户登记。

对此，在“各税各担”的制度下，各地主要有三种处理方式：

一是税务机关对被执行人做“欠税处理”，保留事后对被执行人继续征缴的权力，只要买受人缴纳了其应当承担的税费，税务机关就为其出具完税证明，从而不影响到买受人办理房屋过户登记。北京市主要采取该种做法。

二是买受人先行缴纳后向执行法院申请退还，如买受人未在规定期限内申请退还，视为自愿负担税费。上海市、厦门市采取该种做法。

三是主要由执行法院在拍卖款中扣划后直接交付税务部门，也可由买受人先行缴纳后向执行法院申请退还垫付的税费。浙江省采取该种做法。

四、“申请执行人代为缴付”

以物抵债后的税费承担，“申请执行人代为缴付”：不动产拍卖所产生应由被执行人支付的税费，由申请执行人（产权受让人、买方）代被执行人缴付；抵债金额，扣减已垫付之原应由被执行人承担的税费。

我国现行法律、司法解释及相关规范性文件，对以物抵债中的税费承担并无明确规定，甚至也无可查询的案例。按照目前绝大部分法院及税务机关贯彻的“各担各税”原则，以及笔者掌握的情况：

以物抵债情形下，不动产拍卖所产生应由被执行人支付的税费，由申请执行人代被执行人缴付。（北京市税务机关一般做“欠税处理”，故申请执行人无须缴付。）

申请执行人以物抵债之抵债金额，应扣减已垫付之原应由被执行人承担的

---

① 参见江必新、刘贵祥主编，最高人民法院执行局编：《最高人民法院关于人民法院网络司法拍卖若干问题的规定理解与适用》，中国法制出版社2017年版，第398页。

税费,即增加尚未受偿的债权本息。

上述做法虽不尽合法、合理,但亦系平衡债权人、债务人及人民法院、税务机关各方面的权宜之计。

48

“对赌协议”履行中，业绩承诺方所持有的限售股票，经执行程序或破产程序后，能否解除限售？

【简答】

1. 除上市公司外，其他主体均无权申请解除对价股票的限售。对价股票无论是由原股东持有，还是由买受人竞得，均需要遵守限售承诺。在股票持有人未完成业绩保障的情形下，出于对上市公司全体股东利益保护的考虑，证券交易所窗口均拒绝为该类股票解除限售。

2. 若针对对价股票作出的限售承诺属于可以变更、豁免承诺的范围，则经过相应法定程序后，可以作出相应调整。

【问题的提出】

A 公司为担保金融借款，将其在承诺期内重组中获得并约定用于承担业绩补偿义务的股票（以下简称对价股票）质押给金融机构。

B 上市公司通过发行股票方式购买 A 公司在其子公司所持 100% 股权，并与 A 公司签订《盈利预测补偿协议》，约定 A 公司就业绩承诺作出股票补偿安排。根据证券监管部门的规定，此部分对价股票系限售股。

此后，A 公司未完成承诺业绩且负债问题爆发，已被裁定受理破产重整申请。金融机构和 B 上市公司均已申报破产债权。经破产重整程序，B 上市公司的重整计划已经执行完毕。

按照破产重整计划，A 公司已质押股票，由金融机构申请拍卖变价后受偿。但是，该部分股票，仍由证券监管部门标记为“限售”，因而市场竞买意愿较弱，多次流拍。

按照破产重整计划，A 公司其余未质押股票，已经以抵债方式分配给其他债权人。其中，B 上市公司获偿抵债股票已注销；其余债权人获偿股票已完成股票过户，该部分股票亦由证券监管部门标记为“限售”。

问题：金融机构能否解除及如何解除已抵债股票的限售状态？

【法律分析意见】

一、除 B 上市公司，其他主体均无权申请解除对价股票的限售

参照《深圳证券交易所上市公司自律监管指引第 2 号——创业板上市公司规范运作》第 4.4.5 条的规定：“上市公司及其股东、保荐机构或者独立财务顾问应当关注限售股份及其衍生品种的限售期限。股东申请限售股份及其衍生品种解除限售的，应当委托公司董事会办理相关手续，并满足下列条件：（一）限售期已满；（二）解除限售不违反该投资者作出的有关承诺；（三）对申请解除限售的股份及其衍生品种拥有权益的主体，不存在对公司资金占用或者公司对该主体的违规担保等损害公司利益的行为；（四）不存在法律法规、《创业板上市规则》、本指引及本所其他规定中规定的限制转让情形。”

二、对价股票无论是由 A 公司持有，还是由买受人竞得，均需要遵守限售承诺

2022 年 1 月 5 日实施的《上市公司监管指引第 4 号——上市公司及其相关方承诺》第 16 条第 2 款的规定：“承诺人作出股份限售等承诺的，其所持有股份因司法强制执行、继承、遗赠等原因发生非交易过户的，受让方应当遵守原股东作出的相关承诺。”

根据《深圳证券交易所上市公司自律监管指引第 1 号——主板上市公司规范运作》第 6.4.10 条的规定：“承诺人作出股份限售等承诺的，其所持股份因司法强制执行、继承、遗赠、依法分割财产等原因发生非交易过户的，受让方应当遵守原股东作出的相关承诺。”

参照《深圳证券交易所上市公司自律监管指引第 2 号——创业板上市公司规范运作》第 7.4.10 条的规定：“承诺人作出股份限售等承诺的，其所持股份因司法强制执行、继承、遗赠、依法分割财产等原因发生非交易过户的，受让方应当遵守原股东作出的相关承诺。”

因此，对价股票无论是由现有股东或质押人 A 公司持有，还是由强制执行程序中的买受人竞得，均需要遵守限售承诺，且该承诺不属于可以变更或豁免的范围。除 B 上市公司，其他主体亦无权申请解除对价股票的限售。

三、业绩承诺方将上市公司股票先行质押，若不能顺利解除质押后履行补偿义务，势必损害上市公司及中小股东的利益

实践中，业绩承诺方将获得的上市公司股票先行质押的情形并不鲜见。在标的资产业绩不达标，需履行股份补偿义务时，业绩承诺方已然无有效财产用于补偿，这将导致一系列的纠纷。若不能顺利解除质押后履行补偿义务，势必损害上市公司及中小股东的利益。

鉴于上述情形，原中国证监会于 2020 年 7 月公布《监管规则适用指引——上市类第 1 号》，主要内容如下：

“上市公司重大资产重组中，交易对方拟就业绩承诺作出股份补偿安排的，应当确保相关股份能够切实用于履行补偿义务。如业绩承诺方拟在承诺期内质押重组中获得的、约定用于承担业绩补偿义务的股份（以下简称对价股份），重组报告书应当载明业绩承诺方保障业绩补偿实现的具体安排，包括但不限于就以下事项作出承诺：

业绩承诺方保证对价股份优先用于履行业绩补偿承诺，不通过质押股份等方式逃废补偿义务；未来质押对价股份时，将书面告知质权人根据业绩补偿协议上述股份具有潜在业绩承诺补偿义务情况，并在质押协议中就相关股份用于支付业绩补偿事项等与质权人作出明确约定。

上市公司发布股份质押公告时，应当明确披露拟质押股份是否负担业绩补偿义务，质权人知悉相关股份具有潜在业绩补偿义务的情况，以及上市公司与质权人就相关股份在履行业绩补偿义务时处置方式的约定。

独立财务顾问应就前述事项开展专项核查，并在持续督导期间督促履行相关承诺和保障措施。”

四、在股票持有人未完成业绩保障的情形下，出于对上市公司全体股东利益保护的考虑，证券交易所窗口均拒绝为该类股票解除限售

2022 年 1 月 5 日实施的《上市公司监管指引第 4 号——上市公司及其相关

方承诺》第 12 条第 2 款规定:“下列承诺不得变更或豁免:……(二)除中国证监会明确的情形外,上市公司重大资产重组中按照业绩补偿协议作出的承诺……”据此,A 公司曾经针对对价股票作出的限售承诺是否属于可以变更、豁免承诺的范围,存在极大不确定性。

此外,涉及“对赌协议”而转让、增发之股票,一般均标记为“限售”,在股票持有人未完成业绩保障的情形下,出于对上市公司全体股东利益保护的考虑,证券交易所窗口均拒绝为该类股票解除限售。该项规则并未形成明文,属于窗口指导规范。

五、若针对对价股票作出的限售承诺属于可以变更、豁免承诺的范围,则经过上市公司的相应法定程序后,可以作出相应调整

2022 年 1 月 5 日实施的《上市公司监管指引第 4 号——上市公司及其相关方承诺》第 13 条第 1 款的规定:“出现以下情形的,承诺人可以变更或者豁免履行承诺:(一)因相关法律法规、政策变化、自然灾害等自身无法控制的客观原因导致承诺无法履行的;(二)其他确已无法履行或者履行承诺不利于维护上市公司权益的。”

鉴于对 B 上市公司已经通过向 A 公司申报破产债权的方式解决《盈利预测补偿协议》项下现金补偿义务,证券交易所认为该协议项下的股票补充义务实际已无法完全履行,因此,上述情形有可能符合可以变更、豁免限售承诺的情形。

若属于可以变更、豁免限售的承诺,则根据 2022 年 1 月 5 日实施的《上市公司监管指引第 4 号——上市公司及其相关方承诺》第 14 条的规定:“除因相关法律法规、政策变化、自然灾害等自身无法控制的客观原因外,变更、豁免承诺的方案应提交股东大会审议,上市公司应向股东提供网络投票方式,承诺人及其关联方应回避表决。独立董事、监事会应就承诺人提出的变更方案是否合法合规、是否有利于保护上市公司或其他投资者的利益发表意见。”

49

被执行人将股票“清算变现”解释为须附加障碍，申请执行人能否直接请求强制卖出股票？

【简答】

1. 金融机构可向执行法院递交函文、申请等书面文件，从仲裁裁决查明的事实部分或说理、金融机构仲裁的请求、金融机构与投资管理人之间的基础合同、相关权威依据对清算退出的理解、由仲裁庭进行补正说明等几个方面论证分析，请求执行法院将“清算变现”解释为在二级市场公开出售。

2. 按照现行有效规定，投资管理人拒不卖出股票，人民法院有权强制卖出股票。执行法院可以发出协助执行通知书，要求托管股票之证券公司在二级市场抛售股票。

3. 金融机构作为案件的申请执行人，可以在执行过程中向人民法院提供金融机构账户，在托管股票之证券公司在二级市场抛售股票后，直接或经由执行法院将所得款项汇入金融机构账户。

【问题的提出】

金融市场实践中，金融机构往往通过信托公司、证券公司、财务咨询公司等通道机构开展证券市场业务，如通过股票定向增发等方式参与二级市场投资。

虽然信托公司、证券公司、财务咨询公司等通道机构为股票的名义持有人，但金融机构依据其与信托公司、证券公司、财务咨询公司等通道机构签订的商事协议，对股票享有债权意义上的处分请求权，即要求通道机构按照金融机构的要求卖出股票。

如按照协议约定，投资管理人（通道机构）持有的股票达到卖出触发条件，金融机构向仲裁机构申请仲裁，请求投资管理人（通道机构）卖出股票，而部分仲裁裁决主文，按照行业惯例语言，将“卖出股票”表述为“清算变现”。典型例如“投资管理人应在收到裁决书之日起10日内立即成立清算组，对基金财产进行清算变现，待全部基金财产清算变现后，将剩余资产扣除清算费用后按金融机构持有的份额比例以货币形式分配给金融机构，并提供清算报告”。

这将可能出现以下几个问题：

1. 双方当事人对“成立清算组，对基金财产进行清算变现”中的“清算变现”，在理解上可能存在重大分歧，应如何处理？

2. 如果将“成立清算组，对基金财产进行清算变现”中的“清算变现”解释为“卖出股票”，投资管理人拒不卖出股票的，人民法院能否强制卖出股票？

3. 卖出股票后，所得款项能否直接划至金融机构账户？

【法律分析意见】

一、关于双方当事人对“成立清算组，对基金财产进行清算变现”中的“清算变现”，在理解上存在重大分歧的问题

金融机构认为仲裁裁决所指的“清算变现”意为投资管理人应将其持有的金融机构股票在二级市场公开出售。

投资管理人则认为仲裁裁决所指的“清算变现”意为可以出售股票，但应当出售于特定关联人或者事先完成若干复杂且基本不可由金融机构自主意思控制的在先程序。例如，应根据投资管理人与其他担保人签订的《差额补足协议书之补充协议》的合同约定，由担保人和其指定的机构购买该股票财产，或者必须由金融机构启动诉讼程序要求担保人进行差额补足，否则，无权通过其他任何方式就该股票财产进行处置。

在投资管理人对“成立清算组，对基金财产进行清算变现”中的“清算变现”给予不利于金融机构的解释时，金融机构可向执行法院递交函文、申请等书面文件，提出以下几个方面理由或意见，请求执行法院将“清算变现”解释为在

二级市场公开出售。

1. 仲裁裁决查明事实部分或说理部分已就“清算变现”作出具体解释，“清算变现”也就是“投资管理人应将投资管理人持有的股票在二级市场公开出售”。

2. 金融机构与投资管理人之间的基础合同，已约定投资管理人应当在持有的股票达到卖出触发条件时予以卖出，故“清算变现”即为“在二级市场公开出售”。

3. 按照金融机构仲裁申请书或仲裁裁决归纳的仲裁申请，金融机构仲裁请求即为“在二级市场公开出售股票”，因仲裁裁决完全支持金融机构仲裁理由，故裁决主文的“清算变现”本意即为“在二级市场公开出售”。

4. 金融市场实践中，私募股权基金的退出模式主要有四种方式，即 IPO 退出、回赎退出、并购退出及清算退出。根据相关法律法规、市场惯例及相关著述对清算退出的理解，清算退出即“在适当的时候卖出其所持有的股票”。

5. 由仲裁庭进行补正说明。《最高人民法院关于人民法院办理仲裁裁决执行案件若干问题的规定》第 4 条规定，“对仲裁裁决主文或者仲裁调解书中的文字、计算错误以及仲裁庭已经认定但在裁决主文中遗漏的事项，可以补正或说明的，人民法院应当书面告知仲裁庭补正或说明，或者向仲裁机构调阅仲裁案卷查明”。金融机构可以依据上述规定，申请执行法院向仲裁庭发函，要求明确“清算变现”的具体含义。

二、如果将“成立清算组，对基金财产进行清算变现”中的“清算变现”解释为“卖出股票”，投资管理人拒不卖出股票的，人民法院能否强制卖出股票？

《民事诉讼法》第 263 条规定：“对判决、裁定和其他法律文书指定的行为，被执行人未按执行通知履行的，人民法院可以强制执行或者委托有关单位或者其他人完成，费用由被执行人承担。”

《民诉法解释》第 501 条第 1 款规定：“被执行人不履行生效法律文书确定的行为义务，该义务可由他人完成的，人民法院可以选定代履行人；法律、行政法规对履行该行为义务有资格限制的，应当从有资格的人中选定。必要时，可以通过招标的方式确定代履行人。”

可见，投资管理人拒不卖出股票，人民法院有权强制卖出股票。按照现行有效规定，执行法院可以发出协助执行通知书，要求托管股票的证券公司在二级市场抛售股票。

三、卖出股票后，所得款项能否直接划至金融机构账户？

通常情况下，按照协议约定，投资管理人所持股票减持所得资金回流路径为：证券账户→证券资金账户→投资管理人结算账户（募集专户）→金融机构投资账户。

由于资金从证券资金账户至投资管理人结算账户（募集专户），再由投资管理人结算账户（募集专户）至金融机构投资账户，均需要投资管理人的参与，势必存在投资管理人不配合，导致减持所得资金迟迟无法划付到位的情形。因此，金融机构能否直接要求将股票减持所得资金划至金融机构账户？

《最高人民法院关于执行款物管理工作的规定》第6条第1款规定："被执行人可以将执行款直接支付给申请执行人；人民法院也可以将执行款从被执行人账户直接划至申请执行人账户。但有争议或需再分配的执行款，以及人民法院认为确有必要的，应当将执行款划至执行款专户或案款专户。"

根据该条规定，金融机构作为案件的申请执行人，可以在执行过程中向人民法院提供金融机构账户，在托管股票的证券公司在二级市场抛售股票后，直接或经由执行法院，将所得款项汇入金融机构账户。

50

执行程序中，到期债权次债务人（应收账款债务人）否认债权债务关系，申请执行人能否通过代位权诉讼主张权利？

【简答】

1. 到期债权次债务人（应收账款债务人，以下简称次债务人）就其与被执行人（保证人）的到期债权提出异议，申请执行人（金融机构债权人）无法于执行程序中请求法院执行涉案应收账款，应当另行通过代位权诉讼主张次债务人还款。

2. 次债务人与被执行人（保证人）债权债务关系真实，则申请执行人应收账款质押效力不受影响，仍可就相应账款优先受偿。

3. 如“应收债权确认通知书”构成表见代理，次债务人与被执行人（保证人）存在债权债务关系的证据较为充分，则申请执行人诉请被支持概率较高。

【问题的提出】

申请执行人通过资管计划与被执行人（主债务人）开展了股票质押式回购业务，由被执行人（保证人）等提供保证担保，并办理了强制执行公证。

后申请执行人又追加被执行人（保证人）对次债务人的应收账款提供质押担保，该质押担保已办理了质押登记，并取得应收债权确认通知书。后了解，应收债权确认通知书上次债务人的用印系申请执行人前去核保,用印在次债务人办公地完成,但未被允许拍照、录像。

上述业务已逾期,资管公司通过公证文书强制执行对被执行人(主债务人)及被执行人(保证人)进行债权追索,并通过执行法院要求次债务人履行对被执行人(保证人)的到期债务。

次债务人以被执行人(保证人)伪造印章,虚构项目合同,炮制应收债权确认通知书为由向执行法院提出履行到期债务异议申请书。次债务人提供了某公安局的工作说明,指出被执行人(保证人)相关人员已因在其他业务中伪造与次债务人的应收账款,被检察院依法逮捕,案件正在侦查中。另外,次债务人提供了其公章印模复印件,认为与应收债权确认通知书上的次债务人公章相比,后者肉眼可见系伪造。执行法院已中止执行,要求资管公司对次债务人应收账款质权另行起诉。

另外,经检索,另有其他金融机构对被执行人(保证人)的公证文书强制执行案件,次债务人同样对应收账款提出异议。

就上述应收账款,应如何行使质权?

【法律分析意见】

一、执行程序中次债务人就到期债权提出异议,执行法院不对相应异议及债权进行实体审查。申请执行人应当另行提出代位权诉讼主张相应债权款项

如上述案例,执行法院曾向次债务人发出履行到期债务的通知,要求其履行对被执行人(保证人)到期债务,但次债务人以被执行人(保证人)伪造印章,虚构项目合同,炮制应收债权确认通知书为由提出异议。

《民诉法解释》第499条规定,"人民法院执行被执行人对他人的到期债权,可以作出冻结债权的裁定,并通知该他人向申请执行人履行。该他人对到期债权有异议,申请执行人请求对异议部分强制执行的,人民法院不予支持"。

《最高人民法院关于人民法院执行工作若干问题的规定(试行)》第47条规定:"第三人在履行通知指定的期间内提出异议的,人民法院不得对第三人强制执行,对提出的异议不进行审查。"第48条第1款规定:"第三人提出自己无履行能力或其与申请执行人无直接法律关系,不属于本规定所指的异议。"

次债务人所提出的异议不属于前述《最高人民法院关于人民法院执行工作

若干问题的规定(试行)》第 48 条第 1 款所规定的例外情形,其异议能够阻却强制执行。

同时,根据《最高人民法院关于认真贯彻实施民事诉讼法及相关司法解释有关规定的通知》(法〔2017〕369 号),申请执行人此情形下可另行提起代位权诉讼主张权利。

二、如次债务人与被执行人(保证人)之间相应债权债务关系真实存在,则应收账款质押有效,申请执行人(金融机构债权人)有权就相应款项优先受偿

上述案例中,次债务人主张项目合同系被执行人(保证人)以伪造印章而虚构的,且被执行人(保证人)相关人员已因在其他业务中伪造与次债务人的应收账款,被检察院依法逮捕。

但是,按照次债务人所提供的公章印模复印件或与应收债权确认通知书,尚不能确定涉案“项目合同”是否确属伪造。并且,现有信息亦不能证明次债务人确不负有案涉债务关系。

需要说明的是,应收账款质押的质权的成立要件采取登记生效主义。《民法典》第 445 条第 1 款:“以应收账款出质的,质权自办理出质登记时设立。”换言之,登记完成后质权即告成立,并不以次债务人是否同意为生效要件。但是,申请执行人(金融机构债权人)能否对应收账款优先受偿,仍需取决于次债务人相关债务关系是否真实存在。

按照《民法典担保制度解释》第 61 条的规定:以现有的应收账款出质,到期债权次债务人(应收账款债务人)向质权人确认应收账款的真实性后,又以应收账款不存在或者已经消灭为由主张不承担责任的,人民法院不予支持。以现有的应收账款出质,到期债权次债务人(应收账款债务人)未确认应收账款的真实性,质权人以到期债权次债务人(应收账款债务人)为被告,请求就应收账款优先受偿,能够举证证明办理出质登记时应收账款真实存在的,人民法院应予支持;质权人不能举证证明办理出质登记时应收账款真实存在,仅以已经办理出质登记为由,请求就应收账款优先受偿的,人民法院不予支持。

根据上述规定:

如次债务人确曾向申请执行人出具有效的应收债权确认通知书,即次债务人向申请执行人承诺、确认被执行人(保证人)对其享有应收账款,则申请执行人(金融机构债权人)有权就“项目合同”项下应收账款享有优先受偿权。

如应收债权确认通知书无法认定具有相应效力，但有证据证明次债务人与被执行人（保证人）存在真实债权债务关系，则申请执行人（金融机构债权人）仍有权就“项目合同”项下应收账款享有优先受偿权。

三、申请执行人（金融机构债权人）于代位权诉讼中应着重关注应收债权确认通知书是否构成表见代理，并着重收集次债务人与被执行人（保证人）存在真实债权债务关系的证据

根据《九民会议纪要》第 41 条相应意见，“司法实践中，有些公司有意刻制两套甚至多套公章，有的法定代表人或者代理人甚至私刻公章，订立合同时恶意加盖非备案的公章或者假公章，发生纠纷后法定代表人以加盖的是假公章为由否定合同效力的情形并不鲜见”。

《九民会议纪要》还规定，各级法院应更多关注缔约时法定代表人或代理人的权限问题，“主要审查签约人于盖章之时有无代表权或者代理权，从而根据代表或者代理的相关规则来确定合同的效力”。如应收债权确认通知书认定次债务人具有意思表示效力，则申请执行人（金融机构债权人）根据《民法典担保制度解释》第 61 条的规定，可以向次债务人主张应收账款优先受偿权利。如能够收集相应证据证明案涉债务关系真实存在，且登记时存在到期应收账款，亦可支持申请执行人（金融机构债权人）相应诉请。

51

执行程序中，金融机构能否以“股东出资加速到期”为由，追加未届认缴出资期限的股东为被执行人？

【简答】

1. 在注册资本认缴制下，股东依法享有期限利益。在非破产与解散情形下，债权人一般无权要求股东出资加速到期。

2.《九民会议纪要》第6条填补了非破产、非解散情况下股东出资加速到期适用的空白，符合两种例外情形之一的，股东享有的出资期限利益将不予保护。

3. 执行程序属于非诉程序，缺少一般民事诉讼程序的对抗性和完备性，多数法院倾向于严守执行追加法定原则，在执行程序中不予认定股东出资加速到期。债权人可提起执行异议之诉，主张依据《九民会议纪要》追加未届出资期限的股东在未出资范围内对公司不能清偿的债务承担补充赔偿责任。

4. 2023年12月29日第十四届全国人民代表大会常务委员会第七次会议第二次修订的《公司法》将股东出资加速到期常态化。

【问题的提出】

为激发市场活力，2013年《公司法》施行了注册资本认缴登记制度。在认缴制下,立法取消了最低注册资本、出资期限及相关验资的要求,赋予股东较高的经营自主权,股东可以自由安排出资时间和期限。但是,在司法实践中出现了较多股东出资的期限利益与债权人信赖利益保护的冲突。当现有的公司资产不足以清偿债务时,由于公司股东的出资义务尚未届出资期限,导致公司债权人的债权迟迟无法实现。更有甚者,公司章程确定超长的出资期限,或者在出资期限即将届满之前修改章程,延长出资时间。此种情形下,公司债权人要求股东提前履行出资义务成为迫切需要。

然而,现行法律仅规定公司在破产或者解散时适用股东出资加速到期。那么,在执行程序中,公司的债权人能否以"股东出资加速到期"为由,追加未届认缴出资期限的股东为被执行人呢?立足于当前司法实践,下面就此问题进行梳理和分析。

【法律分析意见】

一、在注册资本认缴制下,股东依法享有期限利益。在非破产与解散情形下,债权人一般无权要求股东出资加速到期

在当前注册资本认缴制下,股东有权自主决定其出资的时间和期限。公司注册资金与实缴资本情况均会依法在企业信用信息公示系统予以公示。据此,认缴出资期限未届满前,股东依法享有的出资的期限利益应予保护。

关于股东出资加速到期,现行法律仅有以下两个条文对此进行了规定:

《企业破产法》第35条规定:人民法院受理破产申请后,债务人的出资人尚未完全履行出资义务的,管理人应当要求该出资人缴纳所认缴的出资,而不受出资期限的限制。

《公司法解释(二)》第22条第1款规定:"公司解散时,股东尚未缴纳的出资均应作为清算财产。股东尚未缴纳的出资,包括到期应缴未缴的出资,以及依照公司法第二十六条和第八十条的规定分期缴纳尚未届满缴纳期限的出资。"

由此可知,根据法律规定,在公司破产或解散时,即使出资期限尚未届满。股东应依法履行出资义务。但是,非破产或解散情形,债权人要求股东出资加速到期,并无相应法律依据。

二、《九民会议纪要》第 6 条填补了非破产或解散情形下股东出资加速到期适用的空白，符合两种例外情形之一的，股东享有的出资期限利益将不予保护

关于法律规定的情形之外能否适用股东出资加速到期，实务中争议较大，有两种截然不同的观点。

“肯定说”认为，任何合同自由都有其边界，股东出资义务的履行期限并非“完全自治”的事项——出资期限的设计应不影响公司的正常经营（包括偿债）。当公司存在“不清偿到期债务”之情形，无论公司是否已达“破产界限”，都应允许债权人主张加速股东出资义务之履行。“否定说”则认为，破产与解散程序之外并无适用加速到期的法律依据，且股东的出资时间均已向社会公示，债权人在与公司交易时可以在审查公司股东出资时间等信用信息的基础上综合考察是否与公司进行交易。债权人一旦决定进行交易，即应受制于股东出资时间的约束。

关于非法定情形下股东出资加速到期，涉及司法与行政、立法等关系的处理，最高人民法院始终持十分慎重态度，至今未发布相关司法解释予以明确规定。但为回应审判实践迫切需求，统一裁判尺度，最高人民法院在《九民会议纪要》对此实践争议问题作了谨慎回应和指引。

《九民会议纪要》第 6 条规定：“在注册资本认缴制下，股东依法享有期限利益。债权人以公司不能清偿到期债务为由，请求未届出资期限的股东在未出资范围内对公司不能清偿的债务承担补充赔偿责任的，人民法院不予支持。但是，下列情形除外：(1)公司作为被执行人的案件，人民法院穷尽执行措施无财产可供执行，已具备破产原因，但不申请破产的；(2)在公司债务产生后，公司股东(大)会决议或以其他方式延长股东出资期限的。”

根据上述规定，对于非破产、非解散情形下的股东出资加速到期问题，《九民会议纪要》实际上采取了折中观点，既肯定了认缴制下股东出资的期限利益，又认为这种期限利益并不是无限制的。其规定的两种例外情形，第一种是比照《企业破产法》作出的规定，其法理基础来自《企业破产法》第 35 条。第二种是恶意延长认缴期限的规定，其法理基础是债权人的撤销权。对于公司股东会延长股东出资的行为，相当于公司放弃即将到期的对股东的债权，损害了公司债权人利益，公司债权人有权请求撤销。股东以此方式获得的出资期限利益，当然不应获得保护。

三、执行程序中能否认定股东出资加速到期

执行程序属于非诉程序，缺少一般民事诉讼程序的对抗性和完备性，多数法院倾向于严守执行追加法定原则，在执行程序中不予认定股东出资加速到期。债权人可提起执行异议之诉，主张依据《九民会议纪要》追加未届出资期限的股东在未出资范围内对公司不能清偿的债务承担补充赔偿责任。

《九民会议纪要》第 6 条填补了非破产或解散情况下股东出资加速到期适用的空白。在两种例外情形下，即便公司非处于破产或者解散程序时，仍可认定股东出资加速到期。随之而来的争议在于执行程序中能否直接认定股东出资加速到期呢？就司法实践来看，债权人要求股东出资加速到期的迫切需求多数出现在执行程序中，尤其是在公司不能清偿债务，法院依法裁定终本之后。

根据《九民会议纪要》第 6 条“人民法院穷尽执行措施无财产可供执行，已具备破产原因，但不申请破产的”，那么，法院执行部门作出的终本裁定是否意味着被执行的公司已具备破产条件呢？由此，执行程序中能否认定股东出资加速到期呢？

实践中，法院认识不一。部分执行法院认为，法院作出的终本裁定，并不能直接作为认定公司具备破产条件的依据。根据《最高人民法院关于严格规范终结本次执行程序的规定（试行）》的规定，有财产不能处置也可能导致法院作出终本裁定，况且实践中，终本案件再恢复执行十分常见，不能将法院终本与公司具备破产条件画等号。

另外，执行中，债权人请求追加的主要依据是《变更追加司法解释》第 17 条，即“作为被执行人的营利法人，财产不足以清偿生效法律文书确定的债务，申请执行人申请变更、追加未缴纳或未足额缴纳出资的股东、出资人或依公司法规定对该出资承担连带责任的发起人为被执行人，在尚未缴纳出资的范围内依法承担责任的，人民法院应予支持”。那么，未届认缴出资期限的股东是否属于该条规定的“未缴纳或未足额缴纳”情形呢？

对此问题，实践中争议较大，裁判尺度并不统一。经检索裁判案例，以北京、上海为代表，多数法院并不支持在执行程序中直接认定股东出资加速到期。主要理由包括以下两点：第一，《九民会议纪要》属于民商事审判会议纪要，并不适用于执行审查，且《九民会议纪要》也不具有司法解释的效力；第二，追加被执行人程序涉及被申请追加人重大实体权益，而执行程序属于非诉程序，缺少一

般民事诉讼程序的对抗性和完备性，故应严守追加法定原则，在没有明确法律依据的情形下，不得追加。

另外，《九民会议纪要》关于股东出资加速到期的两种例外情形的规定相对明晰，如果符合该情形，在执行程序中一律驳回，而同等情形在执行异议之诉或者另诉中即予支持，显然增加了当事人诉累，也造成执行审查程序流于形式。但实践中，也存在部分法院，如广东、浙江等，参照《九民会议纪要》第6条规定精神，直接在执行程序中认定构成加速到期，而裁定追加未届认缴出资期限的股东为被执行人，在未出资范围内承担清偿责任。

综上所述，《九民会议纪要》发布后，非破产或解散情况下股东出资加速到期有了适用的空间。执行程序中，债权人能否以"股东出资加速到期"为由，追加未届认缴出资期限的股东为被执行人，不同法院裁判理念并不统一。但即便在执行审查中未获支持，债权人仍可继续提起执行异议之诉，如符合《九民会议纪要》第6条规定的两种例外情形之一，将获得法院支持。

四、股东出资加速到期的常态化

《公司法》第54条规定："公司不能清偿到期债务的，公司或者已到期债权的债权人有权要求已认缴出资但未届出资期限的股东提前缴纳出资。"可以看出，修订后的《公司法》并没有认可认缴出资的股东享有期限利益，相反，认可了股东出资加速到期制度。这与《九民会议纪要》相关规定不同，是《公司法》对《九民会议纪要》的一个修正，无论是根据新法优于旧法，还是上位法优于下位法的原则，《公司法》施行以后都应适用新的规定，不应再适用《九民会议纪要》的规定。

为了贯彻《公司法》的相关规定，在司法实践中，法院的执行工作也应该随之变化。目前的很多情况是，当法院在执行程序中发现被执行公司没有可执行的财产，裁定终本后，申请人再通过执行异议的途径，申请追加被执行人。根据《公司法》的相关规定，当法院在执行工作中发现公司不能清偿债务的，当申请执行人要求追加认缴出资的股东时，应该可以直接追加，不需要等法院先做出终本的裁定后，再开始另一个程序。①

---

① 赵虎：《新〈公司法〉对追加执行未出资股东案件有哪些影响?》，载《法律与生活》2024年3月总第771期。

52

金融机构申请执行，执行标的物已对外出租，何种情形可以涤除租赁？

【简答】

1. 分析租赁与抵押、查封对抗顺位时，基本的前提是该租赁真实、合法、有效。一般而言，该租赁需符合以下要件：出租人与承租人签订租赁协议、承租人按约定向出租人交付租金、承租人实际占有使用租赁协议所涉房屋。若申请执行人有证据证明被执行人与承租人恶意串通，以明显不合理的低价租赁，或伪造交付租金证据，承租人不能继续占有使用该房屋。

2. 在分析租赁与抵押、查封对抗顺位时，抵押时点的判断标准为“登记之日”；查封时点的判断标准为“送达登记机关之日”；租赁时点的判断标准为“签订租赁合同 + 实际占用之日”。

3. 如果抵押、查封在前而租赁在后，则推定承租人明知案涉房屋已查封而可涤除租赁。

4. 如果租赁在抵押之后、查封之前，需要区分抵押权人是否为该司法拍卖案件的申请执行人。

5. 如果租赁在抵押、查封之前，承租人不能排除司法拍卖；但是，租赁合同依旧有效，承租人可以排除转移占有，继续占有使用该不动产。

【问题的提出】

执行程序中，在拍卖房屋时，经常会遇到案涉房屋已被出租的情况，此时人民法院应当带租拍卖还是应当涤除租赁后拍卖？涤除后租赁合同的效力如何？涤除后人民法院应当在何时清退承租人？下面就上述问题进行分析。

【法律分析意见】

一、执行程序中房屋被出租的处理

分析租赁与抵押、查封对抗顺位时，基本的前提是该租赁真实、合法、有效。一般而言，该租赁需符合以下要件：出租人与承租人签订租赁协议、承租人按约定向出租人交付租金、承租人实际占有使用租赁协议所涉房屋。若申请执行人有证据证明被执行人与承租人恶意串通，以明显不合理的低价租赁，或伪造交付租金证据，承租人不能继续占有使用该不动产。

《执行异议复议规定》第 31 条第 2 款规定："承租人与被执行人恶意串通，以明显不合理的低价承租被执行的不动产或者伪造交付租金证据的，对其提出的阻止移交占有的请求，人民法院不予支持。"

因此，若申请执行人能够查证存在虚假租赁，就可以实现"去租拍卖"。虚假租赁的相关证据线索包括：承租人系被执行人的近亲属或关联企业；租金明显低于市场价；租赁关系与其他证据或事实相互矛盾；对于租赁期限在 5 年以上的租约，更应着重提供证据证明存在租金支付明显违背常理、名为租赁实为借贷、租赁房屋并未实际占有使用等其他违反商业习惯的情形。

实践中，不同地方法院对于租赁合同是否真实的推定方式不同。以北京为例，只要所谓"承租人"提供租赁合同，法院并不作实质审查，即推定该合同为合法有效的租赁合同。若申请执行人对其有异议，需要提起执行异议解决。再以上海为例，根据《上海市高级人民法院关于在执行程序中审查和处理房屋租赁权有关问题的解答（试行）》第 1 条的规定，法院推定不存在租赁权，需要承租人另行提起执行异议主张其租赁权。

二、抵押、查封、租赁的时点判断标准

在分析租赁与抵押、查封对抗顺位时，抵押时点的判断标准为"登记之日"；查封时点的判断标准为"送达登记机关之日"；租赁时点的判断标准为"签订租

赁合同+实际占用之日”。

(一)抵押时点的判断标准为“登记之日”

就抵押的判断标准而言,原《物权法》与《民法典》的规定存在很大差异。根据原《物权法》第190条的规定,“订立抵押合同前抵押财产已出租的,原租赁关系不受该抵押权的影响”。可见,原《物权法》施行期间,判断抵押与租赁对抗顺位,关注的时间点为抵押合同订立时。

《民法典》将这一内容修改为“抵押权设立前,抵押财产已经出租并转移占有的,原租赁关系不受该抵押权的影响”。可见,《民法典》施行之后,判断抵押与租赁对抗顺位,以抵押权设立即抵押权登记作为关注的时间点。

(二)查封时点的判断标准为“送达登记机关之日”

《查封规定》第1条第2款规定:“采取查封、扣押、冻结措施需要有关单位或者个人协助的,人民法院应当制作协助执行通知书,连同裁定书副本一并送达协助执行人。查封、扣押、冻结裁定书和协助执行通知书送达时发生法律效力。”

前述规定中的“协助执行人”为不动产登记机关。因此,查封裁定及协助执行通知书送达不动产登记机关之时,为查封时点的判断标准。

(三)租赁时点的判断标准为“签订租赁合同+实际占用之日”

租赁的设立在实践中有三种判断标准,分别是签订租赁合同,进行租赁登记备案,承租人实际占有使用不动产。

在与查封、抵押比较顺位背景下,《民法典》第405条、《执行异议复议规定》第31条第1款均明确租赁以签订书面的合同且承租人实际占有使用作为判断标准。

关于租赁登记备案问题:由于要求办理租赁登记备案的规定不属于效力性强制性规定,且实践中办理登记备案的情况极少,《民法典》第706条亦规定未办理备案不影响租赁合同效力,因此,租赁时点的判断标准并不包括“备案”。

由于租赁合同存在倒签的可能,且现有技术不能鉴定出合同签订的具体日期。如果承租人只提交落款时间早于法院查封时间的租赁合同,仍不足以证明该租赁合同签订于法院查封之前,承租人可以提交补强证据,如支付租金的凭证、租赁备案、抵扣税款凭证等,以佐证租赁合同签订的日期。承租人证明其占有使用不动产的时间,可以通过物业费支付凭证、水电费支付凭证、装修标的房屋的相关凭证等予以证明。

三、抵押、查封在前，而租赁在后，推定承租人明知案涉房屋已查封而可涤除租赁

《执行异议复议规定》第 31 条第 1 款规定："承租人请求在租赁期内阻止向受让人移交占有被执行的不动产，在人民法院查封之前已签订合法有效的书面租赁合同并占有使用该不动产的，人民法院应予支持。"

《最高人民法院关于审理城镇房屋租赁合同纠纷案件具体应用法律若干问题的解释》第 14 条规定："租赁房屋在承租人按照租赁合同占有期限内发生所有权变动，承租人请求房屋受让人继续履行原租赁合同的，人民法院应予支持。但租赁房屋具有下列情形或者当事人另有约定的除外：（一）房屋在出租前已设立抵押权，因抵押权人实现抵押权发生所有权变动的；（二）房屋在出租前已被人民法院依法查封的。"

根据上述规定，抵押、查封在先而租赁在后的情况下，当房屋发生所有权变动，承租人将不能继续占有使用该房屋。

司法拍卖导致房屋所有权变动时，司法拍卖前承租人可以占有使用该房屋，司法拍卖后承租人将不能继续占有使用该房屋。

（一）拍卖之前，租赁合同有效，承租人可以占有使用该房屋

《查封规定》第 24 条第 2 款规定："第三人未经人民法院准许占有查封、扣押、冻结的财产或者实施其他有碍执行的行为的，人民法院可以依据申请执行人的申请或者依职权解除其占有或者排除其妨害。"

但是，目前通行的观点是：房屋被查封后，被执行人将房屋对外出租的，虽然承租人构成前述规定所述的未经法院准许占用房屋的行为，但是该占用并不妨碍查封行为，因此，承租人可以占有使用该房屋。

例如，上海市第一中级人民法院在（2021）沪 01 民终 1621 号案件中认为："《厂房租赁合同》签订于抵押查封之后，但法律并不禁止对抵押查封房屋的出租，从实际的经济效用角度考虑，也应该准许抵押查封房屋的出租使用。"

（二）拍卖之后，承租人不能继续占有使用该房屋。但是，人民法院不能直接宣告租赁合同无效或解除租赁合同

拍卖之后，房屋所有权发生变动，承租人无权继续请求履行租赁合同，不能继续占有使用该房屋。

《最高人民法院关于人民法院能否在执行程序中以被执行人擅自出租查封房产为由认定该租赁合同无效或解除该租赁合同的答复》规定:“第三人依据租赁合同占有查封物的,人民法院可以解除其占有,但不应当在裁定中直接宣布租赁合同无效或解除租赁合同,而仅应指出租赁合同不能对抗申请执行人。”

根据该文件的规定,虽然在拍卖后承租人无法继续占用该房屋,但是不代表租赁合同无效或被解除,承租人依旧对出租人具有基于合同的债权请求权。

(三)司法实践中,一部分法院会在发布拍卖公告前涤除租赁并腾退房屋;另一部分法院虽然明确涤除租赁,但不会提前腾退

《善意文明执行意见》第1条第10项的规定,“拍卖财产为不动产且被执行人或他人无权占用的,人民法院应当依法负责腾退,不得在公示信息中载明‘不负责腾退交付’等信息”。

当房屋被司法拍卖时,因所有权发生变动,承租人对房屋变为无权占有,人民法院负有依法腾退的义务。

四、租赁在抵押之后、查封之前,需要区分抵押权人是否为该司法拍卖案件的申请执行人

(一)抵押权人为该司法拍卖案件的申请执行人

原《物权法》第190条规定,“抵押权设立后抵押财产出租的,该租赁关系不得对抗已登记的抵押权”。

《拍卖变卖规定》第28条第2款规定:“拍卖财产上原有的租赁权及其他用益物权,不因拍卖而消灭,但该权利继续存在于拍卖财产上,对在先的担保物权或者其他优先受偿权的实现有影响的,人民法院应当依法将其除去后进行拍卖。”

《民法典》第405条规定:“抵押权设立前,抵押财产已经出租并转移占有的,原租赁关系不受该抵押权的影响。”《民法典》虽未明确规定抵押权设立后,抵押财产出租如何处理的问题。但是,全国人大常委会法工委民法室对该条的释义是明确的:“承租人可以查询物上负担情况,明知承租的财产有物上负担,就应当承担因实现抵押权而带来的风险。否则,财产抵押后出租仍适用买卖不破租赁的规则,抵押权的效力就会打折扣,也会因此失去设立的意义。”

综上所述,若抵押权人为申请执行人,那么,抵押权设立后抵押财产出租的,该租赁权不得对抗已登记的抵押权。如果租赁权的继续存在对抵押权人实

现优先受偿权造成影响,人民法院应当依法解除租赁后执行。

(二)抵押权人并非该司法拍卖案件的申请执行人

若抵押财产的抵押权人并非司法拍卖案件的申请执行人,且抵押财产上已有租赁。此时,执行法院应按照租赁在查封之前的规则,带租拍卖。

需要说明的是,若抵押权人提起执行异议,并主张该拍卖依旧属于原《物权法》所规定的因抵押权人实现抵押权发生所有权变动的情形。此时,人民法院应当支持该异议请求,去租拍卖。

五、租赁在抵押、查封之前,承租人不能排除司法拍卖。但是,租赁合同依旧有效,承租人可以排除转移占有,继续占有使用该房屋

(一)租赁在前,抵押权人查封在后

《执行异议复议规定》第 27 条规定:"申请执行人对执行标的依法享有对抗案外人的担保物权等优先受偿权,人民法院对案外人提出的排除执行异议不予支持,但法律、司法解释另有规定的除外。"

若申请执行人系抵押权人,根据《执行异议复议规定》第 27 条的规定,租赁权属于债权,抵押权属于物权,基于"物权优先于债权"的基本原则,租赁权无法阻碍法院对抵押物的司法拍卖,即无法对抗抵押物的强制转让。但是,基于"买卖不破租赁"基本原则,租赁权可以对抗抵押物转让后的转移占有。

(二)租赁在前,普通债权人查封在后

若申请执行人系普通债权人,在先的租赁权依旧不能排除对房屋的司法拍卖。原因是,申请执行人申请拍卖承租人租赁的房屋,并不影响承租人延续其租赁权,此时,若仅因房屋已对外出租而阻却申请执行人实现其债权,显属不公。最高人民法院(2021)最高法民申 3676 号案例认为:"承租人对执行标的享有的租赁权并不能排除执行,只可能阻止向受让人移交占有。"

53

首先查封系保全查封时，优先权人如何通过商请移送程序实现担保财产的优先处置？

【简答】

1. 担保财产在财产保全程序中被首先查封的，优先权人仍可依据《最高人民法院关于首先查封法院与优先债权执行法院处分查封财产有关问题的批复》第 1 条的规定申请优先债权执行法院向首先查封法院商请移送担保财产的处置权。

2. 无论是诉讼案件中的保全查封，还是仲裁案件的保全查封，优先债权执行法院商请移送协商沟通的对象均应是人民法院，由该人民法院作出财产保全裁定的部门负责审查。

3. 实践中对“优先债权应经生效法律文书确认”这一商请移送条件的理解存在分歧。笔者认为首先查封法院仅应审查优先债权是否经生效法律文书确认，不应将担保物权亦经生效法律文书确认作为决定移送处置的先决条件。

【问题的提出】

《民诉法解释》第 484 条规定，“对被执行的财产，人民法院非经查封、扣押、冻结不得处分”。《最高人民法院关于人民法院执行工作若干问题的规定（试行)》第56条规定:“对参与被执行人财产的具体分配,应当由首先查封、扣押或冻结的法院主持进行。首先查封、扣押、冻结的法院所采取的执行措施如系为执行财产保全裁定,具体分配应当在该院案件审理终结后进行。”

由此可见,我国法律确立了首先查封法院处置查封财产的一般规则,但也造成了首封法院与优先债权执行法院在查封财产处置权上的冲突问题。为此,最高人民法院于2016年4月12日公布了《关于首先查封法院与优先债权执行法院处分查封财产有关问题的批复》(以下简称《处置权批复》),在前述一般规则的基础之上,例外规定了优先债权执行法院的商请移送规则。

金融债权执行中涉及大量担保财产处置,准确理解与把握商请移送规则对金融机构优先债权的实现至关重要。《处置权批复》中规定的首先查封是否包括保全查封,如包括,在首先查封系保全查封的情况下,适格的商请移送对象如何确定,以及首先查封法院在移送审查时如何把握审查标准,下面试分析并予以解答。

【法律分析意见】

一、首先查封的适用范围

首先查封因查封措施采取的阶段不同可分为保全查封和执行查封,《处置权批复》第1条的适用范围包括首先查封系保全查封的情形。《财产保全规定》第21条仅适用于针对普通债权采取的轮候查封措施,轮候查封系针对优先债权作出时,优先债权执行法院适用《处置权批复》第1条的规定向首封法院商请移送担保财产处置权,不受《财产保全规定》第21条的限制。

《处置权批复》第1条规定:“执行过程中,应当由首先查封、扣押、冻结(以下简称查封)法院负责处分查封财产。但已进入其他法院执行程序的债权对查封财产有顺位在先的担保物权、优先权(该债权以下简称优先债权),自首先查封之日起已超过60日,且首先查封法院就该查封财产尚未发布拍卖公告或者进入变卖程序的,优先债权执行法院可以要求将该查封财产移送执行。”

《处置权批复》开篇即注明“执行过程中”,实践中,有的执行法院即认为《处置权批复》仅适用于首先查封系执行查封的情形,对于首先查封系保全查封时则拒绝出具商请移送执行函或不同意移送执行。这种理解,一是没有深刻把握商请移送规则的制定本意,二是没有全面理解商请移送规则。

最高人民法院采用司法解释的形式制定商请移送规则意在解决首封法院独享财产处置权所造成的优先权无法及时实现问题，在执行程序中首封法院自查封之日起超过60日未采取拍卖或变卖措施的，优先债权执行法院即有权商请移送处置权。举轻以明重，在首先查封系保全查封的情况下，自首先查封之日至进入财产变价程序的时间一般远超60日，甚至长达数年，此种情况下，优先权不能及时实现的危险性更高，如将财产保全优先查封排除在《处置权批复》的适用范围之外，将背离商请移送规则制定的初衷。同时，《处置权批复》第3条规定"首先查封债权尚未经生效法律文书确认的，应当按照首先查封债权的清偿顺位，预留相应份额"，也间接表明商请移送规则适用于保全查封的情形。

《财产保全规定》第21条第1款规定："保全法院在首先采取查封、扣押、冻结措施后超过一年未对被保全财产进行处分的，除被保全财产系争议标的外，在先轮候查封、扣押、冻结的执行法院可以商请保全法院将被保全财产移送执行。但司法解释另有特别规定的，适用其规定。"

上述规定对首先查封系保全查封情形下的商请移送作了专门规定，其适用易与《处置权批复》第1条的适用相混淆。

《财产保全规定》确立了首封法院和在先轮候查封法院在保全财产处置上的冲突规则，仅在保全法院系首封法院且自查封之日起超过一年未对保全财产进行处分的情况下，在先轮候查封法院方可商请移送。

从字面意义上看，在先轮候查封法院当然包括在先轮候优先债权执行法院，且《财产保全规定》的施行时间晚于《处置权批复》的施行时间，这是否意味着在首先查封系保全查封的情况下，优先债权执行法院商请移送应适用该规则。

如前所述，《处置权批复》第1条实际上已经确立了首先查封系保全查封的情况下，优先债权执行法院商请移送执行的规则，《财产保全规定》第21条并非改变了这一规则，而是专门在首先查封系保全查封情形下，对首封法院和在先轮候查封法院在保全财产处置上的冲突作出规定。普通债权在先轮候查封主体仅享有分配顺位利益，并不享有优先分配的实体权利，因此，此处的在先轮候查封法院并不包括优先债权轮候查封法院。仅在先轮候查封债权系普通债权的情况下才适用该条这一较为严格的商请移送条件，即首封法院自查封之日起超过一年未对保全财产进行处分，在先轮候查封法院方可商请移送。

二、仲裁案件中保全查封的商请移送

保全查封因案件主管部门的不同可分为诉讼案件中的保全查封和仲裁案件中的保全查封。因仲裁机构无强制执行权,故仲裁机构针对申请人的财产保全申请须函请对应的人民法院作出财产保全裁定并采取保全措施。因此诉讼案件中的财产保全和仲裁案件中的财产保全均由人民法院作出裁定并采取保全措施,优先债权执行法院商请移送的对象仅为人民法院,而不包括仲裁机构。

实践中,针对首先查封系仲裁案件中的保全查封时,优先债权执行法院应向仲裁机构还是对应的人民法院商请移送存在认识上的误区。

如商请移送案件中可能出现主管案件的仲裁机构和作出财产保全裁定的人民法院均认为自身非适格的商请移送对象而拒绝移送处置权的情况。仲裁机构认为财产保全裁定系其函请人民法院作出,故应向作出财产保全裁定的人民法院商请移送;而作出财产保全裁定的人民法院认为案件的主管权利属仲裁机构,其仅是配合仲裁机构完成财产保全,故仲裁机构才是适格的商请移送对象。适格商请移送对象认识上的误区,给优先债权人权利的及时实现造成极大困扰。即使作出财产保全裁定的人民法院认为其为适格商请移送对象,对于该人民法院内部由财产保全裁定的作出部门审查,还是由实施财产保全措施的执行部门审查亦存在不同理解。事实上,最高人民法院在2018年即发文对此问题作出了专门规定。

《最高人民法院关于人民法院立案、审判与执行工作协调运行的意见》第18条规定:“财产保全案件的下列事项,由作出财产保全裁定的部门负责审查:……(6)首先采取查封、扣押、冻结措施的保全法院将被保全财产移送给在先轮候查封、扣押、冻结的执行法院……”

商请移送处置权系执行处置权在不同法院之间的流转,仲裁机构并无强制执行权,故商请移送的对象应为人民法院。在仲裁机构函请人民法院作出财产保全裁定时,一般由对应人民法院的立案庭负责审查并作出财产保全裁定,而后交由执行实施部门采取保全措施。依据上述规定,应由作出该财产保全的立案或审判庭承办法官负责审查优先债权法院的商请移送是否符合移送条件。

三、商请移送的条件

首封法院在审查商请移送条件时是否要求生效法律文书同时确认担保物权,实践中存在争议。笔者认为优先债权人的担保物权经生效法律文书确认并非首封法院作出移送执行决定的先决条件。

《处置权批复》第2条规定，“优先债权执行法院要求首先查封法院将查封财产移送执行的，应当出具商请移送执行函，并附确认优先债权的生效法律文书及案件情况说明”，对于“确认优先债权的生效法律文书”，不同法院存在以下两种不同认识：

1. 优先权和债权须同时经生效法律文书确认，缺一不可。

吉林省高级人民法院在（2018）吉执复47号延边民族融联担保有限公司对延边恒利达建筑有限责任公司与长白山保护开发区东柏顺房地产开发有限公司建筑工程施工合同纠纷执行一案执行复议执行裁定书中认为：“申请复议人融联公司认为《最高人民法院〈关于首先查封法院与优先债权执行法院处分查封财产有关问题的批复〉》第二条规定：‘优先债权执行法院要求首先查封法院将财产移送执行的，应当出具商请移送执行函，并附确认优先债权的生效法律文书及案件情况说明。’该批复明确优先债权必须是生效法律文书所确认的，而本案执行所依据民事调解书只确定了债权并未确认为优先债权，并不符合《处置权批复》中商请该院执行的情形，因而延边林区法院应将案件退回安图法院执行。”

2. 生效法律文书仅需确认债权，该债权的优先性可通过其他证据予以佐证。

北京市第三中级人民法院（2018）京03执复127号陈某川等借款合同纠纷执行复议裁定书中载明该案执行依据系人民法院作出的调解书，但调解书中并未确认债权人就案涉房屋享有抵押权。法院认为：“执行过程中，应当由首先查封、扣押、冻结法院负责处分查封财产。但已进入其他法院执行程序的债权对查封财产有顺位在先的担保物权、优先权，自首先查封之日起已超过60日，且首先查封法院就该查封财产尚未发布拍卖公告或者进入变卖程序的，优先债权执行法院可以要求将该查封财产移送执行。本案中，申请执行人陈某川已就其对涉案房屋享有的担保物权进行主张，且提交相应证据材料。朝阳区人民法院执行中据此商请移送执行涉案房屋，合法有据。另外，涉案房屋的原首封法院亦明确复函表示，查封财产移送朝阳区人民法院执行，对该财产的续封、解封和变价、分配等后续工作，交由朝阳区人民法院处理，该院不再负责。朝阳区人民法院对涉案房屋进行包括评估、拍卖等进一步执行措施亦合法有据。”

笔者认为首先查封法院在审查上述商请移送条件时不宜过严，优先债权人享有的担保物权经生效法律文书确认不应作为移送执行的先决条件，主要理由如下：

第一，优先债权经生效法律文书确认这一规定意在审查优先债权执行法院依执行依据合法享有执行权，此系优先债权执行法院商请移送的前提。

第二，执行程序中采用担保物权涤除原则，在担保物权人有证据证明其优先权人身份时，担保物权人不经取得执行依据可直接参与担保财产的变价分配程序。同理，商请移送规则系执行程序规则中的一种，在债权已经生效法律文书确认的前提下，其优先性亦可通过证据证明，而无须另行通过诉讼方式确认，否则，徒增当事人诉累。

第三，执行程序采形式审查原则，商请移送规则仅是解决不同法院之间财产处置权的流转问题，并不影响首封债权人实体权利的实现。即使首封债权人对优先债权持有异议，依然可在后续担保财产的变价分配程序中提出异议，从而实现权利救济，而不应过于提高商请移送门槛，阻碍担保财产尽快处置。

54

被执行公司法定代表人变更后，原法定代表人限制高消费措施能否解除？

【简答】

1.《善意文明执行意见》《最高人民法院关于进一步完善执行权制约机制　加强执行监督的意见》等文件明确规定，被执行人的法定代表人发生变更，原法定代表人的限制消费令可以解除。

2. 司法实践中执行法院就“解除原法定代表人限制消费措施”持有较为审慎的态度并采取颇为严格的审查标准。被执行人的法定代表人如系被执行人实际控制人，或属于影响债务履行的直接责任人员，则变更后将被继续限制消费。

3. 解除原法定代表人的限制消费令，应当向执行法院执行实施部门提出申请，并由实施部门以决定书形式解除。对决定不服的，可向上级法院申请复议。

【问题的提出】

法人作为组织体参与经济或社会事务，客观上必须由自然人代为进行。执行程序中，被执行人的法定代表人作为法人从事民事活动的代表，亦将受到相应执行行为影响。

根据《最高人民法院关于限制被执行人高消费及有关消费的若干规定》的

规定，公司等法人主体未履行执行义务的，公司及其法定代表人将一并被执行法院采取限制消费措施。

更换法定代表人属公司自治事项，实践中不乏公司被法院采取限制消费措施后，希望通过变更法定代表人以解除相关人员的限制消费令。

上述做法是否可行？需满足哪些法定条件？

【法律分析意见】

一、被执行人的法定代表人发生变更，原法定代表人的限制消费令可以解除

2019年《善意文明执行意见》第17条明确规定："人民法院在对被执行人采取限制消费措施后，被执行人及其有关人员申请解除或暂时解除的，按照下列情形分别处理：……（2）单位被执行人被限制消费后，其法定代表人、主要负责人确因经营管理需要发生变更，原法定代表人、主要负责人申请解除对其本人的限制消费措施的，应举证证明其并非单位的实际控制人、影响债务履行的直接责任人员。人民法院经审查属实的，应予准许，并对变更后的法定代表人、主要负责人依法采取限制消费措施……"

2021年《最高人民法院关于进一步完善执行权制约机制　加强执行监督的意见》第23条亦明确规定，"被执行人履行完毕的，人民法院必须在3个工作日内解除限制消费令，因情况紧急当事人申请立即解除的，人民法院应当立即解除限制消费令；在限制消费期间，被执行人提供有效担保或者经申请执行人同意的，人民法院应当在3个工作日内解除限制消费令。被执行人的法定代表人发生变更的，应当依当事人申请及时解除对原法定代表人的限制消费令"。

根据上述规定，被执行人法定代表人被限制高消费后，可以通过变更法定代表人并向执行法院提出申请的方式，解除对原法定代表人的限制高消费措施。

二、司法实践中执行法院就"解除原法定代表人限制消费措施"持有较为审慎的态度并采取颇为严格的审查标准。被执行人法定代表人如系被执行人实际控制人，或属于影响债务履行的直接责任人员，则变更后将被继续限制消费

根据《善意文明执行意见》的规定，公司变更法定代表人后，原法定代表人应向执行法院提出解除自身限制消费的相应申请。同时，还须"举证证明其并非单位的实际控制人、影响债务履行的直接责任人员”，即证明其不属于《最高人民法院关于限制被执行人高消费及有关消费的若干规定》第3条所规定的其他应予和单位被执行人一并限制消费的关联人员。

但就《最高人民法院关于限制被执行人高消费及有关消费的若干规定》第3条“影响债务履行的直接责任人员”的认定，司法实践中各执行法院并无统一认定标准，属执行实施部门的裁量范围。

如北京市第二中级人民法院在（2022）京02执复108号案件复议决定书中认为：“影响债务履行的直接责任人员，包括对是否履行债务具有决策权的董事长（非法定代表人）等人员和财务、仓储管理等直接负责债务履行的人员。本案中，时某作为麦禾公司的最大股东、董事长，依法可以认定为影响债务履行的直接责任人员，故西城法院在对麦禾公司采取限制消费措施后，对时某采取限制消费措施，符合法律规定。”

上海市第一中级人民法院（2022）沪01执复29号案件复议决定书中认为：“松江法院经审查认为，夏某在（2020）沪01民终11351号判决认定的事实期间，是幸福彩公司的法定代表人。依照《中华人民共和国民事诉讼法》第二百五十五条、《最高人民法院关于限制被执行人高消费及有关消费的若干规定》第一条、第三条规定，决定：驳回夏某要求撤销对其限高令的申请。”“本院经审查，幸福彩公司成立于2010年1月22日，注册资本500万元人民币。夏某为该公司持股90%的股东及原法定代表人。2021年6月1日，幸福彩公司法定代表人由夏某变更为孙某。”“松江法院对申请执行人与被执行人在涉案债权债务诉讼和执行过程中，时任被执行人幸福彩公司的法定代表人夏某采取的限制高消费的执行措施，并无不当，故对夏某的复议申请，本院不予支持。”

上海市第一中级人民法院（2020）沪01执复181号案件复议决定书中认为：“松江法院对申请执行人与被执行人就涉案合同纠纷发生时任Z公司的法定代表人及执行董事兼经理的吴某采取限制消费执行措施，并无不当。吴某未向本院提供证据证明，被执行人在诉讼之后，法定代表人的变更是正常营业活动所需。故对吴某的复议申请，本院不予支持。”

广东省佛山市中级人民法院（2020）粤06执复310号案件复议决定书中认为：“本案中，虽然鲁某主张其仅为梁某代持智慧公司股份，且其已不再担任公司的法定代表人，但即使代持股份的事实属实，也仅为实际股东与名义股东之间的内部关系,不得对抗公司以外的第三人。鲁某现不再担任智慧公司的法定代表人,但仍为公司的股东之一,且持有公司28%的股份,基于该股东身份,其举证尚不足以证明其未参与公司的经营管理或对公司的债务履行不产生直接影响。故执行法院决定对鲁某采取限制消费措施合法有据,并无不当。"

根据上述案例,由于变更公司法定代表人作为一种易被滥用的规避执行手段,司法实践中执行法院对"解除原法定代表人限制消费措施"持有较为审慎的态度以及颇为严格的审查标准。在无充分证据证明被执行人已完全脱离原法定代表人影响,或变更行为存在规避执行可能性的情况下,执行法院仍将基于原法定代表人对公司的控制、影响能力,维持限制消费措施。

另外,需要说明的是,《上海市高级人民法院、上海市市场监督管理局关于进一步规范协助执行机制的会议纪要》第6条"关于限制随意变更法定代表人和高级管理人员"规定:"市场监督管理部门根据人民法院的协助执行要求,对于已被人民法院纳入失信被执行人名单的公司,应暂停办理变更法定代表人和高级管理人员的业务。"换言之,在个别地区,失信被执行人变更法定代表人及高级管理人员亦将受到限制。

三、解除原法定代表人的限制消费令,应当向执行法院执行实施部门提出申请,并由实施部门以决定书形式解除。对决定不服的,可向上级法院申请复议

《善意文明执行意见》公布以前,各地执行法院针对申请解除限制消费令的案件处理方式并不统一,部分法院由执行实施部门直接审查,部分法院则以执行异议案件立案处理。

《善意文明执行意见》第18条第1款规定:"畅通惩戒措施救济渠道。自然人、法人或其他组织对被纳入失信名单申请纠正的,人民法院应当依照失信名单规定第十二条规定的程序和时限及时审查并作出处理决定。对被采取限制消费措施申请纠正的,参照失信名单规定第十二条规定办理。"

《最高人民法院关于公布失信被执行人名单信息的若干规定》第12条规定:"公民、法人或其他组织对被纳入失信被执行人名单申请纠正的,执行法院应当自收到书面纠正申请之日起十五日内审查,理由成立的,应当在三个工作日内纠正;理由不成立的,决定驳回。公民、法人或其他组织对驳回决定不服的,可以自决定书送达之日起十日内向上一级人民法院申请复议。上一级人民法院应当自收到复议申请之日起十五日内作出决定。复议期间,不停止原决定的执行。”

根据上述规定,原法定代表人申请解除限制消费令的,应当直接向执行实施部门提出,并可就相应驳回决定申请复议。

55

执行分配程序中，建设工程债权人能否就民事调解书确认的工程价款主张优先受偿权？

【简答】

1. 债权人主张工程价款优先受偿权，经人民法院审查核实，可以通过民事调解书形式予以确认。

2. 调解书未明确载明优先受偿权的，执行过程中，债权人仍有权就调解书确认的工程价款依法主张优先受偿权。

【问题的提出】

建设工程债权执行中，债权人能否就建设工程行使优先受偿权，往往关乎债权人最终能否获得实际清偿。从权利位阶来看，工程价款优先权不但具有担保物权的色彩，而且顺位优先于担保物权，故工程价款优先权的确认，不仅涉及承包人的利益，也涉及其他相关方的利益。因调解书系当事人合意达成，存在恶意串通的可能，容易损害第三人权益。实践中，如果承包人的工程价款优先权通过调解书确认，在执行中与其他普通债权人利益产生冲突，其他债权人往往质疑调解书确认的优先债权，主张调解确认的工程价款优先权与事实不符而不予认可。

此外，《民诉法解释》第 355 条规定，调解协议内容涉及物权、知识产权确权的，当事人申请司法确认调解协议，人民法院裁定不予受理。部分观点认为，该条虽然是针对司法确认调解协议的，但人民法院出具调解书的情况与此并无本质区别，应参考该规定，主张承包人的建设工程价款优先受偿权不宜通过民事调解书确认。部分法官基于谨慎考量或尽可能避免风险，即便当事人就工程价款债权达成调解，也回避在调解书中直接表述确认承包人对哪些建设工程享有优先权以及优先权的债权范围。

民事调解书能否确认建设工程价款优先受偿权？如民事调解书仅确认了工程债权金额但未载明优先受偿权的情况下，能否就该建设工程行使优先受偿权？

【法律分析意见】

一、建设工程价款优先受偿权作为一种法定优先权，诉讼不是其实现的唯一方式

《民法典》第807条规定："发包人未按照约定支付价款的，承包人可以催告发包人在合理期限内支付价款。发包人逾期不支付的，除根据建设工程的性质不宜折价、拍卖外，承包人可以与发包人协议将该工程折价，也可以请求人民法院将该工程依法拍卖。建设工程的价款就该工程折价或者拍卖的价款优先受偿。"

根据上述规定，除了诉讼的方式，建设工程价款优先受偿权也可以通过折价的方式行使。所谓"折价"，一般是双方在对工程款进行结算的情况下，将全部或者部分建筑物的所有权转移给承包人以抵偿工程款。

既然建设工程价款优先受偿权可以折价方式行使，而诉讼程序中的调解亦系双方当事人自愿协商的行为，在诉讼过程中，如果双方就工程欠款达成了协议，通过调解书方式对建设工程价款优先受偿权进行确认，正当合理。况且，建设工程价款优先受偿权作为一种法定权利，更是一种从权利，如果在双方当事人已就工程价款金额达成一致的情况下，不能以调解书形式对建设工程价款优先受偿权进行确认，将导致出现无法行使建设工程价款优先受偿权的结果。如一律禁止通过调解书的形式确认建设工程价款优先受偿权，将造成凡是起诉到法院涉及确认建设工程价款优先受偿权的案件，只能以判决形式作出，显然侵犯民事主体的自愿处分权，也无形中增加了当事人的诉累。

二、在调解书中明确建设工程价款享有优先受偿权的情形，法律法规及司法解释并未予以禁止，但须经人民法院审查确认

调解书是当事人合意达成，可能存在恶意串通，容易损害第三人权益的情形。实践中，当调解书确认的建设工程价款优先受偿权与债务人其他普通债权产生冲突时，普通债权人为争取更多债权受偿，往往质疑调解书确认的工程债权，对合意确认的优先权不予认可。

对于当事人通过调解协议确认物权，法律持谨慎态度。如《民诉法解释》第355条规定，调解协议内容涉及物权、知识产权确权的，当事人申请司法确认调解协议，人民法院裁定不予受理。

建设工程价款优先受偿权属于法定优先权，具有担保物权色彩，因此，部分观点主张根据《民诉法解释》第355条的规定，法院不得在民事调解书中确认建设工程价款优先受偿权。但实际上，该观点属于对上述规定的误解。

首先，《民诉法解释》第355条规定的是申请司法确认调解协议的情形，而不是适用于民事调解书。司法确认程序是《民事诉讼法》规定的特别程序的一种。它是依据双方当事人的申请，对当事人在诉讼程序之外达成的民事调解协议进行自愿性、合法性的审查，并赋予其强制执行力的非讼程序。申请司法确认的调解协议，是当事人在庭外达成、诉前达成，进入法院实际上已无争议，仅是申请司法确认以赋予强制执行力。为防止当事人恶意串通借助司法确权损害他人利益，法律明确规定对于调解协议内容涉及物权、知识产权确权等情形或申请确认婚姻关系、亲子关系、收养关系等身份关系无效、有效或者解除的，法院不予受理。显然，司法确认调解协议与当事人在人民法院诉讼审理过程中，经法官主持达成的民事调解明显不同。后者虽仍不能排除当事人恶意串通，但通过审核证据材料、开庭谈话等方式进行严格审查后，调解确认的优先权实际上属于恶意串通的概率已大大降低。

其次，建设工程价款优先受偿权虽具有担保物权的色彩，但其属于法定优先权的一种，并不属于物权范畴，故在调解书中确认建设工程价款优先受偿权，不属于调解协议涉及物权确权的情形，严格从文义理解，也不应受到《民诉法解释》第355条规定的限制。

再次，从司法实践看，以调解书的形式确认建设工程价款优先受偿权的案例并不鲜见。例如，最高人民法院作出的（2022）最高法民申22号民事裁定书中法院明确指出“建设工程价款优先受偿权是法定优先权，对于在人民法院调解书中明确建设工程价款享有优先受偿权的情形，法律、法规及司法解释并未予以禁止”。又如，2022 年 11 月 7 日发布的《湖南省高级人民法院关于审理建设工程施工合同纠纷案件若干问题的解答》第 23 条表示：“以调解方式确认建设工程价款优先受偿权的，符合法律规定的，法院可以确认，但为了防止虚假诉讼、损害案外人利益等情况，法院应当进行实体审查，重点审查建设工程价款优先受偿权的行使主体、行使期限、行使方式、工程款债权的范围等实质性事项是否符合法律规定，尤其要审查是否存在当事人虚增工程款数额、伪造竣工记录、伪造付款期限、伪造行使时间等情形。未经实体审查或者经审查不符合建设工程价款优先受偿权行使条件的，不予出具调解书。”

最后，从权利救济的角度看，即使发生调解书确认建设工程价款优先受偿权损害第三人权益的情形，也并不阻断第三人依法救济的权利。如调解书确认的建设工程价款优先受偿权范围存在错误或者恶意串通损害他人权益，第三人诸如涉案工程的抵押权人也可在法定期限内提起第三人撤销之诉，经过法院实体审理后确认第三人的诉请能否得到支持。

三、如调解书未明确载明建设工程价款优先受偿权，执行过程中，债权人仍有权就调解书确认的工程价款依法行使优先受偿权

虽然法律、司法解释并未禁止以调解书形式确认建设工程价款优先受偿权，但为防止虚假诉讼，客观上要求法院出具调解书前应对建设工程价款优先受偿权的范围及行使条件等法定要件进行严格实体审查。实践中，一些法院出具的调解书虽确认了工程价款但未载明承包人享有优先受偿权，造成债权人后续执行中行使优先受偿权出现一些困难。

实际上，如调解书中未载明优先受偿权，亦不妨碍承包人在执行程序中直接依法主张建设工程价款优先受偿权。

《民诉法解释》第 506 条规定：“被执行人为公民或者其他组织，在执行程序开始后，被执行人的其他已经取得执行依据的债权人发现被执行人的财产不能清偿所有债权的，可以向人民法院申请参与分配。对人民法院查封、扣押、冻结的财产有优先权、担保物权的债权人，可以直接申请参与分配，主张优先受偿权。”

根据上述规定，即便尚未取得执行依据，建设工程价款优先受偿权人也可以在执行程序中直接主张优先受偿权。举重以明轻,对于调解书未载明优先受偿权的,承包人显然有权在执行程序中行使建设工程价款优先受偿权。

此外,最高人民法院在2008年2月29日《〈关于对人民法院调解书中未写明建设工程款有优先受偿权应如何适用法律问题的请示〉的复函》(〔2007〕执他字第11号)中已明确:"建设工程价款优先受偿权是一种法定优先权,无须当事人另外明示。"最高人民法院在(2020)最高法民申2593号民事裁定书中认为:"根据11号复函标题所载明的内容,该函所称的'无需当事人另外予以明示'系指'人民法院调解书中未写明建设工程款有优先受偿权'时,当事人可以依据调解书依法行使建设工程价款优先受偿权这一法定优先权,而无需调解书写明当事人享有工程价款优先受偿权内容。"

根据内容可见,人民法院在民事调解书中没有写明承包人享有建设工程价款优先受偿权的,不影响承包人在执行阶段申请行使优先受偿权。

综上所述,建设工程债权执行中,债权人可以就民事调解书确认的工程价款主张优先受偿权,即使调解书中仅确认工程价款而未明确载明享有优先受偿权,亦不影响债权人依法主张工程价款优先权。

56

被执行人为企业法人，普通债权人是按照查封顺序受偿，还是按照债权比例受偿？

【简答】

1. 按照 2008 年《最高人民法院关于人民法院执行工作若干问题的规定(试行)》的规定，未进入破产程序的企业法人(被执行人)，关于其优先债权人受偿后的剩余财产，各普通债权人可申请执行分配，按债权比例受偿。

2. 2015 年《民诉法解释》公布实施后，被执行人为企业法人且其财产不能清偿全部债务时，各债权人应当通过破产程序寻求救济；或将清偿优先债权后的剩余财产按执行措施的先后顺序受偿。

3. 其他债权人可通过执行转破产程序，申请法院宣告被执行人破产后，按比例清偿债务。

【问题的提出】

债务人名下一处房产由优先债权执行法院(以下简称处置法院)拍卖成交，清偿优先债权后剩余 800 万余元处置款项。

处置法院根据《浙江省高级人民法院关于在立案和审判中兼顾案件执行问题座谈会纪要》(浙高法〔2009〕116 号，以下简称《浙江高院执行纪要》)第 3 条第 4 款“申请财产保全并成功保全被执行人财产的，在参与分配时，除扣除其为保全、处置所支出的合理的差旅费用、垫付的评估费等外，还可适当多分，但最高不得超过 20%（1∶1.2 的系数）”的规定，制定剩余款项的分配方案，由首封债权人（已取得生效判决并在执行程序中首先查封上述房产）按上述优先比例分配，其他债权人按债权比例参与共同分配。

现首封债权人不同意分配方案，已提起执行异议之诉，要求按照查封顺序就剩余款项全额受偿。

针对上述背景情况，主要涉及的问题为：被执行人尚未进入破产程序，能否适用《浙江高院执行纪要》就其财产于执行程序中向各普通债权人按一定比例进行分配？还是应适用《民诉法解释》，按照查封顺序依次受偿？如需依次受偿，轮候顺位债权人是否应申请债务人破产以保障自身权益？

【法律分析意见】

被执行人为企业法人，在执行财产不足以全部清偿全部普通债权人的情况下，普通债权人是按照查封顺序受偿，还是按照债权比例受偿？

一、按照债权比例受偿

按照 2008 年《最高人民法院关于人民法院执行工作若干问题的规定（试行）》的规定，对于公民或其他组织，“参与分配案件中可供执行的财产，在对享有优先权、担保权的债权人依照法律规定的顺序优先受偿后，按照各个案件债权额的比例进行分配”的执行分配制度；对于企业法人，参照公民或其他组织的执行分配制度执行。上述规定施行期间，针对未进入破产程序的企业法人（被执行人），关于其优先债权人受偿后的剩余财产，各普通债权人可申请执行分配，按债权比例受偿。

2008 年《最高人民法院关于人民法院执行工作若干问题的规定（试行）》第 89 条规定：“被执行人为企业法人，其财产不足清偿全部债务的，可告知当事人依法申请被执行人破产。”

第 94 条规定：“参与分配案件中可供执行的财产，在对享有优先权、担保权的债权人依照法律规定的顺序优先受偿后，按照各个案件债权额的比例进行分配。”

第 96 条规定：“被执行人为企业法人，未经清理或清算而撤销、注销或歇业,其财产不足清偿全部债务的,应当参照本规定第九十条至第九十五条的规定,对各债权人的债权按比例清偿。”

根据上述条文体系安排,针对被执行人为企业法人的情形,申请破产为一种可选救济。而在被执行人财产清偿优先债权后存在剩余财产,但仍不足以清偿全部普通债权时,各普通债权人还可申请按照“各个案件债权额的比例”受偿。

2009 年实施的《浙江高院执行纪要》在“比例受偿”的基础上,提出保护首封债权人的权益向其适当多分的指导意见,符合当时的法律规定。

二、按照执行措施的先后顺序受偿

2015 年《民诉法解释》公布实施后,被执行人为企业法人且其财产不能清偿全部债务时,各债权人应当通过破产程序寻求救济;或就清偿优先债权后的剩余财产按执行措施的先后顺序受偿。执行法院不能再按此前“比例受偿”的方式向各普通债权人分配。

2015 年《民诉法解释》变更前述 2008 年《最高人民法院关于人民法院执行工作若干问题的规定(试行)》,其第 508 条第 1 款①规定:“被执行人为公民或者其他组织,在执行程序开始后,被执行人的其他已经取得执行依据的债权人发现被执行人的财产不能清偿所有债权的,可以向人民法院申请参与分配。”

第 510 条规定:“参与分配执行中,执行所得价款扣除执行费用,并清偿应当优先受偿的债权后,对于普通债权,原则上按照其占全部申请参与分配债权数额的比例受偿……②”

第 513 条规定:“在执行中,作为被执行人的企业法人符合企业破产法第二条第一款规定情形的,执行法院经申请执行人之一或者被执行人同意,应当裁定中止对该被执行人的执行,将执行案件相关材料移送被执行人住所地人民法院。”③

第 516 条规定:“当事人不同意移送破产或者被执行人住所地人民法院不受理破产案件的,执行法院就执行变价所得财产,在扣除执行费用及清偿优先

---

① 现为《民诉法解释》第 506 条。

② 现为《民诉法解释》第 508 条。

③ 现为《民诉法解释》第 511 条。

受偿的债权后，对于普通债权，按照财产保全和执行中查封、扣押、冻结财产的先后顺序清偿。”①

根据前述条文的体系安排，2015 年《民诉法解释》将普通债权“比例受偿”的适用情形明确限定为“被执行人为公民或者其他组织”；而涉及“被执行人为企业法人”时则另行明确，如被申请人未进入破产程序，针对清偿优先债权后的剩余财产，普通债权须按照采取保全和执行措施的先后顺序清偿。

对此，《最高人民法院民事诉讼法司法解释理解与适用》一书指出：“在对企业法人执行时，不能清偿全部债务的企业法人如果不能进入破产程序，则按照采取执行措施的先后分配财产，排除参与分配制度对企业法人的适用，以实现‘倒逼’不能受偿的债权人申请破产的目的。”

此后各司法解释针对企业法人被执行人均沿袭前述“保全和执行措施的先后顺序清偿”的规定，不再适用比例分配制度。最高人民法院相关裁判案例亦予以明确，如（2019）最高法执监 410 号案裁判观点指出：“《最高人民法院关于适用〈中华人民共和国民事诉讼法〉的解释》第五百零八条规定，被执行人为公民或者其他组织，在执行程序开始后，被执行人的其他已经取得执行依据的债权人发现被执行人的财产不能清偿所有债权的，可以向人民法院申请参与分配。本条明确规定当作为被执行人的公民、其他组织的财产不能清偿所有债权时，相关债权人可以申请参与分配，排除了被执行人为企业法人时适用参与分配的空间。”

故本案首封债权人分配方案异议之诉或将被支持。

三、其他债权人可通过执行转破产程序，申请法院宣告被执行人破产后，按比例清偿债务

因被执行人为企业法人，且其他债权人仅享有普通债权，无法于执行分配程序中按债权比例受偿，其他债权人在执行分配程序中难以保障自身权利。故建议考虑通过申请破产、执行转破产等程序推进债务人破产，并在破产程序中申报债权，以使其他债权人债权最大限度得到保障。

---

① 现为《民诉法解释》第 514 条。

57

金融机构申请执行案件中，如果生效法律文书给付内容不明，人民法院该如何处理？

【简答】

1. 当事人据以向人民法院申请强制执行的生效法律文书必须给付内容明确、具体。如果给付内容不明确、不具体，可以采取以下处理方式：执行机构协调当事人就给付内容协商一致或者达成和解。如果当事人无法协商一致或者达成和解，执行机构可对生效法律文书的主文采取文义解释、法律解释等方法进行解释和审查。如果以上方法无法确定给付内容，则执行机构可以函请作出生效法律文书的审判机构进行补正或者说明。经补正或者说明之后能够明确给付内容的，执行机构可以进行强制执行。

2. 执行机构认为给付内容明确，予以执行。当事人如果认为执行行为错误，可通过申请执行异议进行救济。如果执行机构经过前述方式仍然无法确定给付内容，可以裁定驳回申请。人民法院裁定驳回申请后，债权人可通过提出复议的方式进行救济。如果给付内容的履行涉及执行依据作出后新发生事实的认定，则应通过另案诉讼的方式进行处理。

【问题的提出】

生效法律文书所涉给付内容与债权执行结果直接相关。然而，实践中，存在生效法律文书给付内容不明确、不具体的情况。生效法律文书给付内容不明确时应如何处理,《民事诉讼法》及其司法解释并未作出明确规定。各地法院理解不一,处理方式也有很大区别。

【法律分析意见】

一、生效法律文书给付内容不明确的处理

当事人据以向人民法院申请强制执行的生效法律文书必须给付内容明确、具体。如果给付内容不明确、不具体,可以采取以下处理方式:(1)执行机构协调当事人就给付内容协商一致或者达成和解。(2)如果当事人无法协商一致或者达成和解,执行机构可对生效法律文书的主文通过文义解释、法律解释等方法进行解释和审查。(3)如果以上方法无法确定给付内容,则执行机构可以函请作出生效法律文书的审判机构进行补正或者说明。经补正或者说明之后能够明确给付内容的,执行机构可以进行强制执行。

《最高人民法院关于人民法院执行工作若干问题的规定(试行)》第16条规定了人民法院受理执行案件应当符合的条件,其中第4项为"申请执行的法律文书有给付内容,且执行标的和被执行人明确"。

《民诉法解释》第461条第1款明确规定:"当事人申请人民法院执行的生效法律文书应当具备下列条件:(一)权利义务主体明确;(二)给付内容明确。"

可见,当事人据以向人民法院申请强制执行的生效法律文书必须符合给付内容明确的条件。但生效法律文书给付内容不明确时应如何处理,《民事诉讼法》及其司法解释并未作出明确规定。按照目前的规范性文件及执行实践,可以采取以下处理方式:

1. 执行机构协调当事人就给付内容协商一致或者达成和解。例如,《江苏省高级人民法院关于执行内容不明确如何执行有关问题的通知》第1条规定:"……执行人员应通过以下方式,尽可能使执行内容明确后予以执行:1、由当事人自行协商或者执行人员组织当事人协商,尽可能通过协商一致使执行内容明确……3、与当事人沟通,力争使当事人达成执行和解并履行。"

2. 如果当事人无法协商一致或者达成和解,执行机构可对生效法律文书的主文采取文义解释、法律解释等方法进行解释和审查。如果执行机构通过上述方法可以确定给付内容,则可以进行认定并执行。例如,《江苏省高级人民法院

关于执行内容不明确如何执行有关问题的通知》第2条的规定:"生效法律文书主文确定的执行内容不明确,但生效法律文书在事实认定及裁判说理部分中对有关给付内容已进行认定的,视为执行内容明确,执行法官可以根据生效法律文书中已查明事实和说理中的认定,经合议研究后予以执行。"

最高人民法院在2020年12月30日作出的(2020)最高法执复100号执行裁定书中,认可了执行机构通过对调解书真实意思挖掘的方式,进一步明确给付内容。裁定书中,对于该案给付内容是否明确,法院认为"本案中,……民事调解书第二项明确了债务总额,第三项明确了书画作品的处置方式,以及字画作品处置后价款分配和补足方式。……在民事调解书已明确债务总额,且字画处置所得总价款亦明确的情况下,山东高院在此基础上,进一步确定本案剩余债权执行数额,并无不当"。

3. 如果以上方法仍然无法认定,则执行机构可以函请作出生效法律文书的审判机构进行补正或者说明。经补正或者说明之后能够明确给付内容的,执行机构可以进行强制执行。《最高人民法院关于人民法院立案、审判与执行工作协调运行的意见》第15条规定:"执行机构发现本院作出的生效法律文书执行内容不明确的,应书面征询审判部门的意见。审判部门应在15日内作出书面答复或者裁定予以补正。审判部门未及时答复或者不予答复的,执行机构可层报院长督促审判部门答复。执行内容不明确的生效法律文书是上级法院作出的,执行法院的执行机构应当层报上级法院执行机构,由上级法院执行机构向审判部门征询意见。审判部门应在15日内作出书面答复或者裁定予以补正。上级法院的审判部门未及时答复或者不予答复的,上级法院执行机构层报院长督促审判部门答复。执行内容不明确的生效法律文书是其他法院作出的,执行法院的执行机构可以向作出生效法律文书的法院执行机构发函,由该法院执行机构向审判部门征询意见。审判部门应在15日内作出书面答复或者裁定予以补正。审判部门未及时答复或者不予答复的,作出生效法律文书的法院执行机构层报院长督促审判部门答复。"

二、执行行为错误的救济

执行机构认为给付内容明确,予以执行。当事人如果认为执行行为错误,可通过申请执行异议进行救济。如果执行机构经过前述方式仍然无法确定给付内容,可以裁定驳回申请。人民法院裁定驳回申请后,债权人可通过提出复议的方式进行救济。如果给付内容的履行,涉及执行依据作出后新发生事实的认定,则应通过另案诉讼的方式进行处理。

1. 执行机构通过文义解释或者由审判机构作出补正后,执行机构认为给付内容明确,对生效判决文书进行强制执行。当事人认为给付内容存在争议,就该执行行为可通过申请执行异议进行救济,执行机构则应当依据《民事诉讼法》第 236 条进行审查。

最高人民法院在 2022 年 9 月 29 日作出的(2022)最高法执监 331 号执行裁定认为:"厦门中院……重新作出(2020)闽 02 执 744 号之一裁定,纠正了执行金额……本质上是作出新的执行行为。针对该新的执行行为,本案申请执行人……提出执行异议,人民法院对该执行行为通过异议程序予以审理,符合……规定。"

2. 如果执行机构经过前述方式仍然无法确定给付内容,那么根据《最高人民法院关于执行案件立案、结案若干问题的意见》第 20 条的规定,可以裁定驳回申请,即"执行实施案件立案后,经审查发现不符合《最高人民法院关于人民法院执行工作若干问题的规定(试行)》第 18 条规定的受理条件,裁定驳回申请的,以'驳回申请'方式结案"。

3. 人民法院裁定驳回申请后,债权人可通过提出复议的方式进行救济。

4. 如果给付内容的履行涉及执行依据作出后新发生事实的认定,则通过另案诉讼的方式进行处理。

最高人民法院 2022 年 3 月 31 日作出的(2021)最高法执监 550 号案件中,债权人郑州宝璨商贸有限公司向郑州市中级人民法院申请强制执行,郑州市中级人民法院认为债务人是否履行属于原执行依据作出后新发生的问题,不应在执行程序中直接加以认定,当事人应通过另行提起诉讼的方式解决,因而驳回了郑州宝璨商贸有限公司执行申请。郑州宝璨商贸有限公司向河南省高级人民法院申请复议被同样理由驳回。郑州宝璨商贸有限公司向最高人民法院申诉,最高人民法院认为"是否履行了……约定内容、是否应当承担……违约责任,属于民事案件审结后新发生的事实,且双方有重大争议,并非简单的事实判断,不宜通过执行程序解决,当事人应通过另行提起诉讼的方式解决。河南高院和郑州中院驳回宝璨公司执行申请的意见,并无不当"。

58

金融机构未经拍卖变卖而通过协议抵债取得债务人财产，存在哪些法律风险？

【简答】

1. 如金融机构的协议抵债行为最终被认定不构成“善意取得”，且金融机构后续已通过拍卖变卖处置货物，则构成法律上无法返还原物的情形，金融机构将面临第三方权利人索赔风险，而对于后续货物处置金额低于抵债金额的部分，亦有可能承担相应赔偿责任。

2. 即便抵债后6个月内债务人破产，协议抵债行为仍属执行程序下的个别清偿行为，管理人撤销抵债协议的请求较难得到法院支持。此外，如金融机构协议抵债不构成善意取得，因破产债务人并非货物所有权人，其管理人当然无法作为适格主体请求金融机构就差价部分承担责任。

3. 关于人民法院在执行程序中能否就当事人间协议抵债出具裁定，目前，法律规范和司法实践均持否定态度。考虑到案涉货物权属存疑且抵债裁定可直接引起物权变动的法律效果，执行法官不能排除抵债裁定侵害他人合法权利的可能，从而对出具抵债裁定持谨慎态度。

4. 除上述风险外，金融机构适当关注相关货物是否已办理抵押(或质押)登记，并同时关注因货物权属存疑而无法委托拍卖的风险。

【问题的提出】

金融机构申请人民法院查封了债务人及其子公司的一批货物，并由金融机构保管。现金融机构与债务人协商,拟以查封货物协议抵债后,再委托拍卖机构拍卖回收部分款项。

金融机构以委托拍卖方式处置货物,货物处置金额可能低于其抵债金额(评估价)。主要问题在于:

1. 查封货物系动产,查封的形式系货单票据,因此,货权有可能并不真正属于债务人。如存在第三方权利人,且金融机构被认定不构成“善意取得”,金融机构是否会面临第三方权利人返还财产或利益的要求?金融机构是否就货物处置金额与抵债金额的差价承担责任?

2. 如协议抵债后6个月内债务人破产,且金融机构以协议抵债受让货物被认定不构成“善意取得”,破产管理人能否要求撤销抵债?破产管理人能否要求金融机构就货物处置金额与抵债金额的差价承担赔偿责任?

3. 执行法院能否出具以物抵债裁定?

4. 未经拍卖变卖而协议以物抵债的方式,是否存在其他法律风险?

【法律分析意见】

一、金融机构以物抵债行为的认定

如金融机构的协议抵债行为最终被认定不构成“善意取得”,且金融机构后续已通过拍卖变卖处置货物,则构成法律上无法返还原物的情形,金融机构将面临第三方权利人索赔的风险;对于后续货物处置金额低于抵债金额的差价部分,亦有可能承担相应赔偿责任。

《民法典》第157条规定:“民事法律行为无效、被撤销或者确定不发生效力后,行为人因该行为取得的财产,应当予以返还;不能返还或者没有必要返还的,应当折价补偿。有过错的一方应当赔偿对方由此所受到的损失;各方都有过错的,应当各自承担相应的责任。法律另有规定的,依照其规定。”

1. 如抵债货物存在债务人以外的第三方权利人,且抵债行为最终被认定不构成“善意取得”,则以物抵债行为并不会使案涉货物的所有权发生变动,即相应物权行为并不发生效力,根据《民法典》上述规定,则第三方权利人有权要求金融机构返还原物或折价补偿。

2. 如金融机构通过拍卖变卖等方式处置货物,则新的货物受让人可基于善意取得制度取得货物所有权,届时金融机构将因拍卖或其他转售性质的行为面临法律上无法返还原物的局面，届时将面临第三方权利人索赔的风险。

《九民会议纪要》第35条规定："合同不成立、无效或者被撤销时，仅返还财产或者折价补偿不足以弥补损失，一方还可以向有过错的另一方请求损害赔偿。在确定损害赔偿范围时，既要根据当事人的过错程度合理确定责任，又要考虑在确定财产返还范围时已经考虑过的财产增值或者贬值因素，避免双重获利或者双重受损的现象发生。"因而，对于折价补偿不足以弥补损失的，一方还可以向有过错的另一方请求损害赔偿。

后续处置金额如低于抵债金额（评估价），金融机构有可能承担相应赔偿责任。主要原因在于：

一是损失金额的确定。司法实践中多由法官根据案件证据进行判定并进行具体个案裁量。具体到本节问题，无论是以抵债金额确定损失金额还是以拍卖成交金额确定损失金额，存在一定争议空间。因抵债金额为评估价，一定程度上可反映货物的价值情况，如后续拍卖时间较接近抵债时点，即便金融机构将拍卖所获价款全额补偿于第三方权利人，仍不排除法院以抵债金额作为衡量货物价值的标准，并判令金融机构就拍卖价格低于抵债金额的部分承担赔偿责任。

二是赔偿责任的承担需以过错为前提。如金融机构不构成善意取得，对于差额损失部分，因金融机构或多或少存在一定过错，第三方权利人很可能以金融机构处置货物构成侵权甚至以金融机构与债务人共同侵权为由，要求金融机构承担损害赔偿责任。

二、管理人撤销抵债协议的请求较难得到法院支持

即便抵债后6个月内债务人破产，但协议抵债行为仍属执行程序下的个别清偿行为，管理人撤销抵债协议的请求较难得到法院支持。此外，如金融机构协议抵债不构成善意取得，因破产债务人并非货物所有权人，其管理人当然无法作为适格主体请求金融机构就差价部分承担责任。

《企业破产法》第32条规定："人民法院受理破产申请前六个月内，债务人有本法第二条第一款规定的情形，仍对个别债权人进行清偿的，管理人有权请求人民法院予以撤销。但是，个别清偿使债务人财产受益的除外。"

《最高人民法院关于适用〈中华人民共和国企业破产法〉若干问题的规定（二）》第15条规定："债务人经诉讼、仲裁、执行程序对债权人进行的个别清偿，管理人依据企业破产法第三十二条的规定请求撤销的，人民法院不予支持。但是,债务人与债权人恶意串通损害其他债权人利益的除外。”

《最高人民法院关于适用〈中华人民共和国企业破产法〉若干问题的规定(二)》第15条系《企业破产法》第32条框架下的例外情形。最高人民法院在《关于企业破产法司法解释理解与适用》中的观点:“在债务人具有清偿能力的情况下,自动履行生效裁判或被强制执行是债务人的法律义务,也是法院生效裁判执行力的体现。所以,除法院依法定程序可以撤销执行行为外,其他人是无权否认其效力并加以撤销的。但在债务人丧失清偿能力的情况下,其在可撤销期间内为对个别债权人偏袒清偿等非法目的而利用执行名义进行的可撤销行为,违背破产法公平受偿的基本原则,损害多数债权人的利益,所以应予以撤销。但是,自动履行或被强制执行生效裁判毕竟在法律形式上是债务人的义务,如执行行为可以任意被推翻,也将影响交易安全和经济秩序,所以对其虽可行使撤销权,但法律应设置严格的条件,即以当事人存在主观恶意为前提,例如,如果有证据证明债务人和个别债权人恶意串通,为实现个别清偿的目的,假借诉讼、执行之手,实现偏颇性清偿的,应当可以撤销。”

因此,无论是根据判决书、仲裁裁决书、调解书等确定的内容自觉履行的,还是通过执行程序强制履行的,都不能被撤销。

因金融机构此前已保全并控制债务人相关财产,且已进入执行程序,故协议以物抵债的行为本质上属执行程序前提下的履行行为,除非管理人可举证证明当事人恶意串通损害了其他债权人利益,否则,其撤销抵债协议的请求较难得到法院支持。

另外,如不构成善意取得且因破产债务人并非货物所有权人,管理人自然无法作为适格主体请求金融机构就差价部分承担责任。

三、人民法院在执行程序中能否就当事人协议抵债出具裁定

目前,法律规范和司法实践均持否定态度。考虑到案涉货物权属存疑且抵债裁定可直接引起物权变动的法律效果,执行法官不能排除抵债裁定侵害他人合法权利的可能,从而对出具抵债裁定持谨慎态度。

《民诉法解释》第489条规定:“经申请执行人和被执行人同意,且不损害其他债权人合法权益和社会公共利益的,人民法院可以不经拍卖、变卖,直接将被执行人的财产作价交申请执行人抵偿债务。对剩余债务,被执行人应当继续清偿。”该司法解释条文,并未明确规定执行法院可以出具抵债裁定。

《最高人民法院关于执行和解若干问题的规定》第6条规定:“当事人达成以物抵债执行和解协议的,人民法院不得依据该协议作出以物抵债裁定。”

司法实践亦沿袭了上述司法解释的基本精神及相应规定,如广东省高级人民法院在(2019)粤执监11号裁定书中认为:“2018年3月1日施行的《最高人民法院关于执行和解若干问题的规定》第六条规定,‘当事人达成以物抵债执行和解协议的,人民法院不得依据该协议作出以物抵债裁定。’自此,对于以物抵债和解协议,执行法院不出具财产权利转让的裁定成为必须遵照执行的标准。在此《规定》实施之前,本院在相同或类似的案件中,亦认为当事人达成的执行和解协议应自行履行。这也与执行和解的实质即‘自行和解’的内涵相一致。因此,惠州中院执行监督裁定认为‘……不宜直接裁定进行过户确定和协助’的结论正确。”

四、除上述风险外,金融机构适当关注相关货物是否已办理抵押(或质押)登记,并同时关注货物权属存疑导致无法委托拍卖的风险

(一)需适当关注案涉货物是否设有已登记的抵押权

《民法典》第403条规定:“以动产抵押的,抵押权自抵押合同生效时设立;未经登记,不得对抗善意第三人。”

《民法典》第406条第1款规定:“抵押期间,抵押人可以转让抵押财产。当事人另有约定的,按照其约定。抵押财产转让的,抵押权不受影响。”

动产可在不转移占有的情况下设立抵押权,只不过未经登记不足以对抗善意第三人。另外,如动产上附有抵押权,即便动产转让,抵押权仍存续。

因相关货物权属存疑,金融机构除可能因不构成善意取得而引起返还及赔偿风险外,对于协议以物抵债的方式,如相关货物存在其他已登记的抵押权,即便金融机构顺利取得抵债货物所有权,因抵押权设立在先,故抵押权人仍可就货物主张优先受偿权,进而导致金融机构权益受损。

建议金融机构通过中国人民银行征信中心动产融资统一登记公示系统查询、核实抵押情况,以尽可能规避相应风险。

(二)需适当关注权属存疑导致无法委托拍卖的风险

《拍卖法》第27条规定:“委托人应当向拍卖人说明拍卖标的的来源和瑕疵。”

《拍卖法》第41条规定:“委托人委托拍卖物品或者财产权利,应当提供身份证明和拍卖人要求提供的拍卖标的的所有权证明或者依法可以处分拍卖标的的证明及其他资料。”

《拍卖管理办法》第 19 条规定:“下列物品或者财产权利禁止拍卖:(一)法律、法规禁止买卖的;(二)所有权或者处分权有争议,未经司法、行政机关确权的;(三)尚未办结海关手续的海关监管货物。”

如金融机构抵债后拟通过拍卖方式处置货物,按照《拍卖法》的规定,需向拍卖机构说明货物来源及瑕疵。如拍卖机构认为货物权属存在瑕疵,很可能以金融机构所有权或处分权存在争议为由拒绝金融机构的拍卖委托,故相关风险亦需金融机构关注。

59

债权人就公证债权文书申请强制执行后，就公证债权文书与债务人发生实体争议的，能否提起诉讼？

【简答】

1. 公证债权文书涉及的民事权利义务争议符合《公证执行规定》第24条第1款规定的两种情形的，债权人可直接向有管辖权的人民法院提起诉讼。

2. 公证债权文书涉及的民事权利义务争议不符合《公证执行规定》第24条第1款规定的两种情形的，债权人首先应向公证机关申请出具执行证书，并持该执行证书和公证债权文书向有管辖权的人民法院申请强制执行。如公证机关不予出具执行证书，或公证机关出具执行证书后，人民法院不予执行的，债权人可依《公证执行规定》第8条或第20条的规定向有管辖权的人民法院提起诉讼。

3. 公证债权文书涉及的民事权利义务争议构成违约责任与侵权责任的竞合情形时，债权人有权直接向有管辖权的人民法院提起侵权之诉，而无须受赋强公证制度前置程序的限制。

【问题的提出】

2000年，最高人民法院、司法部联合发布《关于公证机关赋予强制执行效力的债权文书执行有关问题的联合通知》,从实际操作层面解决了赋强债权文书的落地执行问题,使赋强公证制度焕发了强大的生命力。自此,赋强公证制度因其便捷性和高效性在实践中得到了越来越多的应用,赋强公证执行案件在人民法院的执行案件总占比中也呈现逐年上升的态势。

随着赋强公证制度的广泛应用,实践中逐渐产生了诸多问题。赋强公证天然排斥诉权的行使,是否意味着当事人双方预先就债权文书申请赋强公证后就彻底丧失了诉权,双方关于公证债权文书发生的实体争议再无司法救济途径?

例如,甲公司与乙公司签署信托贷款合同,丙公司提供担保,案涉信托贷款合同和担保合同均已向公证机关申请赋强公证。主债务履行期限届满后,乙公司未依约履行信托贷款偿还义务,甲公司遂向公证机关申请执行证书,并向有管辖权的人民法院申请强制执行。强制执行过程中,甲公司发现丙公司实施了违反担保合同的行为且构成违约,遂直接向担保合同约定的争议管辖法院提起诉讼,追究丙公司的违约责任。甲公司是否有权在申请人民法院强制执行丙公司的同时另行向相关人民法院提起诉讼,其起诉是否符合人民法院诉讼案件的受理条件?

下面试结合前述案例予以分析解答。

【法律分析意见】

一、当事人就公证债权文书发生实体争议可向人民法院提起诉讼的情形

赋强公证制度作为多元化争议解决方式的一种,并非严格排斥诉权的行使,人民法院作为权利救济的“最后一道防线”,同样对其有监督权和审查权。公证债权文书涉及的民事权利义务争议符合《公证执行规定》第 24 条第 1 款规定的两项情形的,债权人可直接向有管辖权的人民法院提起诉讼。

《最高人民法院关于当事人对具有强制执行效力的公证债权文书的内容有争议提起诉讼人民法院是否受理问题的批复》(法释〔2008〕17 号)(以下简称《公证债权文书执行批复》,已失效)规定:“根据《中华人民共和国民事诉讼法》第二百一十四条和《中华人民共和国公证法》第三十七条的规定,经公证的以给付为内容并载明债务人愿意接受强制执行承诺的债权文书依法具有强制执行效力。债权人或者债务人对该债权文书的内容有争议直接向人民法院提起民事诉讼的,人民法院不予受理。但公证债权文书确有错误,人民法院裁定不予

执行的,当事人、公证事项的利害关系人可以就争议内容向人民法院提起民事诉讼。”

《公证执行规定》第 24 条第 1 款规定:“有下列情形之一的,债权人、利害关系人可以就公证债权文书涉及的民事权利义务争议直接向有管辖权的人民法院提起诉讼:(一)公证债权文书载明的民事权利义务关系与事实不符;(二)经公证的债权文书具有法律规定的无效、可撤销等情形。”

早在 2008 年,最高人民法院即以批复形式专门就当事人双方就公证债权文书发生实体争议时能否提起诉讼的问题作出专门解释,仅在“公证债权文书确有错误,人民法院裁定不予执行”的情况下,债权人方可就争议内容向人民法院提起诉讼。这一规定严格限制了当事人诉权行使的空间,未经不予执行程序,当事人不得行使诉权。

《公证执行规定》基于对现实的观照,就上述规定进行了修正,赋予了债权人和利害关系人不经不予执行程序直接向人民法院提起诉讼的权利。但考虑到诉权的开放将直接冲击赋强公证制度存在的根基,因此,《公证执行规定》仅是规定在公证债权文书载明的民事权利义务关系和事实不符及经公证的债权文书具有法律规定的无效、可撤销等情形时,债权人方得直接行使诉权。因该两种情形涉及基础案件事实和基础法律关系问题,最高人民法院在坚持支持赋强公证制度发展的同时,适度拓宽了诉权行使的边界,这一规定也取代了《公证债权文书执行批复》,成为目前司法实务处理这一问题的直接法律依据。

实务中,关于“公证债权文书载明的民事权利义务关系与事实不符”的理解并无统一的标准,多理解为“办理债权文书公证时,当事人提供虚假证明材料、作出虚假意思表示,导致公证书内容与事实不符”。

二、债权人就公证债权文书申请强制执行后能否就公证债权文书实体争议另行提起诉讼

公证债权文书涉及的民事权利义务争议不符合《公证执行规定》第 24 条第 1 款规定的两项情形的,债权人仍应先行通过强制执行程序解决新争议引发的债权追索问题,该前置程序难以实现权利救济时方得再行提起民事诉讼。

如前所述,《公证执行规定》第 24 条第 1 款仅规定了两种情形下的诉权恢复权利,因此,如公证债权文书涉及的民事权利义务争议不属于《公证执行规定》第 24 条第 1 款规定的两种情形的,债权人无权直接提起诉讼,而应另行根据债务人的违约情形向公证机关申请出具执行证书,并持执行证书和公证债权文书向有管辖权的人民法院申请强制执行。这就意味着,债权人需要在先前申请公证机关出具执行证书后再次向公证机关申请出具执行证书。

实践中两次或多次向公证机关申请执行证书的情况并不常见,公证机关是否同意再次出具执行证书具有不确定性。例如,山东省德州市中级人民法院(2020)鲁14民终3377号民事判决书中提及"宁津县公证处于出具了'关于不予受理山东宁津农村商业银行股份有限公司申办执行证书公证的通知',已经明确'就同一债权文书无法再次出具执行证书公证书,故不予受理此次公证申请',作为准司法机构的公证处,不能违法再次出具执行证书"。陕西省西安市中级人民法院(2021)陕01民终2277号民事判决书中提及:"上诉人也与公证机构进行沟通,要求再次出具执行证书以便执行后续利息,但公证机构认为其已根据公证债权文书出具过执行证书,不能再次出具。"上述两个案例列明了公证机关不再次出具执行证书的理由,经公开检索其他案例,多数仅列明公证机关不再同意出具执行证书,但未列明详细理由。另经与相关公证处进行咨询了解,有部分公证处答复可以根据实际情况考虑再次出具执行证书。因此,在公证债权文书涉及的民事权利义务争议不符合《公证执行规定》第24条第1款规定的两种情形时,即使债权人在赋强公证的制度范围内继续寻求权利救济,也可能面临公证机关不予再次出具执行证书的局面,此时,如不准许债权人另行提起诉讼,则债权人将失去权利救济机会。

为此,《公证执行规定》第8条规定:"公证机构决定不予出具执行证书的,当事人可以就公证债权文书涉及的民事权利义务争议直接向人民法院提起诉讼。"这一规定实际上是对《公证债权文书执行批复》对债权人诉权严格限制原则的弱化,即使在公证机关能否再次出具执行证书这一问题并无统一标准的情况下,债权人仍有相应的权利救济机会。

回到"问题的提出"部分所预设的案例,因甲公司已向有管辖权的人民法院申请强制执行且人民法院已立案执行,此时,甲公司发现丙公司实施违反公证债权文书约定的行为的,可直接向公证机关申请就新发生的违约事实出具执行证书,如公证机关作出不予出具执行证书决定,甲公司可直接向有管辖权的人民法院提起诉讼。

另外,需要指出的是,如丙公司实施的行为涉及违约责任和侵权责任的竞合问题,甲公司能否直接依侵权法律关系直接向有管辖权的人民法院提起诉讼,笔者认为答案是肯定的。赋强公证的诉权排斥效力并非没有边界,债权人仅得在公证债权文书赋予强制执行效力的范围内申请强制执行。如果新发生的侵权事实并不在赋强公证的范围内,且也不属于可以办理赋强公证的范围,那么,甲公司以丙公司实施侵权行为侵犯其实体权利提起的诉讼属于人民法院的受案范围,人民法院应予受理。

囿于篇幅,上面仅探讨了债权人就公证债权文书申请强制执行后能否就公证债权文书实体争议另行提起诉讼的问题。实际上,《公证执行规定》第7条对于公证债权文书进入强制执行前的阶段因公证债权文书发生实体争议的情形,也为债权人设计了权利救济路径,即“债权人对不予受理、驳回执行申请裁定不服的,可以自裁定送达之日起十日内向上一级人民法院申请复议。申请复议期满未申请复议,或者复议申请被驳回的,当事人可以就公证债权文书涉及的民事权利义务争议向人民法院提起诉讼”。

破产程序专题

60

债务人进入破产程序后，金融机构如何对债务人担保财产行使优先受偿权？

【简答】

1. 破产清算程序中，对破产债务人财产享有担保权的金融机构，可适时直接要求管理人处置担保财产。

2. 破产和解程序中担保权人同样可适时直接要求管理人处置担保财产。但现有破产和解制度设计仍不健全，主张担保权利将影响金融机构于后续债权人会议中表决权的行使。

3. 破产重整程序中，金融机构一般不得行使对担保财产的变现受偿权利，但担保权利可能受损，或担保物不是破产企业重整所必需的除外。

【问题的提出】

破产法与担保法有着天然的紧密联系。一般而言，债权人担心债务人的债务能力存在减损，才会要求债务人提供担保。但是，债务人确因资不抵债进入破产程序后，债权人的担保如何发挥其保障功能，则存在诸多实务操作中的难题。

我国《民法典》《企业破产法》等法律均明确规定，担保权利人对进入破产程序的债务人仍可享有担保财产的优先受偿权利。但破产清算、破产和解及破产重整三类程序中，对担保权利的行使前提条件均有较大差异。

同时，金融机构债权的担保物一般为不动产与股票、股权等权益类资产，担保物变现价值受市场影响因素较大，价格存在波动，往往需要在适当时机及时处置。

针对上述情况，应如何及时行使担保权利，避免破产程序对优先受偿权利实现的不利影响？

【法律分析意见】

一、破产清算程序中，对破产债务人财产享有担保权的金融机构，可适时直接要求管理人处置担保财产，并就变价金额优先受偿

《企业破产法》第 109 条规定："对破产人的特定财产享有担保权的权利人，对该特定财产享有优先受偿的权利。"

第 110 条规定："享有本法第一百零九条规定权利的债权人行使优先受偿权利未能完全受偿的，其未受偿的债权作为普通债权；放弃优先受偿权利的，其债权作为普通债权。"

根据上述规定，债务人破产的，金融机构仍可就债务人的担保财产的变现金额优先受偿；不足部分，将作为普通债权与其他债权人公平受偿。

需说明的是，《企业破产法》第 111 条规定："管理人应当及时拟订破产财产变价方案，提交债权人会议讨论。管理人应当按照债权人会议通过的或者人民法院依照本法第六十五条第一款规定裁定的破产财产变价方案，适时变价出售破产财产"，即破产财产的处置变价方案应由债权人会议讨论后决定。但是，根据 2018 年 3 月最高人民法院印发的《全国法院破产审判工作会议纪要》的规定，特定破产财产的担保权利人，可及时行使担保权利，避免因破产清算程序贻误变现时机。该纪要第 25 条明确规定："在破产清算和破产和解程序中，对债务人特定财产享有担保权的债权人可以随时向管理人主张就该特定财产变价处置行使优先受偿权，管理人应及时变价处置，不得以须经债权人会议决议等为由拒绝。但因单独处置担保财产会降低其他破产财产的价值而应整体处置的除外。"如管理人无合理理由迟延处置担保财产，金融机构可依据《企业破产法》第 130 条的规定要求管理人承担失职所造成的损害赔偿责任。

二、破产和解程序中，担保权人同样可适时直接要求管理人处置担保财产。但是，现有破产和解制度设计仍不健全，主张担保权利将影响金融机构于后续债权人会议中表决权的行使

《企业破产法》第96条规定："人民法院经审查认为和解申请符合本法规定的，应当裁定和解，予以公告，并召集债权人会议讨论和解协议草案。对债务人的特定财产享有担保权的权利人，自人民法院裁定和解之日起可以行使权利。"

如前所述，《全国法院破产审判工作会议纪要》第25条已明确规定，具有担保权利的债权人有权于破产清算及破产和解程序中随时请求管理人处置担保财产，故破产和解程序中担保权仍可正常行使。但《企业破产法》第97条亦规定："债权人会议通过和解协议的决议，由出席会议的有表决权的债权人过半数同意，并且其所代表的债权额占无财产担保债权总额的三分之二以上。"

第100条第1、2款规定："经人民法院裁定认可的和解协议，对债务人和全体和解债权人均有约束力。和解债权人是指人民法院受理破产申请时对债务人享有无财产担保债权的人。"

根据上述规定的文义解释，有财产担保的债权人不能根据其财产担保债权参与和解协议表决，并享有和解协议项下权利。换言之，破产和解程序中，担保权债权人须待担保物变现、总债权扣除优先受偿部分后，方可根据其未获清偿的金额确定普通债权，并以普通债权人身份行使表决权。

一方面，因为担保财产一般为不动产、股权、股票，其评估处置周期较长，故金融机构作为担保债权人，实际上难以快速确定自身普通债权，从而及时行使自身表决权利。另一方面，破产企业设置担保权利的不动产、股权、股票往往系其优质资产，担保权利人是否暂缓处置上述资产将直接关乎和解方案的履行价值，故普通债权人与担保债权人于破产和解程序中亦具有天然矛盾。

我国现行《企业破产法》及其司法解释就破产和解规定较少，制度可操作性不强。经检索裁判文书，破产程序中裁定和解的案件数量亦较为有限，故就风险规避角度而言，和解程序中金融机构仍应最大化行使自身担保权利。

三、破产重整程序中，金融机构一般不得行使对担保财产的变现受偿权利，但担保权利可能受损或担保物不是破产企业重整所必需的除外。担保财产是否为重整所必需则为法院裁量的关键因素

债权人的担保物权因债务人破产而受到限制，仅仅存在于破产重整期间。

《企业破产法》第75条第1款规定:"在重整期间,对债务人的特定财产享有的担保权暂停行使。但是,担保物有损坏或者价值明显减少的可能,足以危害担保权人权利的,担保权人可以向人民法院请求恢复行使担保权。"

根据上述规定,重整程序中债权人的担保权利行使以暂停为原则、恢复为例外。同时,于重整期间行使担保权利,需满足三方面要件:(1)担保物有灭失、价值减损的可能;(2)足以危害担保人权利;(3)人民法院裁量支持。

《〈中华人民共和国企业破产法〉释义及实用指南》明确上述三要件为充分、必要条件:如担保物仅具有价值贬损可能,但担保本身系超额担保,不足以危害担保人权利的,仍不属于法定可恢复行使担保权利的情形。①

针对符合恢复行使担保权的情形,《九民会议纪要》就其申请程序予以进一步细化,其第112条第2款规定:"在担保物权暂停行使期间,担保物权人根据企业破产法第七十五条的规定向人民法院请求恢复行使担保物权的,人民法院应当自收到恢复行使担保物权申请之日起三十日内作出裁定。经审查,担保物权人的申请不符合第七十五条的规定,或者虽然符合该条规定但管理人或者自行管理的债务人有证据证明担保物是重整所必需,并且提供与减少价值相应担保或者补偿的,人民法院应当裁定不予批准恢复行使担保物权。担保物权人不服该裁定的,可以自收到裁定书之日起十日内,向作出裁定的人民法院申请复议。人民法院裁定批准行使担保物权的,管理人或者自行管理的债务人应当自收到裁定书之日起十五日内启动对担保物的拍卖或者变卖,拍卖或者变卖担保物所得价款在支付拍卖、变卖费用后优先清偿担保物权人的债权。"

上述规定明确细化了"向法院申请—裁定—复议—管理人处置"的程序途径。

但需要注意的是,《九民会议纪要》明确将《企业破产法》中重整期间暂停处置的担保财产缩小为企业"重整所必需"的财产,第112条第1款规定"重整申请受理后,管理人或者自行管理的债务人应当及时确定设定有担保物权的债务人财产是否为重整所必需。如果认为担保物不是重整所必需,管理人或者自行管理的债务人应当及时对担保物进行拍卖或者变卖,拍卖或者变卖担保物所

① 参见《〈中华人民共和国企业破产法〉释义及实用指南》,中国民主法制出版社2012年版,第187页。

得价款在支付拍卖、变卖费用后优先清偿担保物权人的债权”。

根据最高人民法院司法解释起草专家的相应观点，即使担保权人举证证明“担保物有损坏或者价值明显减少的可能，足以危害担保权人权利的”，但如管理人或者自行管理的债务人有证据证明担保物是重整所必需，并且提供与减少价值相应担保或补偿，在充分保护担保权人利益的前提下，为了保障重整程序的制度目标，人民法院亦应当裁定不批准担保权人的恢复行使权利申请。[①]

上述正反两方面观点说明，金融机构证明担保财产不属于“重整所必需”，应为启动重整程序中担保物处置的关键要件。

笔者认为，针对重整企业名下的有价证券、已具备销售条件的不动产等常见的、一般仅体现流通价值的担保财产，金融机构可适时要求行使担保权利。金融机构在设立担保时，亦应以此类财产为首选。

① 参见郁琳、吴光荣：《与破产法有关的几个担保问题》，载《法律适用》2021 年第 9 期。

61

债务人进入破产程序后，金融机构能否拒绝受领债务人抵债股份，转而要求保证人承担清偿责任？

【简答】

1. 债务人进入破产程序后，金融机构有权于破产程序中申报债权的同时，起诉债务保证人要求承担清偿责任，人民法院应予支持并及时裁判。

2. 金融机构未受领重整转股股份而起诉要求保证人清偿的，保证人清偿后可代为受领相应转股股份。

3.《民法典担保制度解释》生效时间较短，实操层面尚具有不确定性。金融机构宜尽早向保证人主张清偿责任，并及时与管理人沟通，将对应金额的转股股份转付保证人，或对保证人进行提存。

【问题的提出】

一方面，金融借款债务人进入破产重整程序后，其重整方案往往采取“少量现金+大部分债务以股抵债”的债务清偿模式。但是，破产重整中的“以股抵债”方案，往往存在股权估值方式背离市场价值实际、过于注重保护破产债务人利益等问题。如金融机构受领上述抵债股份，抵债股份的最终变现价值往往严重低于重整方案的评估价值，金融机构最终的实际现金受偿金额甚至可能低于在模拟破产清算状态下的清偿金额。

另一方面,根据重整方案,如果金融机构受领上述抵债股份,将视为破产债务人全额清偿自身债务。金融机构将无法向仍有现金偿债能力的债务保证人主张权益。

在此情形下,金融机构可否于破产程序中申报破产债权,并同时要求债务保证人承担保证责任?

【法律分析意见】

一、债务人进入破产程序后,金融机构有权于破产程序中申报债权的同时,起诉债务保证人要求承担清偿责任。人民法院应予支持并及时裁判

《民法典》生效前,我国民事法律规定即认为破产债权人有权自由选择向破产债务人或债务保证人主张自身权利。原《担保法解释》第44条规定:"保证期间,人民法院受理债务人破产案件的,债权人既可以向人民法院申报债权,也可以向保证人主张权利。债权人申报债权后在破产程序中未受清偿的部分,保证人仍应当承担保证责任。债权人要求保证人承担保证责任的,应当在破产程序终结后六个月内提出。"但该条解释并未明确债权人是否可同时"申报债权""向保证人主张权利",或者两种救济途径须择一行使。

2002年《最高人民法院对〈关于担保期间债权人向保证人主张权利的方式及程序问题的请示〉的答复》(〔2002〕民二他字第32号)中进一步明确,债权人有权同时向破产债务人及保证人主张权利:"对于债权人申报了债权,同时又起诉保证人的保证纠纷案件,人民法院应当受理。在具体审理并认定保证人应承担保证责任的金额时,如需等待破产程序结束的,可依照《中华人民共和国民事诉讼法》第一百三十六条[①]第一款第五项的规定,裁定中止诉讼。人民法院如径行判决保证人承担保证责任,应当在判决中明确应扣除债权人在债务人破产程序中可以分得的部分。"因此,债权人申报债权后同时起诉保证人的,法院应当受理。为避免债权人重复受偿,法院有权采取两种处理方式:一是受理后裁定中止审理,并待主债务人破产程序终结,债权人受偿金额确定后,再行恢复审理确定保证人的保证责任。二是径行判决,但须在判决中明确载明"应扣除债权

① 现为《民事诉讼法》第153条。

人在债务人破产程序中可以分得的部分”。但是,根据上述批复,债权人仍须等待破产程序完结、破产清偿数额确定后,方可实质要求保证人承担责任,这依旧不利于债权人的及时受偿。

2021 年生效的《民法典担保制度解释》则进一步保障了债权人的及时受偿利益。《民法典担保制度解释》第 23 条第 1、2 款规定:“人民法院受理债务人破产案件,债权人在破产程序中申报债权后又向人民法院提起诉讼,请求担保人承担担保责任的,人民法院依法予以支持。担保人清偿债权人的全部债权后,可以代替债权人在破产程序中受偿;在债权人的债权未获全部清偿前,担保人不得代替债权人在破产程序中受偿,但是有权就债权人通过破产分配和实现担保债权等方式获得清偿总额中超出债权的部分,在其承担担保责任的范围内请求债权人返还。”

《最高人民法院民法典担保制度司法解释理解与适用》对该条进一步予以解读:“虽然前述〔2002〕民二他字第 32 号答复赋予债权人申报债权的同时起诉保证人的诉权,但其采取的中止审理或径行判决两种处理方式,均需等待破产程序确定债权人受偿份额后,保证责任才能确定或者被执行,仍然会导致债权人的保证担保利益得不到及时充分实现。因此,债权人另行向保证人主张清偿的权利不应当受到破产程序的影响,债权人同时享有向主债务人的破产管理人申报债权与向保证人主张担保责任的权利,更有利于债权人权益的实现。此外,本款在文字上采用了人民法院应予‘支持’的表述,这意味着人民法院不仅仅只是受理保证责任诉讼,而是应对债权人的主张予以实体审理并作出相应判决,因此本款实际上采纳的是实体并行说的观点。”①

综上所述,《民法典担保制度解释》生效后,金融机构有权于破产程序中申报债权的同时,起诉债务保证人要求承担清偿责任;同时,法院应当及时裁判。只有当金融机构重复受偿情形实际发生时,保证人方可向金融机构主张返还该部分财产。

---

① 参见最高人民法院民事审判第二庭:《最高人民法院民法典担保制度司法解释理解与适用》,人民法院出版社 2021 年版。

二、金融机构未受领重整转股股份而起诉要求保证人清偿的,保证人清偿后可代为受领相应转股股份

《民法典担保制度解释》第23条第2款规定,"担保人清偿债权人的全部债权后,可以代替债权人在破产程序中受偿"。

《全国法院破产审判工作会议纪要》第31条规定,"破产程序终结前,已向债权人承担了保证责任的保证人,可以要求债务人向其转付已申报债权的债权人在破产程序中应得清偿部分"。

根据文义理解,如金融机构于重整程序中未受领债务人转股股份,而于保证人处实现清偿,保证人有权代为受领相应金额的转股股份。

另结合前述理解适用观点,《民法典担保制度解释》第23条采取"实体并行说",即金融机构起诉保证人、强制执行其财产,与破产重整程序并行不悖。

三、金融机构拒绝领取提存股份后的清偿责任

《民法典担保制度解释》生效时间较短,司法实践层面尚未形成统一认识。金融机构债权人拒绝领取提存股份、保证人请求返还重复清偿财产等环节可能在实践中产生争议。金融机构宜尽早向保证人主张清偿责任,并及时与管理人沟通,将对应金额的转股股份转付保证人,或对保证人进行提存。

《民法典担保制度解释》第23条明确"实体并行"这一基本精神后,金融机构如拒绝受领价值虚高的转股股份,转而起诉保证人、强制执行其财产,在实操层面仍有潜在争议。

(一)金融机构拒绝受领转股股份,管理人提存相应股份后债务依然消灭

《企业破产法》第118条规定:"债权人未受领的破产财产分配额,管理人应当提存。债权人自最后分配公告之日起满二个月仍不领取的,视为放弃受领分配的权利,管理人或者人民法院应当将提存的分配额分配给其他债权人。"针对已经进入分配阶段的转股股份,如金融机构拒绝受领,则破产管理人将依法提存。

而根据《民法典》第520条"部分连带债务人履行、抵销债务或者提存标的物的,其他债务人对债权人的债务在相应范围内消灭",第571条"债务人将标的物或者将标的物依法拍卖、变卖所得价款交付提存部门时,提存成立。提存成立的,视为债务人在其提存范围内已经交付标的物"的规定,即使金融机构未受领破产重整程序中的转股股份,但管理人将转股股份全额提存后,保证人可

能依然有权主张主债务已全额清偿,从而不承担清偿责任。

（二）保证人仅部分清偿债务,管理人提存转股股份后,金融机构可能仍须向保证人返还现金

《民法典担保制度解释》第23条规定,“在债权人的债权未获全部清偿前,担保人不得代替债权人在破产程序中受偿,但是有权就债权人通过破产分配和实现担保债权等方式获得清偿总额中超出债权的部分,在其承担担保责任的范围内请求债权人返还”。该条实际上基于《民法典》第700条规定:“保证人承担保证责任后,除当事人另有约定外,有权在其承担保证责任的范围内向债务人追偿,享有债权人对债务人的权利,但是不得损害债权人的利益。”

其原理是在债务人的财产不足以清偿全部债务时,债务人应当先履行主债务,而不能向担保人支付,否则就会损害债权人的利益。由于主债务人和担保人对于债权人而言都是债务人,如果担保人虽然承担了担保责任但债权人未获全部清偿,而担保人就其承担的担保责任在破产程序中主张追偿权,则必然会影响到债权人利益的最大化。①

但基于文义解释,保证人在全额清偿金融机构债权之前,无权基于“担保人清偿债权人的全部债权后,可以代替债权人在破产程序中受偿”的规定代替金融机构受偿,亦不能就其求偿权补充申报债权。

在此情形下,管理人可能仍将全部转股股份向金融机构交付或予以提存,进而造成金融机构重复受偿。重复受偿情形发生后,保证人势必将请求金融机构返还超额受偿部分,双方可能就是否返还现金还是转股股份产生争议。

但现行《民法典担保制度解释》框架下,金融机构是否可向保证人直接返还转股股权并无明确结论,诉讼存在较大不确定性。

综上所述,笔者认为,因《民法典担保制度解释》已明确债权人可采取“实体并行”的方式同时向破产债务人和保证人主张权利,故金融机构应尽早向保证人主张清偿责任,取得现金回款为宜。另外,金融机构取得现金回款后,应及时与管理人沟通将对应金额的转股股份转付保证人,或对保证人进行提存。

---

① 参见郁琳、吴光荣:《与破产法有关的几个担保问题》,载《法律适用》2021年第9期。

62

破产重整程序中，债权人接受“债转股”后，能否请求担保人继续承担担保责任？

【简答】

1. 破产重整中，普通债权人接受重整计划“债转股”，并不意味着其债权已得到足额清偿。

2. 转股的价格并非计算清偿债权的必然依据，债权人通过债转股受偿的金额应根据股权的实际价值来确定。

3. 债权人通过“债转股”未受偿的部分，担保人仍应继续承担担保责任。

【问题的提出】

近年来，涉及上市公司等大型企业的破产重整案件中，“债转股”越来越成为主流清偿方式之一。但是，《企业破产法》及相关司法解释关于破产重整中“债转股”性质、定价方式及运用规则并没有明确规定。特别是当重整计划中将“债转股”方式清偿债权的清偿率设定为100%时，如债权人接受“债转股”，能否请求保证人等担保人继续承担担保责任？司法实践中，对此问题分歧较大，争议较多，并未达成共识。

下面试结合破产程序的制度特征、相关法律规定及司法实践，对此问题进行简要分析。

【法律分析意见】

一、破产重整中，普通债权人接受重整计划“债转股”，并不意味着其债权已得到足额清偿

“现金”“留债”“债转股”是当前破产重整程序中常见的三种清偿方式。所谓“债转股”，就是将债权人的债权转换为对债务人企业的股权。由此可见，“债转股”实际上兼具债务清偿和股权出资两种功能。从债务清偿的角度，“债转股”实质上是以股抵债；从债权转换股权的角度，“债转股”则是债权人以其债权向公司出资获取股权的股权投资行为。

破产语境下的“债转股”性质是什么，《企业破产法》《公司法》等相关法律均没有规定。实务中通常有两种观点：一种是实体清偿说，另一种是程序清偿说。

“实体清偿说”认为，“债转股”是债权人与债务人基于重整计划就债权清偿达成的合意，通过以股偿债的方式实现债权清偿，属于债权人与相对人进行的债权和股权的交易行为。在此情形下，债权的消灭是实体权利义务的消灭，债权上的担保利益，包括物的担保和人的担保，因担保的附随性亦归于消灭。

“程序清偿说”则认为，破产实务中的“债转股”，仅是分配债务人财产的一种方式，债权人因接受出资人权益的分配而致其债权相应消灭，仅发生程序法上债权消灭的效力，系基于破产程序而对债务人的债务豁免，其清偿的效力并不及于非破产当事人的担保人，附随于债权的担保利益并不因此消灭。

基于破产制度的功能和破产实务，笔者更赞同“程序清偿说”。破产重整中，普通债权人接受重整计划“债转股”，仅是程序意义的清偿，并不意味着其实体债权已得到足额清偿。理由是：

第一，无论是破产重整、和解还是清算，作为破产的方式，都是以债务人资不抵债为前提。既然资不抵债，债权人就不可能获得全额清偿。

第二，破产制度的核心是集体清偿和公平分配，解决的是如何将有限的债务人财产公平地向债权人分配的问题。因此，不同于企业正常状态下以投资为目的的“债转股”，破产语境下的“债转股”是以公平分配债务人财产为目的，仅仅是以出资人权益对债权人进行“清偿”的一种分配形式，这种“清偿”只具有在程序上进行分配的意义，与实体法上的债权因清偿而消灭不同。

第三,就破产实务而言,重整计划关于“债转股”部分股权的定价通常低于抵债股权的实际价值。如选择“债转股”即被视为转股债权在实体上获得全部清偿,那么债权人将无法向保证人和其他连带债务人主张权利,将导致选择“债转股”的债权人大幅减少,重整的难度也将随之加大,不利于破产重整制度功能的实现。而且,破产重整计划可通过“多数决”“法院裁定”等方式通过,并非完全债权人平等协商意思自治的结果,认定以股抵债即全额清偿,对债权人明显不公平。

二、转股的价格并非计算清偿债权的必然依据,债权人通过“债转股”受偿的金额应根据股权的实际价值来确定

重整计划中的“债转股”,是管理人和债权人等多方主体在法院支持下,通过团体协商,以债务人企业的出资人权益分配给债权人,以消灭债务,使债务人企业重获新生。作为破产程序中分配债务人财产的一种方式,以股抵债并非实体法意义上的出资抵销或者以物抵债行为。债权人通过“债转股”获得的实际清偿金额,应以股权的实际价值来确定。

就现有破产实务案例而言,目前管理人进行“债转股”的常见股权定价方式主要有市场价格法、第三方评估法、偿债率倒推法等三种方式。所谓市场价格法,即以债务人企业股票一段时间的加权平均价或者某一时点股票的市场价格来确定转股的每股价格。第三方评估法则是管理人聘请第三方专业的评估机构来确定债转股的价格。

所谓偿债率倒推法,即不评估或者确认股权的实际价值,而是通过统计全部转股债权数额以及可分配的股权数量,倒推测算出“债转股”的每股价格。通过定价方式即可看出,这种方式计算的每股价格无法反映股权客观上的市场价值,其主要目的在于完成债务人财产分配。实践中,上市公司经过破产重整程序后的股票复牌交易价格,基本上低于或者远低于重整计划中确定的转股的每股价格。

市场价格法和第三方评估法能够较为公允地确定“债转股”的价格,但因账面清偿率不高或者额外费用成本等,实践中,就破产重整中“债转股”的定价越来越多地采用“偿债率倒推法”进行。

综上所述,债权人通过“债转股”获得的实际清偿金额,不能简单、当然地按照重整计划确定的“债转股”的价格计算,而应根据股权的实际价值来确定。如果重整计划中关于“债转股”的股权定价经过了评估或者能够相对公允地体现其客观市场价值,则根据转股价格计算受偿金额,应无不当。但是,若重整计划采用偿债率倒推法确定的债股价格,显然该价格不是股权的真实价格,不能体现分配股权财产的真实市场价值,故不能以该价格计算债权人“债转股”受偿金额。

三、债权人通过“债转股”未受偿的部分,担保人仍应继续承担担保责任

综上分析,破产程序是集体清偿程序,核心在于将债务人有限的财产公平地分配给债权人。为了实现债务人财产的公平分配,破产清偿通常以债务人财产变价为条件,以金钱分配为原则,以其他行使的分配为辅助。具体到重整程序中,为了维持债务人企业的经营价值,实现挽救有价值企业的重整目的,一般不宜对债务人财产进行金钱或者实物分配。“债转股”的清偿方式应运而生,且日益受到普遍采用。其价值在于通过分配出资人权益的方式,既能最大化降低债务人的负债率,实现对债权人的清偿,又能显著改善债务人企业的经营条件。

由此可见,在破产语境下,“债转股”仅是为了实现破产重整的制度价值而采用的一种特殊的分配债务人财产的方式。债权人在破产程序中通过“债转股”所获的清偿,仅是在程序意义上对债务人财产获得的分配,在实体上应基于分配财产的客观价值而计算实际清偿的债权金额。鉴于实践中“债转股”的定价往往不能反映股权的客观价值,即便债权人通过“债转股”方式获得了100%清偿,也仅是程序上的清偿,即以“股权价值+债务豁免”的方式而进行的清偿,因债务豁免而不能再向债务人主张债权。但是,保证人和连带债务人并不因此豁免。

《企业破产法》第92条第3款明确规定:债权人对债务人的保证人和其他连带债务人所享有的权利,不受重整计划的影响。

根据上述规定,重整计划对债权的调整,不影响债权上附随的担保利益。虽然因债务豁免和调整,债权人不能再向债务人主张,但并不导致债权在实体上的消灭,债权人在破产程序未获实际清偿的债权,保证人和其他连带债务人仍应继续承担责任。

关于此问题,最高人民法院刘贵祥专委在《当前民商事审判中几个方面的法律适用问题》也有倾向性意见,其认为:“重整程序中债转股作为一种债务清偿方式,实际清偿率一般不可能达到100%,所谓债权的消灭,是完成债转股之后，无论实际清偿率是多少，债权人对债务人企业不再享有偿还请求权，债权相对于债务人消灭（如破产法第 94 条规定），而相对于其他债务人、担保人，债权只在已实际清偿范围内消灭。”“确定担保人责任范围应以债转股实际清偿率为依据……在以债转股方式清偿债务的情况下，对担保责任的认定不应简单拘泥于重整计划中所表达的股权价格或清偿率，而应区别不同情况。”

综上所述，债权人通过“债转股”未受偿的部分，担保人仍应继续承担担保责任。具体而言，如果破产重整计划已经基于专业评估机构评估而明确“债转股”的股权实际价值或实际清偿率，可作为确定担保责任的范围的依据。如果破产重整计划对股权价格或清偿率的确定是以倒推方法作出的，不能体现“债转股”的股权实际价值或实际清偿率，法院可根据当事人请求委托专业评估机构评估或者结合债务人企业清算价值、以现金清偿方式的清偿率、重整预期等情况综合判断担保责任范围。

63

人民法院受理破产后，已划拨至法院账户但尚未发放给债权人的执行案款，是否属于债务人破产财产？

【简答】

1. 执行法院已划拨至法院账户但未发放给债权人的案款，属于债务人的破产财产。执行法院收到破产受理裁定后，应当将其移交给受理破产案件的法院或破产管理人。

2. 执行款项系由担保物变价处置而来的，执行法院可以不予移送，直接发放给申请执行人。

【问题的提出】

金融机构作为申请执行人，为全面实现其合法债权，向人民法院申请对被执行人所提供的担保财产及其他财产强制执行的，执行法院有权启动该财产的司法处置程序。但申请执行人能否通过担保财产或其他财产真正实现全部债权，取决于多重因素。从案件执行立案到担保财产处置变现，再到变现款发放给申请执行人，每一个环节均可能出现被执行人拖延执行、案外人主张实体权益等各类影响案款发放的情形。

担保财产或其他财产被执行法院处置变现，在该财产执行案款已汇入执行法院账户而未发放给债权人时，人民法院已裁定受理被执行人破产的，该执行案款是否属于债务人破产财产？执行法院还能否继续向申请执行人发放该执行案款？

【法律分析意见】

一、债务人的破产财产

根据《最高人民法院关于执行案件移送破产审查若干问题的指导意见》第16条的规定，执行法院已划拨至法院账户但未发放给申请执行人的案款，财产权利归属未发生变动，仍属于被执行人的财产，执行法院收到受移送法院破产受理裁定后，不应再支付给申请执行人，而应将其移交给受理破产案件的法院或破产管理人。

（一）破产程序启动后，按照《企业破产法》第19条的规定，执行程序应当中止，无论是被执行人还是人民法院都不应再对个别债权进行清偿

按照2004年12月22日《最高人民法院关于如何理解〈最高人民法院关于破产法司法解释〉第六十八条的请示的答复》[①]，执行法院在人民法院受理破产案件后仅作出了执行裁定，尚未将财产交付给申请人的，不属于司法解释所指的执行完毕的情形，该财产在债务人被宣告破产后应列入破产财产。如果就执行财产的处理履行了必要的评估拍卖程序，相关人已支付了对价，非该相关人的过错导致未办理变更登记手续，或者该财产已脱离债务人实际控制的，可以视为向申请执行人交付，案件已执行完毕。

但是，最高人民法院在2017年1月20日发布《最高人民法院关于执行案件移送破产审查若干问题的指导意见》就前述意见进行调整，排除上述意见关

---

① 《最高人民法院关于如何理解〈最高人民法院关于破产法司法解释〉第六十八条的请示的答复》（已废止）规定："……已经启动了执行程序，但该执行程序在人民法院受理破产案件后仅作出了执行裁定，尚未将财产交付给申请人的，不属于司法解释指的执行完毕的情形，该财产在债务人被宣告破产后应列入破产财产。但应注意以下情况：一、正在进行的执行程序不仅作出了生效的执行裁定，而且就被执行财产的处理履行了必要的评估拍卖程序，相关人已支付了对价，此时虽未办理变更登记手续，且非该相关人的过错，应视为执行财产已向申请人交付，该执行已完毕，该财产不应列入破产财产；二、人民法院针对被执行财产采取了相应执行措施，该财产已脱离债务人实际控制，视为已向权利人交付，该执行已完毕，该财产不应列入破产财产。"

于移送的两种例外情形。

《最高人民法院关于执行案件移送破产审查若干问题的指导意见》第16条规定:“执行法院收到受移送法院受理裁定后,应当于七日内将已经扣划到账的银行存款、实际扣押的动产、有价证券等被执行人财产移交给受理破产案件的法院或管理人。”

第17条规定:“执行法院收到受移送法院受理裁定时,已通过拍卖程序处置且成交裁定已送达买受人的拍卖财产,通过以物抵债偿还债务且抵债裁定已送达债权人的抵债财产,已完成转账、汇款、现金交付的执行款,因财产所有权已经发生变动,不属于被执行人的财产,不再移交。”

此外,2017年12月12日,最高人民法院作出《中华人民共和国最高人民法院答复函》(〔2017〕最高法民他72号)[①],明确《最高人民法院关于如何理解〈最高人民法院关于破产法司法解释〉第六十八条的请示的答复》已废止,已扣划到法院账户但未支付给申请执行人的仍属于债务人财产,人民法院裁定受理破产申请后,执行法院应当中止对该财产的执行。

(二)执行法院将划入法院或第三方账户的执行变价款继续执行交付给申请执行人的,应予以执行回转

《最高人民法院关于适用〈中华人民共和国企业破产法〉若干问题的规定(二)》)第5条的规定:“破产申请受理后,有关债务人财产的执行程序未依照企业破产法第十九条的规定中止的,采取执行措施的相关单位应当依法予以纠正。依法执行回转的财产,人民法院应当认定为债务人财产。”

在法院裁定受理破产申请后,划入执行法院或第三方账户但未分配给申请执行人的执行变价款,应当认定为债务人财产,并在债务人被宣告破产后列入

---

① 《最高人民法院关于对重庆高院〈关于破产申请受理前已经划扣到执行法院账户尚未支付给申请执行人的款项是否属于债务人财产及执行法院收到破产管理人中止执行告知函后应否中止执行问题的请示〉的答复函》(〔2017〕最高法民他72号):“人民法院裁定受理破产申请时已经扣划到执行法院账户但尚未支付给申请人执行的款项,仍属于债务人财产,人民法院裁定受理破产申请后,执行法院应当中止对该财产的执行。执行法院收到破产管理人发送的中止执行告知函后仍继续执行的,应当根据《最高人民法院关于适用〈中华人民共和国破产法〉若干问题的规定(二)》第五条依法予以纠正,故同意你院审判委员会的倾向性意见,由于法律、司法解释和司法政策的变化,我院2004年12月22日作出的《关于如何理解〈最高人民法院关于破产法司法解释〉第六十八条的请示的答复》(〔2013〕民二他字第52号)相应废止。”

破产财产,根据破产程序进行公平分配。如果执行法院将划入法院或第三方账户的执行变价款执行交付给申请执行人的,应当予以纠正。

二、执行变价款系由担保物变价处置而来的,执行法院可不予移送至破产受理法院,径直发放给申请执行人

《企业破产法》第 109 条规定:“对破产人的特定财产享有担保权的权利人,对该特定财产享有优先受偿的权利。”该条规定了担保权人的别除权,即债务人进入破产程序的,对于破产财产中的特定财产享有担保权的权利人,可以不受破产程序的约束,在破产程序开始以后,直接向破产管理人请求就该特定财产行使优先受偿权,并在无担保的破产债权人按照破产财产分配方案受偿之前进行清偿。

《最高人民法院关于执行案件移送破产审查若干问题的指导意见》的理解与适用在对该意见的第 16 条进行释义时强调:“但是,如果该执行变价款是对债务人提供的担保物进行变价处置而来,因担保权人本就对担保物的价值享有优先受偿权,将该变价款优先分配给担保权人用于清偿债务,并不损害破产程序中其他债权人的利益,不违反公平原则,故不应受中止执行的限制。这属于执行变价款应移交的例外情形。”

四川省内江市中级人民法院(2020)川 10 执异 9 号执行裁定认为:“本案中,申请执行人对异议人位于资阳市雁江区××××路××××小区 17 个地下车位在变价、拍卖、变卖所得价款享有优先受偿权,是经生效法律文书确认对特定物的优先权。异议人破产重整申请被雁江区法院受理,即便被宣告破产重整或终结破产程序,该优先权仍受到法律保护。92.52 万元执行变价款是对债务人提供的担保物进行变价处置而来,区别于《最高人民法院关于破产申请受理后已经扣划到执行法院账户尚未支付给申请执行人的款项是否属于债务人财产问题的复函》〔2017〕最高法民他 72 号中‘已经扣划到执行法院账户但尚未支付给申请执行人的款项……’,将该变价款优先分配给担保人用于清偿债务,并不损害破产程序中其他债权人的利益,不应受案件中止执行的限制。”

64

债权人对免除债务利息的破产重整计划表决投同意票的，免除效力是否及于其他连带保证人？

【简答】

1. 关于债权人就表决重整计划投同意票的行为是否构成债务免除，目前法律并无明文规定，司法实践中亦争议较大，各地法院做法不一。债权人对连带保证人A公司重整计划的表决行为，系以积极的意思表示所为的法律行为，债权人表决投同意票，且重整计划最终通过的，实践中不排除构成对其他连带债务人的等额减免。

2. 为避免产生债权人债务免除的法律效果，确保债权人仍有权对其他连带保证人主张债务利息，建议债权人不同意约定免除债务利息的连带保证人破产重整方案。如债权人希望通过破产重整方案受偿部分债权，可提议管理人将重整计划中有关免除债务利息等相关表述进行修改后，再表决。

3.《民法典》第575条规定："债权人免除债务人部分或者全部债务的，债权债务部分或者全部终止，但是债务人在合理期限内拒绝的除外。"如果保证人B单独出具书面文件，承诺将继续按原保证合同履行保证义务，放弃因金融机构债权人对保证人A重整计划投同意票而衍生的任何权利，确保不提出任何抗辩。那么，根据上述《民法典》的规定以及相关基本法理，金融机构债权人因给保证人A重整计划投同意票，产生免除保证人 B 部分债务法律效果的，如保证人 B 在合理期限内明确承诺放弃债务抗辩权利，这将产生民法上“拒绝免除债务”的效力，金融机构债权人仍具有对保证人 B 追索保证债权的权利。

【问题的提出】

金融机构作为债权人，与主债务人 Z、连带保证人 A 公司、连带保证人 B 公司在同一份协议书中约定由金融机构向主债务人 Z 提供贷款，并由 A 公司、B 公司对此笔贷款本息承担连带保证责任。

因 A 公司进入破产重整程序，金融机构就此笔贷款本息向管理人申报普通债权。根据 A 公司重整计划清偿方案，普通债权清偿范围仅按本金的 5% 计算，并且免除利息。债权人就该重整计划投同意票后，是否仍然有权向连带保证人 B 公司主张偿还利息部分？

《企业破产法》第 92 条规定：“经人民法院裁定批准的重整计划，对债务人和全体债权人均有约束力……债权人对债务人的保证人和其他连带债务人所享有的权利，不受重整计划的影响。”根据该条规定，经人民法院裁定批准的重整计划，无论对债权是否造成减损，无论债权人对重整计划支持、反对还是未参加对重整计划的表决，对债务人和全体债权人具有广泛的约束力。但并不影响债权人对债务人的保证人和其他连带债务人主张其所享有的权利。

有所区别的是，破产重整的对象并非主债务人，而是多个连带保证债务人之一。根据《民法典》第 519 条的规定，主债务人不履行到期债务或者发生协议约定的情形时，债权人既可请求债务人履行债务，也可请求保证人在其保证范围内承担保证责任。实际承担债务超过自己份额的连带债务人，有权就超出部分在其他连带债务人未履行的份额范围内向其追偿。《民法典》第 520 条[①]第 2 款又规定了部分连带债务人的债务被债权人免除的，在该连带债务人应当承担

---

① 《民法典》第 520 条规定：“部分连带债务人履行、抵销债务或者提存标的物的，其他债务人对债权人的债务在相应范围内消灭；该债务人可以依据前条规定向其他债务人追偿。部分连带债务人的债务被债权人免除的，在该连带债务人应当承担的份额范围内，其他债务人对债权人的债务消灭。部分连带债务人的债务与债权人的债权同归于一人的，在扣除该债务人应当承担的份额后，债权人对其他债务人的债权继续存在。债权人对部分连带债务人的给付受领迟延的，对其他连带债务人发生效力。”

的份额范围内,其他债务人对债权人的债务消灭。

因此,上述问题的实质在于破产重整计划约定免除连带保证人债务利息,债权人表决投同意票的,是否产生《民法典》第520条第2款规定的债务免除的法律效果? 该债务免除效力能否及于其他连带保证人?

【法律分析意见】

一、债权人就表决重整计划投同意票的行为是否构成债务免除

关于债权人就表决重整计划投同意票的行为是否构成债务免除,目前法律并无明文规定,司法实践中亦争议较大,各地法院做法不一。债权人对连带保证人A公司重整计划的表决行为,系以积极的意思表示所为的法律行为,债权人表决投同意票,且重整计划最终通过的,实践中不排除构成对其他连带债务人的等额减免。

(一)债务免除是债权人的积极单方法律行为,债权人对重整计划投同意票,且该计划通过的,可以被认定为债权人作出了债务利息免除的意思表示

从理论上看,《民法典》第520条第2款规定的是对部分连带债务人的债务的免除情形。免除作为连带债务中绝对效力事项之一,债权人对连带保证人免除债务利息的,效力及于其他连带保证人。债的免除是指债权人放弃债权的行为,亦是债消灭的原因之一,系属有相对人的单方法律行为,通常债权人应当以积极的意思表示向债务人为之。

债权人针对连带保证人A公司重整计划的表决行为,系基于积极的意思表示所为的法律行为,投同意票即表明债权人有免除债务的意思表示。重整计划作为《民法典》所称的决议行为,一旦通过生效,从法律层面上可以认定债权人具有免除债务的意思表示。

(二)重整计划本质上是一种债权人迫不得已而为的非自愿单方让步行为

如《企业破产法》第92条第3款规定:"债权人对债务人的保证人和其他连带债务人所享有的权利,不受重整计划的影响。"在债权人反对重整计划的情况下,免除个别连带保证人A公司债务利息的法律效果,不产生涉他的法律效力。

重整计划并非建立在债务各方互谅互让的基础之上,而是债权人单方让步的结果,该种让步从本质上讲,是债权人"两害相权取其轻"之后的一种迫不得已的非自愿行为。重整计划依法定多数同意通过或经人民法院裁定批准即对

债务人和全体债权人均有约束力。即使部分债权人不同意,也要受重整计划约束。

若债权人对重整计划投反对票,则表明债权人并未积极作出免除债务的意思表示。即使重整计划通过,亦非债权人的真实意思表示,在他们反对重整计划的情况下将债务人的保证人和其他连带债务人的责任也随之减免,显然是不合理的。因而,免除连带保证人 A 公司债务利息的法律效果不应当产生涉他的法律效力。

(三)债权人未积极向部分保证人行使权利,且对约定免除利息的重整方案投同意票,将可能产生拟制的免除债务利息的法律后果

《民法典担保制度解释》第 29 条第 2 款规定:"同一债务有两个以上保证人,保证人之间相互有追偿权,债权人未在保证期间内依法向部分保证人行使权利,导致其他保证人在承担保证责任后丧失追偿权,其他保证人主张在其不能追偿的范围内免除保证责任的,人民法院应予支持。"

该条规定的法理基础是《民法典》第 520 条的债务免除制度。按照《民法典》第 520 条的规定,只有履行、抵销、提存、免除、混同、给付受领迟延这六种行为具有绝对法律效力。按照反面解释规则,除此之外的行为,即便保证人之间成立连带债务,债权人向其中一个保证人依法主张了权利,还应积极要求部分保证人在保证期间承担保证责任。如债权人未积极主张,便产生拟制的"免除"债务的后果。金融机构投同意票,可以认定其积极作出同意重整计划的意思表示,更易被认定为产生免除债权利息的法律后果。

二、债权人应在重整计划中表明不同意减免

为避免产生债权人债务免除的法律效果,确保债权人仍有权对其他连带保证人主张债务利息,建议债权人不同意约定免除债务利息的连带保证人破产重整方案。如债权人希望通过破产重整方案受偿部分债权,可提议管理人将重整计划中有关免除债务利息等相关表述进行修改后,再表决。

鉴于实践中对此问题争议较大,目前尚无相关权威观点予以明确,为确保债权人对其他连带保证人的债务利息请求权不予消灭,建议债权人不同意免除债务利息的连带保证人破产重整方案。

如债权人希望促成连带保证人破产重整方案通过,保障部分债权得以受偿,可提议管理人将重整计划中"免除利息"表述模糊化,待该重整计划无明确

的免除债务条款后，再表决。

三、债权人对重整计划不同意的连带责任保证人不能以重整计划对抗债权人主张

在债权人不同意重整计划的情况下，即认定债务人的保证人和其他连带债务人的责任减免，是不合理的，连带责任保证人不能以重整计划来对抗债权人的主张。反推之，如果债权人同意重整计划，则连带责任保证人则能够以重整计划对抗债权人。

最高人民法院(2020)最高法民申1676号民事裁定书中认为，“债权人设立担保旨在使债务人的保证人和其他连带债务人在债务人无力清偿，尤其是破产时承担责任。如因债权人在重整计划中不得已减免债务人的部分债务、变更清偿条件，便相应减轻保证人和其他连带债务人的责任，这与设立担保的宗旨相违背。重整计划依法定多数同意即可通过，经人民法院裁定批准的重整计划对债务人和全体债权人，均有约束力。部分不同意的债权人也要受重整计划约束，如其债权设有保证担保，在他们不同意重整计划的情况下将债务人的保证人和其他连带债务人的责任也随之减免，不尽合理……因此，作为连带责任保证人的再审申请人不能以重整计划草案来对抗债权人的主张。”

65

债权人会议能否授权债权人委员会行使债权核查权、财产分配权？债权人委员会越权决定事项，是否具有赔偿风险？

【简答】

1. 破产债权的核查和分配方案的确定，属于债权人会议行使的实质性事项决定权，债权人会议一般不得授权债权人委员会行使。

2. 债权人委员会应以善良管理人的注意义务行使职权，否则应对其违反注意义务而给利害关系人造成的损失承担赔偿责任。债权人委员会越权决定事项，给利害关系人造成损失的，法律上有被追究赔偿责任的风险，但实操难度较大，风险较小。

【问题的提出】

近年来，金融机构参与破产程序的深度和力度不断加强。国家发展和改革委员会、中国人民银行等部委也明确发文要求金融机构加强对企业破产重整、和解等程序的参与和支持。在破产程序中，金融机构债权人通常被选任为债权人委员会成员。债权人委员会作为债权人会议的代表机构，对债权人会议负责，并接受债权人会议的监督和人民法院的指导。

我国于2007年开始施行的《企业破产法》第68条采用“列举+兜底”的形式规定了债权人委员会的职权，除明确列明相关职权外，亦规定债权人委员会可以行使债权人会议委托的其他职权。关于债权人会议可否委托债权人委员会行使实质性职权，比如破产债权的核查、分配方案的确定等，由于相关法律规定并不明确，实践中易引发争议。继而，因可委托职权范围的争议，如债权人委员会事实上越权决定了相关事项，给他人造成损失，是否有被追究赔偿责任的风险?

【法律分析意见】

一、债权人委员会的委托职权范围问题

针对债权人委员会委托职权范围，主要存在以下两种意见：

一种观点认为，根据我国《企业破产法》第68条第1款规定：“债权人委员会行使下列职权：(一)监督债务人财产的管理和处分；(二)监督破产财产分配；(三)提议召开债权人会议；(四)债权人会议委托的其他职权。”根据上述规定，债权人委员会作为债权人会议的代表机构，当然可以接受债权人会议的委托，在债权人会议休会期间，在授权范围内代行相关职权，包括债权人会议授权行使的实质性事项的决定权。而且，关于债权人会议的授权事项范围，《企业破产法》及相关司法解释亦无禁止性规定。所以，基于债权人意思自治原则，只要债权人会议表决通过，如破产债权的核查和分配方案的确定等事项，完全可以授权债权人委员会行使。

另一种观点认为，虽然《企业破产法》规定债权人会议可以委托债权人委员会行使职权，但并不意味委托范围可以不受限制，债权人会议和债权人委员会具有不同的职能和地位，债权人委员会的核心职能在于监督，关于破产债权的核查和分配方案的确定等可能影响其他债权人权益的实质性事项的决定权，应由债权人会议直接行使，不可以授权债权人委员会行使。

笔者倾向于采纳第二种观点，理由如下：

1. 从立法主旨来看，债权人委员会的职权在于监督。

《企业破产法》第68条列举了债权人委员会职权，因此，债权人委员会的职权定位集中在监督职能，并规定“管理人、债务人的有关人员违反本法规定拒绝接受监督的，债权人委员会有权就监督事项请求人民法院作出决定；人民法院应当在五日内作出决定"。《企业破产法》第69条关于管理人实施重大事项应向债权人委员会报告的规定,再次印证债权人委员会的职能定位。《企业破产法》第68条第1款第4项关于"债权人会议委托的其他职权"的兜底性规定,应理解为其他符合上述"监督"职能定位的职权,而非不受限制的委托范围。

《企业破产法》之所以作出兜底性规定,主要是考虑到现实情况往往复杂多变,并不能保证案件按照表决时的决议一成不变地走下去,破产进程中不可避免会出现债权人会议上所通过的方案、决议之外的其他新情况,如果不分情况一律累积到下一次债权人会议再做决定,显然不利于案件的高效推进,且因为少数事项便召开一次债权人会议既不现实,也不经济。故《企业破产法》进行了兜底性规定,从效率和公平的角度作出平衡,允许将部分债权人会议决议范围内的变化情况事项决定权授权债权人委员会行使,但对其他债权人可能造成重大影响的实质性事项,不应在委托范围之内。

2. 从现实考量来看,债权人委员会并不能充分代表全部债权人,这也就决定了诸如债权的核查和分配方案的确定等可能影响其他债权人权益的实质性事项的决定权,应该由债权人会议直接行使。

《企业破产法》对债权人委员会的人员组成,除规定需有一名债务人企业职工代表外,并未对其他组成人员的债权金额、债权性质作出约束。实践中,管理人可能出于表决方案少受阻碍的考虑,乐于将优先债权人、有财产担保的债权人等权利实现能够得到较好保障的债权人提为债权人委员会组成人员的候选人,而这样组成的债权人委员会并不能充分保障其他无优先性质的债权人权利。同时,债权人委员会的成员自身亦是债权人,涉及债权核查、分配、资产处置等实质性事项时难免出现债权人委员会成员出于自身考虑作出与广大债权人利益相违背的决定,加上各个债权人对利益实现的迫切性、可承担风险的能力等方面并不一致,往往又会使该问题被放大,造成更多矛盾。因此,若重大事项的决定权授权给债权人委员会,实难充分保障除债权人委员会成员外的其他债权人的利益。

3. 值得注意的是,2019年发布施行2020年修正的《最高人民法院关于适用〈中华人民共和国企业破产法〉若干问题的规定(三)》对债权人委员会授权委托争议进行了回应,明确将委托范围进行了限缩性规定。

《最高人民法院关于适用〈中华人民共和国企业破产法〉若干问题的规定

(三)》第 13 条规定:“债权人会议可以依照企业破产法第六十八条第一款第四项的规定,委托债权人委员会行使企业破产法第六十一条第一款第二、三、五项规定的债权人会议职权。债权人会议不得作出概括性授权,委托其行使债权人会议所有职权。”

《企业破产法》第 61 条第 1 款规定,“债权人会议行使下列职权:(一)核查债权;(二)申请人民法院更换管理人,审查管理人的费用和报酬;(三)监督管理人;(四)选任和更换债权人委员会成员;(五)决定继续或者停止债务人的营业;(六)通过重整计划;(七)通过和解协议;(八)通过债务人财产的管理方案;(九)通过破产财产的变价方案;(十)通过破产财产的分配方案;(十一)人民法院认为应当由债权人会议行使的其他职权。”

据此,《最高人民法院关于适用〈中华人民共和国企业破产法〉若干问题的规定(三)》将债权人会议可以委托债权人委员会行使的职权限定为:(1)申请人民法院更换管理人,审查管理人的费用和报酬;(2)监督管理人;(3)决定继续或者停止债务人的营业。而关于核查债权、通过变价方案、分配方案等职权,不在其列。

通说认为,最高人民法院通过《最高人民法院关于适用〈中华人民共和国企业破产法〉若干问题的规定(三)》第 13 条将《企业破产法》第 68 条第 1 款第 4 项关于“债权人会议委托的其他职权”兜底性规定进行了限缩。但仍有部分观点认为,《最高人民法院关于适用〈中华人民共和国企业破产法〉若干问题的规定(三)》第 13 条采用的是非限定性的立法方式,仅禁止概括性授权和全权委托,但并不能明确得出《企业破产法》第 61 条第 1 款第 2、3、5 项之外的其他职权不可委托债权人委员会行使。

综上所述,根据立法主旨和当前的司法实践,笔者认为,诸如破产债权的核查和分配方案的确定等可能影响其他债权人权益的实质性事项的决定权,应由债权人会议直接行使,一般不可以授权债权人委员会行使。

二、债权人委员会越权行使职权的责任问题

债权人委员会越权行使职权,影响其他债权人权益的,能否被追究赔偿责任?《企业破产法》及相关司法解释并没有明确规定。

通说认为,债权人委员会负有监督职责,应履行善良管理人的注意义务,即应以善良管理人的注意义务行使职权,否则应对其违反注意义务而给利害关系人造成的损失承担赔偿责任。债权人委员会越权决定事项，给利害关系人造成损失的，法律上有被追究赔偿责任的风险，但其责任大小，实践中较难把握。

1. 债权人委员会履行监督职责，监督债权人会议表决通过的决议方案的执行和管理人执行职务情况，如因违反善良管理人注意义务造成损害，首要责任人应该是管理人。而《企业破产法》第 130 条规定："管理人未依照本法规定勤勉尽责，忠实执行职务的，人民法院可以依法处以罚款；给债权人、债务人或者第三人造成损失的，依法承担赔偿责任。"据此，一般而言，受到损害的利害关系人直接据此要求管理人承担赔偿责任即可。

2. 即使债权人委员会越权决定相关事项，因其系越权行为，经债权人委员会讨论通过的事项，仍需要依据《企业破产法》的规定提交债权人会议表决或者由人民法院裁定。

3. 债权人委员会行使职权向债权人会议负责，受债权人会议监督和人民法院指导。如债权人委员会或者债权人会议的决议损害相关债权人利益，债权人有权依据《企业破产法》的相关规定，请求人民法院裁定撤销。故债权人委员会越权决定，影响其他债权人权益的，利害关系债权人可以请求人民法院裁定撤销。

66

公司未经清算而简易注销，金融机构能否要求保结承诺人承担清偿责任？

【简答】

1. 对于经依法清算的公司，保结承诺只是行政手续，不适用保结责任；未经依法清算的公司，保结人作出保结承诺的，应当承担保结责任。

2. 保结责任的承担依保结承诺的内容区分为不同责任。保结承诺明确约定责任范围的依约定；不明确的，保结人对公司全部未了结债务承担清偿责任。

3. 第三人在保结承诺书上签字承诺承担责任，以其并非股东为由抗辩不承担清偿责任的，人民法院一般不予支持。

4. 第三人作为保结人承担责任，并不能免除公司股东承担未经清算的公司债务清偿责任。

5. 名义股东在保结承诺书上签字承诺承担责任，以其并非实际出资人为由抗辩不承担清偿责任的，人民法院一般不予支持。

【问题的提出】

自 2017 年 3 月 1 日以来，为进一步深化商事制度改革，完善市场主体退出机制，国家市场监督管理总局（原为国家工商行政管理总局）及其他部门发布系列指导意见[①]在全国范围内全面实行企业简易注销登记改革，并逐步拓展适用范围、压缩公示时间，从而畅通市场主体退出渠道，提高市场主体活跃度。2021年7月21日发布的《市场主体登记管理条例》将简易程序注销纳入立法层面，明确规定了简易程序注销适用范围和流程。

根据《工商总局关于全面推进企业简易注销登记改革的指导意见》的规定，简易注销登记只需要提交申请书，指定代表或者共同委托代理人授权委托书，全体投资人承诺书，营业执照正、副本，经过公告就可以注销企业。而原有注销程序中的清算报告、投资人决议、清税证明、清算组备案证明、刊登公告的报纸样张等材料均不再要求提交。

简易程序只适用于领取营业执照后未开展经营活动和申请注销登记前未发生债权债务或已将债权债务清算完结的企业。商事审判实践中，公司股东或者第三人在办理公司简易注销登记手续时，向公司登记机关出具全体投资人承诺书或注销保结书，承诺对公司未了债权债务承担责任，被称为保结责任；上述出具注销保结书的公司股东或者第三人称为保结人。

然而，一些公司为逃避债务，在诉讼或者执行阶段试图通过简易注销登记手续注销公司逃避法律责任。相关司法解释[②]虽已明确规定保结人的责任承担，但司法实践中对于保结责任的性质仍有争议：一方面，法律规定的“对公司债务承担相应民事责任”“在承诺范围内承担清偿责任”未对保结承诺的性质和承担的责任予以明确，司法实践中的裁判规则有所区别；另一方面，简易注销登记实践中签订保结承诺情形、主体和具体内容均有差异，有些公司登记机关在公司已经依法清算的情况下，甚至也会要求相关主体出具保结承诺。

---

① 《工商总局关于全面推进企业简易注销登记改革的指导意见》（工商企注字〔2016〕253号）；《市场监管总局关于进一步推进企业简易注销登记改革的通知》（国市监注〔2018〕153号）；《市场监管总局关于开展进一步完善企业简易注销登记改革试点工作的通知》（国市监注〔2018〕237号）；《市场监管总局、国家税务总局关于进一步完善简易注销登记便捷中小微企业市场退出的通知》（国市监注发〔2021〕45号）。

② 参见《公司法解释（二）》第20条第2款、《变更追加司法解释》第23条。

【法律分析意见】

一、对于经依法清算的公司，保结承诺只是行政手续，不适用保结责任；未经依法清算的公司，保结人作出保结承诺的，应当承担保结责任

1. 有些公司登记机关在公司已经依法清算的情况下会要求相关主体出具保结承诺。对于已经依法进行清算的公司而言，保结人出具保结承诺只是依照公司登记机关的要求履行的一项行政手续，不具有民事上的法律效力。

2. 适用简易注销登记手续的公司无须再提交清算报告、投资人决议、清税证明、清算组备案证明、刊登公告的报纸样张等材料。实践中，大量公司虽未经依法清算也可申请注销，但必须由有关主体出具负责清理债权债务的承诺，此即保结承诺。因此，出具保结承诺是公司简易注销登记必须履行的手续，公司注销时都必须作出保结承诺。

能否以该保结承诺为依据要求保结人承担债务清偿义务，以是否满足《公司法解释（二）》第 20 条第 2 款规定的保结人对公司未了结债务承担责任的构成要件为标准。保结人对公司未了结债务承担责任的构成要件包括：（1）公司未经依法清算即办理注销登记；（2）保结人向公司登记机关承诺对公司债务承担责任。

需要说明的是，公司股东未成立清算组或虽成立清算组但未依法清算即注销公司，应当认定公司未经依法清算。

二、保结责任的承担依保结承诺的内容区分为不同责任。保结承诺明确约定责任范围的依约定；不明确的，保结人对公司全部未了结债务承担清偿责任

公司未经依法清算而办理注销登记，保结人出具保结承诺的，应根据承诺的内容区分不同的责任。

保结承诺可以区分为明确的保结承诺和不明确的保结承诺。

明确的保结承诺在承诺的范围内承担责任。如仅承诺负责对公司债权债务进行处理，应解释为仅承担公司的清算责任，而非直接清偿责任，保结人应在一定期限内负责组织公司清算，并以清算后的公司财产对外承担债务；如明确承诺承担保证或者担保责任，则依相关法律规定处理。

不明确的保结承诺，则是概况性的表述对未尽事宜愿意承担责任。司法实践中，对于未经依法清算的公司而言，保结人明知道公司未经依法清算仍然作出保结承诺，通常认定保结人承担保结责任，对公司全部未了结的债务承担清偿责任。如上海第二中级人民法院审理的(2021)沪02执复39号案中，法院认为案涉注销清算报告并未对承担责任的方式和范围作出明确约定，故应对公司未了结债务独立承担清偿责任。

三、第三人在保结承诺书上签字承诺承担责任，以其并非股东为由抗辩不承担清偿责任的，人民法院一般不予支持

《工商总局关于全面推进企业简易注销登记改革的指导意见》及《市场主体登记管理条例》均规定由全体投资人签订承诺书，对市场主体未发生债权债务或者已将债权债务清偿完结，未发生或者已结清清偿费用、职工工资、社会保险费用、法定补偿金、应缴纳税款(滞纳金、罚款)的真实性承担法律责任。

实践中存在公司在办理简易注销登记手续时，由第三人向公司登记机关出具注销保结书，债权人以此向法院申请第三人承担相应责任的，法院予以支持。辽宁省抚顺市中级人民法院(2021)辽04执异30号裁定书中，被执行人炭素厂未经依法清算注销，在企业法人注销登记申请书载明炭素厂的债权、债务由龙庆公司处理，法院认定符合申请追加被执行人的法定条件，追加龙庆公司为涉案被执行人。

四、第三人作为保结人承担责任，并不能免除公司股东承担未经清算的公司债务清偿责任

依据《公司法解释(二)》第20条第1款的规定，保结人为第三人的，股东不免除清偿责任。根据《公司法解释(二)》第20条第1款规定[①]，公司未经清算即注销，债权人有权主张有限责任公司的股东、股份有限公司的董事和控股股东，以及公司的实际控制人对公司债务承担清偿责任。

在保结承诺书由第三人签订的情况下，由于保结承诺是保结人的单方意思表示，并非与公司债权人合意的结果，保结责任的存在并不能免除有限责任公司的股东、股份有限公司的董事和控股股东，以及公司的实际控制人的责任。

---

① 《民诉法解释》第64条规定："企业法人解散的，依法清算并注销前，以该企业法人为当事人；未依法清算即被注销的，以该企业法人的股东、发起人或者出资人为当事人。"

《公司法解释(二)》第20条第1款规定："公司解散应当在依法清算完毕后，申请办理注销登记。公司未经清算即办理注销登记，导致公司无法进行清算，债权人主张有限责任公司的股东、股份有限公司的董事和控股股东，以及公司的实际控制人对公司债务承担清偿责任的，人民法院应依法予以支持。"

公司债权人可以根据有利于债务清偿的原则,择一或一并追究保结人责任或股东责任。

五、名义股东在保结承诺书上签字承诺承担责任,以其并非实际出资人为由抗辩不承担清偿责任的,人民法院一般不予支持

天津市和平区人民法院(2020)津0101民初935号民事判决书中,当事人以“其为名义上的股东,股东身份系应上级要求所致”进行抗辩,法院认为“名义股东并不免除应当承担的股东责任和义务,更不能推翻已作出的承诺”不予支持。

刑民交叉专题

67

案外人认为刑事裁判将其合法财产作为被告人财产错误执行，应如何救济？

【简答】

1. 刑事裁判认定案外人财物系犯罪分子违法所得财物的，应在裁判文书中予以明确阐释。

2. 如案外人财物并未被认定为犯罪分子违法所得财物，刑事裁判认定对该类财产可以没收、追缴，应当在裁判文书中予以充分说理，并明确财产具体情况。

3. 案外人针对上述问题，通过刑事审判监督程序以及执行中的案外人异议程序进行救济。

【问题的提出】

法院作出终审判决，认定王某积极参与龙某领导的黑社会性质组织犯罪，其行为构成参加黑社会性质组织罪、非法吸收公众存款罪、高利转贷罪、骗取贷款罪，数罪并罚后判处王某执行有期徒刑10年，并没收个人全部财产。此外，判决还判定没收、追缴王某对其儿子王某杰的投资款、王某杰在C公司中的投资款以及王某杰名下房产一套。

王某杰认为，王某与王某杰虽为父子关系，但王某财产与王某杰财产相互独立，刑事判决将王某杰的财产作为王某财产予以没收、追缴，属于判决错误；

同时，执行法院已查封、冻结王某杰名下的投资款（所持有的目标公司股权）、房产等，该类财产均由王某杰合法持有，执行法院构成执行错误。

司法实践中不乏如上述案件所述的案外人因刑事裁判的判决而致其财物被错误查封、扣押、冻结，并因此造成案外人损失的情况。民事执行程序中，对于案外人的财产救济主要见于案外人在执行过程中对执行标的提出异议，并由此引发的一系列具体救济措施。相对而言，刑事诉讼执行过程中的“案外人救济”并没有太多涉及。针对类似情形，案外人应当如何进行救济呢？

【法律分析意见】

一、刑事裁判认定案外人财物系犯罪分子违法所得财物的，应在裁判文书中予以明确阐释

《刑法》第 64 条规定，“犯罪分子违法所得的一切财物，应当予以追缴或者责令退赔；对被害人的合法财产，应当及时返还；违禁品和供犯罪所用的本人财物，应当予以没收。没收的财物和罚金，一律上缴国库，不得挪用和自行处理。”

因此，只有属于犯罪分子违法所得的财物，才是追缴或者责令退赔的对象，即只有在案外人的财物被认定为系犯罪分子违法所得的财物的情况下，该部分财产才能成为执行的对象。

但是，如认定案外人的财物属于犯罪分子违法所得的财物，则应在裁判文书中予以明确阐释：不仅需明确有案外人财物系犯罪分子违法所得财物的认定，还应有对该财物系犯罪分子违法所得财物的论述，即结合证据查证属实的过程，包括对资金流向等问题的确定。

二、如案外人财物并未被认定为犯罪分子违法所得财物，刑事裁判认定对该类财产可以没收、追缴，应当在裁判文书中予以充分说理，并明确财产具体情况

刑事裁判中涉财产部分的裁判内容应当明确、具体。刑事裁判文书中对案外人财物进行追缴的内容无论是在主文中予以体现还是在判项中予以明确，都应当具有清晰的给付内容，不需要在执行阶段对该财物是否能够被执行进行认定。

《民事诉讼法》第 235 条对“刑事判决、裁定中的财产部分”系执行依据予以确认，同时在《民诉法解释》第 461 条对该执行依据需“明确”“具体”提出要求。《最高人民法院关于人民法院立案、审判与执行工作协调运行的意见》则对该问题再次予以强调，认为“刑事裁判涉财产部分的裁判内容，应当明确、具体。涉案财物或者被害人人数较多，不宜在判决主文中详细列明的，可以概括叙明并另附清单。判处没收部分财产的，应当明确没收的具体财物或者金额。判处追缴或者责令退赔的，应当明确追缴或者退赔的金额或财物的名称、数量等有关情况”。

因此，刑事裁判需将案外人可予以追缴的财物和金额明确、具体。对于刑事判决仅认定要没收财产、追缴违法所得、责令退赔而未明确没收、追缴、退赔哪些具体财产及具体金额的，都属于“刑事裁判涉财产部分内容不明确、具体”的情形。针对该问题，《最高人民法院关于人民法院立案、审判与执行工作协调运行的意见》要求执行部门书面征询审判部门的意见。

三、案外人针对上述问题，通过刑事审判监督程序以及执行中的案外人异议程序救济

（一）对于刑事裁判错误认定案外人财物系犯罪分子违法所得财物的，案外人可通过刑事审判监督程序救济

《最高人民法院关于刑事裁判涉财产部分执行的若干规定》第15条规定，执行过程中，案外人或被害人认为刑事裁判中对涉案财物是否属于赃款赃物认定错误或者应予认定而未认定，向执行法院提出书面异议，可以通过裁定补正的，执行机构应当将异议材料移送刑事审判部门处理；无法通过裁定补正的，应当告知异议人通过审判监督程序处理。

1. 以案外人的身份对生效刑事判决书申请再审。

案外人主张刑事裁判中所涉财物并非“赃款赃物”，进而排除刑事追缴的，实质上属于对执行依据即刑事判决的相关判项提出异议，应通过刑事审判部门补充裁定或案外人审判监督程序予以最终解决。可以依照《最高人民法院关于刑事裁判涉财产部分执行的若干规定》第15条以及《最高人民法院关于适用〈中华人民共和国刑事诉讼法〉的解释》第451条第2款的规定，提出申诉，启动审判监督程序。

2. 案外人可以请求由执行部门将刑事裁判移送原刑事审判部门裁定补正。

在刑事裁判涉财产部分的执行中，案外人依据《最高人民法院关于刑事裁判涉财产部分执行的若干规定》第14条的规定，可以向执行法院提书面异议，由执行部门移送原刑事审判部门裁定补正。对追缴物性质的执行异议导入刑

事审判监督救济途径(见图1)。

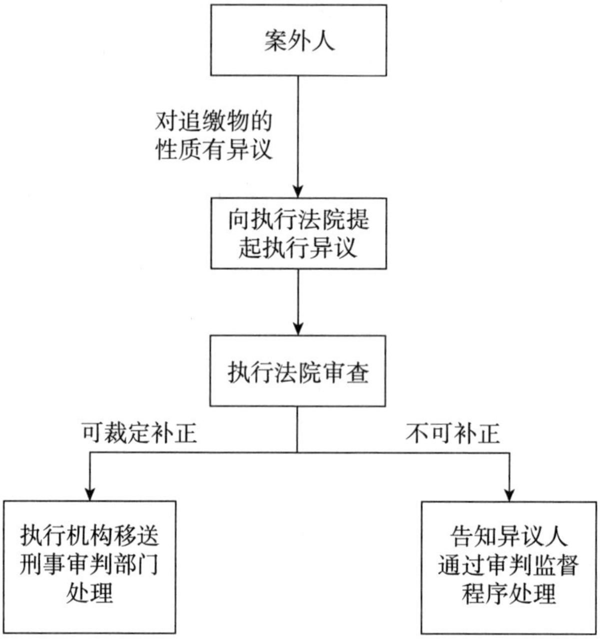

图1　对追缴物性质的执行异议导入刑事审判监督救济途径

值得一提的是,某些地方法院认为,当案外人针对执行标的提出异议时,实际上是对生效的刑事裁判不服,认为该生效刑事裁判存在错误,应适用《最高人民法院关于刑事裁判涉财产部分执行的若干规定》第15条,案外人无权依据2017年《民事诉讼法》第232条的规定提起复议申请[①]。但根据最高人民法院的裁判案例[②],案外人针对执行标的提出异议,有权根据2017年《民事诉讼法》第236条的规定提出复议申请。复议申请被驳回的,仍有权依据《最高人民法院关于刑事裁判涉财产部分执行的若干规定》第15条的规定,通过审判监督程序进一步寻求救济。

(二)如案外人财物并未认定为犯罪分子违法所得财物,但执行中予以查封、扣押、冻结,进而予以变价,通过案外人异议程序救济

《最高人民法院关于适用〈中华人民共和国刑事诉讼法〉的解释》第528条

① 广东省高级人民法院执行裁定书,(2017)粤执复215号。

② 最高人民法院执行裁定书,(2016)最高法执监418号。

规定，执行刑事裁判涉财产部分、附带民事裁判过程中，当事人、利害关系人认为执行行为违反法律规定，或者案外人对被执行标的书面提出异议的，人民法院应当参照民事诉讼法的有关规定处理。

《最高人民法院关于刑事裁判涉财产部分执行的若干规定》第 14 条第 1 款规定，“执行过程中，当事人、利害关系人认为执行行为违反法律规定，或者案外人对执行标的主张足以阻止执行的实体权利，向执行法院提出书面异议的，执行法院应当依照民事诉讼法第二百二十五条[①]的规定处理”。

《民事诉讼法》对于民事案件执行过程中，执行有异议的问题区分性的规定在第 236 条和第 238 条[②]。前者针对的是对执行行为存在异议，可以提出执行异议和复议的程序；后者针对的是案外人对执行标的主张的足以排除执行的实体权利时的异议，可以提出执行异议，进而提出再审或者执行异议之诉。与上述规定不同的是，《最高人民法院关于刑事裁判涉财产部分执行的若干规定》将对执行行为的异议和执行标的的异议合并适用《民事诉讼法》第 225 条（现为第 236 条），即对于刑事裁判涉财执行部分的案外人在对执行标的提出“足以阻止执行的实体权利”时，不能适用《民事诉讼法》第 238 条，而是适用第 236 条，以执行异议、执行复议的方式予以救济。

在刑事裁判涉财产部分的执行中，案外人针对执行标的向执行法院提出执行异议，被裁定驳回异议后，无权提起执行异议之诉。究其原因，是《民事诉讼法》第 238 条规定的执行异议之诉包括案外人执行异议之诉和申请执行人执行异议之诉。在案外人执行异议之诉中，申请执行人是被告。在申请执行人执行异议之诉中，申请执行人是原告。然而，在刑事裁判涉财产部分的执行中，没有民事执行意义上的申请执行人，执行程序由人民法院依职权主动启动。因此，申请执行人的角色缺失决定了刑事裁判涉财产执行中不适用执行异议之诉。

---

① 《民事诉讼法》第 236 条规定：“当事人、利害关系人认为执行行为违反法律规定的，可以向负责执行的人民法院提出书面异议。当事人、利害关系人提出书面异议的，人民法院应当自收到书面异议之日起十五日内审查，理由成立的，裁定撤销或者改正；理由不成立的，裁定驳回。当事人、利害关系人对裁定不服的，可以自裁定送达之日起十日内向上一级人民法院申请复议。”

② 《民事诉讼法》第 238 条规定：“执行过程中，案外人对执行标的提出书面异议的，人民法院应当自收到书面异议之日起十五日内审查，理由成立的，裁定中止对该标的的执行；理由不成立的，裁定驳回。案外人、当事人对裁定不服，认为原判决、裁定错误的，依照审判监督程序办理；与原判决、裁定无关的，可以自裁定送达之日起十五日内向人民法院提起诉讼。”

综上所述,案外人若对执行追缴的行为本身有异议或认为对执行标的即追缴款物有实体权利,可以向执行法院提出执行异议,执行法院依法应当对案外人的执行异议经审查后作出裁定。若案外人对执行法院审查后作出的执行异议裁定不服,应当根据《民事诉讼法》第 236 条的相关规定,向执行法院的上一级法院申请复议,而不应当另行提起案外人执行异议之诉。对追缴执行标的及执行行为的执行异议救济途径(见图 2)。

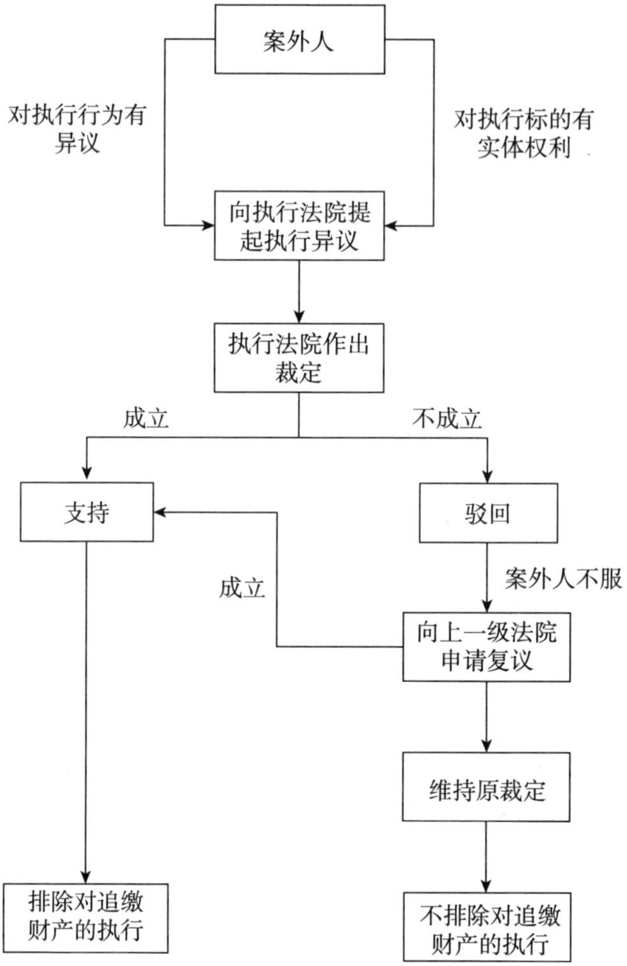

图 2　对追缴执行标的及执行行为的执行异议救济途径

(三)申请检察机关对执行法院的执行行为进行检察监督

《人民检察院刑事诉讼规则》第 645 条规定,“人民检察院发现人民法院执行刑事裁判涉财产部分具有下列情形之一的,应当依法提出纠正意见:……(五)损害被执行人、被害人、利害关系人或者案外人合法权益的。……人民检察院对人民法院执行刑事裁判涉财产部分进行监督,可以对公安机关查封、扣押、冻结涉案财物的情况,人民法院审判部门、立案部门、执行部门移送、立案、执行情况,被执行人的履行能力等情况向有关单位和个人进行调查核实"。

68

刑民交叉案件执行过程中，被执行人财产不足以清偿全部债务的，如何确定清偿顺序？

【简答】

1. 刑民交叉执行案件中，被执行人财产不足以清偿全部债务的，申请执行人对执行财产享有优先受偿权的，其执行清偿顺序优先于退赔被害人的损失。

2. 部分法院认为，在涉及非法吸收公众存款的刑民交叉案件中，涉案财物应在诉讼终结后返还集资参与人，优先受偿权人不得主张优先受偿。

3. 在执行过程中，被执行人涉嫌非法集资犯罪的，法院应当裁定中止执行，申请执行人以对涉案财物享有抵押权为由，主张恢复执行的，法院不予支持。

【问题的提出】

在刑民交叉的案件执行过程中，经常存在被执行人的财产不足以清偿全部债务的情形。这里，往往存在两个问题：

其一，民事案件中的申请执行人与刑事案件中的被害人对于被执行人的财产分配顺位如何确定？

其二，在被执行人财物因涉及刑事案件被中止执行时，申请执行人是否可以对被执行人的财产享有抵押权，申请恢复执行？

【法律分析意见】

一、刑民交叉执行案件中，被执行人财产不足以清偿全部债务的，申请执行人对执行财产享有优先受偿权的，其执行清偿顺序优先于退赔被害人的损失

《最高人民法院关于刑事裁判涉财产部分执行的若干规定》第13条规定："被执行人在执行中同时承担刑事责任、民事责任，其财产不足以支付的，按照下列顺序执行：（一）人身损害赔偿中的医疗费用；（二）退赔被害人的损失；（三）其他民事债务；（四）罚金；（五）没收财产。债权人对执行标的依法享有优先受偿权，其主张优先受偿的，人民法院应当在前款第（一）项规定的医疗费用受偿后，予以支持。"

根据上述法律规定，申请执行人对被执行人的财物享有优先受偿权的，其执行清偿顺位优于退赔被害人的损失，但劣后于"人身损害赔偿中的医疗费用"。

这里的医疗费用仅指用于抢救、治疗、挽救被害人生命和恢复健康所支付的费用，死亡赔偿金、丧葬费、精神损害抚慰金属于被害人死亡后对其亲属的补偿，不属于上述规定的"人身损害赔偿中的医疗费用"。

四川省成都市中级人民法院在（2020）川01民终2037号民事判决书中认为："根据《最高人民法院关于刑事裁判涉财产部分执行的若干规定》第十三条第一款的规定，仅有'人身损害赔偿中的医疗费用'和'退赔被害人的损失'属于法定可优于其他民事债务受偿事项。首先，人身损害赔偿中的医疗费用系司法解释中列为最优先受偿的费用项目。此处，医疗费用仅指用于抢救、治疗挽救被害人生命和恢复健康所支付费用，而钟某树、乔某雄、陈某基于死亡赔偿金、丧葬费、精神损害抚慰金等执行依据主张的分配，不属于医疗费用范畴。其次，关于退赔被害人损失的范畴，根据《中华人民共和国刑法》第六十四条'犯罪分子违法所得的一切财物，应当予以追缴或者责令退赔；对被害人的合法财产，应当及时返还；违禁品和供犯罪所用的本人财物，应当予以没收。没收的财物和罚金，一律上缴国库，不得挪用和自行处理'之规定可知，退赔是指将违法所得的财物退还或赔偿原主。违法所得的财物是指实施犯罪行为所获得的财物及其非法收益。本案中，死亡赔偿金、丧葬费、精神损害抚慰金等均系基于被害

人死亡后而对近亲属等进行的补偿,其不是财物。故,基于死亡赔偿金、丧葬费、精神损害抚慰金产生的执行依据主张优先受偿亦不符合该规定。最后,钟某树、乔某雄、陈某主张人身损失赔偿不同于其他民事债权,并高于一切普通债权,应优先受偿,并无相应法律依据,本院不予支持。”

二、部分法院认为,在涉及非法吸收公众存款的刑民交叉案件中,涉案财物应在诉讼终结后返还集资参与人,优先受偿权人不得主张优先受偿

部分法院认为退赔被害人损失应当优先于享有优先受偿权的债权人,主要依据为《最高人民法院、最高人民检察院、公安部关于办理非法集资刑事案件若干问题的意见》第9条“根据有关规定,查封、扣押、冻结的涉案财物,一般应在诉讼终结后返还集资参与人。涉案财物不足全部返还的,按照集资参与人的集资额比例返还。退赔集资参与人的损失一般优先于其他民事债务以及罚金、没收财产的执行”的规定。

河南省高级人民法院(2020)豫民申1695号民事裁定书中,河南省高级人民法院认为:“本案争议焦点为平顶山银行是否对尚某森所有的位于矿工路中段路南‘凯撒·财富天下’16处房产拍卖、变卖所得房款享有优先受偿权。虽然根据最高人民法院2014年10月30日公布的《关于刑事裁判涉财产部分执行的若干规定》(以下简称《规定》)第十三条规定,被执行人在执行中同时承担刑事责任、民事责任,其财产不足以支付时,债权人对执行标的依法享有优先受偿权的,其优先受偿权可在退赔被害人损失之前得到支持。但是最高人民法院、最高人民检察院、公安部于2019年1月30日发布的《关于办理非法集资刑事案件若干问题的意见》(以下简称《意见》)第九条规定:‘根据有关规定,查封、扣押、冻结的涉案财物,一般应在诉讼终结后返还集资参与人。涉案财物不足全部返还的,按照集资参与人的集资额比例返还。退赔集资参与人的损失一般优先于其他民事债务以及罚金、没收财产的执行。’该《意见》发布时间晚于《规定》,且是专门针对非法集资类刑事案件的特殊规定,在涉及非法集资类刑事案件涉案财物的处置时,应优先适用该《意见》。本案中借款人刘某伟、抵押人尚某森均因犯非法吸收公众存款罪被判处刑罚,在该刑事案件中本案争议的抵押房产已被认定为涉案财物,并被判决依法追缴。二审法院优先适用《意见》第九条的规定,对平顶山银行主张确认优先受偿权的请求不予支持并无不当。综上,平顶山银行的再审申请理由不能成立。”

对于河南省高级人民法院的上述观点，笔者认为，虽然《最高人民法院、最高人民检察院、公安部关于办理非法集资刑事案件若干问题的意见》发布时间晚于《最高人民法院关于刑事裁判涉财产部分执行的若干规定》，但《最高人民法院关于刑事裁判涉财产部分执行的若干规定》第 13 条规定已将“优先受偿权”与“其他民事债务”加以区分，确定了优先受偿权 > 退赔被害人损失 > 其他民事债务的清偿顺位。而《最高人民法院、最高人民检察院、公安部关于办理非法集资刑事案件若干问题的意见》第 9 条规定中，并未规制债权人享有优先受偿权时的清偿顺序，只规定了退赔被害人损失 > 其他民事债务，显然这一规定并未突破《最高人民法院关于刑事裁判涉财产部分执行的若干规定》第 13 条规定，享有优先受偿权的债权人仍可优先于刑事案件被害人获得清偿。

三、执行过程中，被执行人涉嫌非法集资犯罪的，法院应当裁定中止执行。申请执行人以对涉案财物享有抵押权为由，主张恢复执行的，法院不予支持

《最高人民法院、最高人民检察院、公安部关于办理非法集资刑事案件适用法律若干问题的意见》第 7 条第 2 款、第 3 款规定：“人民法院在审理民事案件或者执行过程中，发现有非法集资犯罪嫌疑的，应当裁定驳回起诉或者中止执行，并及时将有关材料移送公安机关或者检察机关。公安机关、人民检察院、人民法院在侦查、起诉、审理非法集资刑事案件中，发现与人民法院正在审理的民事案件属同一事实，或者被申请执行的财物属于涉案财物的，应当及时通报相关人民法院。人民法院经审查认为确属涉嫌犯罪的，依照前款规定处理。”

民事纠纷案件与非法集资类案件虽不属于同一法律事实，但是执行财产为相关刑事案件涉案财物的，人民法院应当裁定中止执行。申请执行人以其为抵押权人为由申请恢复执行的，法院一般会综合衡量刑事案件被害人与民事案件债权人之间的权益，对申请执行人的申请持审慎态度，不予恢复执行。

例如，最高人民法院(2020)最高法执复 1 号裁定书中，最高人民法院认为：“复议申请人提出(2017)青民初 12 号生效法律文书确认了其作为施工人对年丰集团影艺大厦享有优先受偿权，故不受年丰集团非法吸收公众存款犯罪案的影响。由于非法集资、非法吸收公众存款类犯罪涉及人数众多，又往往与民商事纠纷存在交叉，统一协调处理更有利于保护权利人的合法权益。况且在审理刑事案件过程中，还可能会出现享有其他优先受偿权的权利人，故中止对案涉大厦的执行符合立法本意。在年丰集团非法吸收公众存款刑事案件审理完毕后,北京二建可以根据《最高人民法院关于刑事裁判涉财产部分执行的若干规定》第十三条的规定,主张对执行标的的优先受偿权。”